音楽《ビート》ライター **下村誠** アンソロジー

# 永遠の無垢

大泉 洋子 編著

# 表紙のことば

長谷川集平

ももちゃん（下村誠）が無垢だと思ったことがぼくにはない。無垢＝イノセントを標榜するももちゃんを、実際はその反対なんじゃないかと本人に言ったこともある。

気になって「無垢の反対」でググってみた。およそこのように書いてある。

「無垢」の対義語は、「汚れてない」の反対の言葉で、「不純」「煩悩」「邪心」「不浄」があげられます。純真ではないこと。

あのころ、ももちゃんもぼくも煩悩の中にいて、このままでいいはずがないとあがいていたのは確かだ。

ぼくのいる児童書の世界では大正から昭和初期まで童心主義が流行った。坪田譲治は「童心浄土」と書いたが、童話や童画や童謡がハメルンの笛吹きみたいに子どもたちを連れ去った先は浄土ではなく戦場だった。

こじこじ音楽団をももちゃんと結成した時に、彼の作る無垢の歌を演る気はぼくにはなかった。結果的にこのバンドが録音したのはぼくが詞を書いた歌だけだった。

「猫ヒゲDance」を歌うももちゃんは、猫みたいな「君」を征服し殺すこともできる。「スイート、スイート・ポテト」で、あの娘《こ》の「モーニング・ドレスはシースルー！」とぼくが歌うと、ももちゃんが嬉々とした声で「シースルーッ！」とオーバーダビングする。

ライブで演った「刺青《いれずみ》ディドリー」では胸にあの娘の名前、腕に悪魔の印《しるし》、背中に十字架の刺青を入れてくれ！　とぼくら朗らかに歌い、始発前の地下鉄の壁に真っ赤なスプレーで「I　LOVE　YOU！」と落書きして、歌詞にはないが、とっととその場を走り去るのだ。

そんな「汚れちまった悲しみ」を、ももちゃんのそれまでの音楽にこっそり接ぎ木したつもりだった。接ぎ木に花が咲き実がなるまで下村誠は生きてくれなかったが、木は……歌はまだ生きている。

表紙の絵をタイトルの「無垢」からあまり外さないように気をつけながら、ももちゃんの中にあった無垢の反対のものも描こうと思った。彼の内面で光と影が隣り合っている。瞳の中に天使と悪魔がいる。うまく描けたかどうか自分ではわからないが、故人をよく知る人たちと編集の洋子さんが気に入ってくれた。ホッとしている。

**長谷川集平**（はせがわ・しゅうへい）
絵本作家・ミュージシャン。吉祥寺「のろ」でジョン・レノン一周忌ライブ（1981年）を下村とプロデュースしたのが腐れ縁の始まり。こじこじ音楽団は1991年に長崎に引越した集平と千葉の下村が遠隔結成。

# 目次

# はじめに

大泉洋子

下村誠って、誰？
この本を手に取ってくれた人の多くは、そう思っているだろう。
中には、「あ、この記事、読んだことある！」という人がいるかもしれない。
下村さんは、音楽ライターとして、ソングライターとして、
たくさんの文章や歌詞を書いてきた人だ。

彼の死後、長いこと、雑誌の中に、あるいは、ライナーノーツの中に、
閉じこもったままとなっていた、その言葉たちを表に出してあげたい。

それも、下村さんを知っている人だけに向けるのではなく、
下村誠を知らない人、知るべくもない世代の人にも、
彼が遺した文章と歌詞を、とにかく、伝えたいと思ったのだ。

たとえば、ひとつの歌があったとして。
歌詞があって、メロディがつき、アレンジする人、
演奏する人、歌う人――。ここでいったん完成はするけれど、
その先に聴く人がいて、その人の想いも加わって、
そこで歌は変身し、その人だけの歌になる。

文章も同じだ。
執筆者が気持ちを込めて、真摯に書いた文章は、
読む人の想いに触れ、共鳴して、その人のこころに深く入り込む。
そして、文章も歌詞も、読む人、聴く人がいる限り、なくなることはない。
言葉はずっと、生きていく。

はじまりは数年前のある日、下村さんが書いた本を久しぶりに読んだとき。
素直で、熱くて、こころ優しい文章に心がゆれた。
そして、その文章たちに導かれるように、
70年代、80年代……図書館で、昔の音楽雑誌を読んでいった。
そこには、新しい音楽をつくるんだというミュージシャンたちの情熱や葛藤、
そうした音楽を、ミュージシャンたちの「いま」を、言葉で伝えるんだという
編集者、音楽ライターたちの熱い想いが満ちていて、

誌面からあふれてくるエネルギーに、血が騒いだ。図書館ではたぶん、
出してもらった雑誌に囲まれながら、嬉々とした顔で閲覧していたと思う。

そのエネルギーも、下村誠の記事を通して、いまの時代に伝えたい。
ありふれた言葉になってしまうが、この時代があったから、
いまの音楽がある。ミュージシャンたちがいる。
受け継がれていく、そんなつながりを感じてもらえたら、うれしい。

好きなミュージシャンの名前があれば、そこからでいい。
若き日の「その人」の言葉が、そこにあるはずだ。
詩が好きな人なら、下村誠の歌詞の部分からでもいい。
いっぺんに通して最後まで読まなくても、ちょっとずつ、ちょっとずつ。

ednesday November 18th, 2015 Everything is grey today..

## 下村 誠（１９５４年12月12日〜２００６年12月６日）

和歌山県新宮市生まれ。武蔵野美術大学除籍後、『新譜ジャーナル』編集部に在籍（１９７６年７月号から１９７９年12月号まで）。１９８０年からフリー。『シンプジャーナル』『ＧＢ』『宝島』などの音楽雑誌やライナーノーツへの執筆を続けた。主な著書に、『路上のイノセンスEARLY TIMES OF MOTOHARU SANO』（ＪＩＣＣ出版局〈現・宝島社〉 １９８６／文庫版『佐野元春ドキュメント 路上のイノセンス』 シンコー・ミュージック １９９３）、『ECHOES Tug of Street』（ＪＩＣＣ出版局〈現・宝島社〉 １９８８年）、『日本のベスト・アルバム――フォーク＆ロックの25年――』（監修：田家秀樹 執筆：大越正実・下村誠・高橋竜一・田家秀樹・藤井徹貫・前田祥丈 シンコー・ミュージック １９９２）、『地球音楽ライブラリー 小田和正』（共著：前田祥丈・下村誠 ＴＯＫＹＯ ＦＭ出版 １９９７）。

21歳のとき、当時、高校生だった西本明、江澤宏明とバンド「船来歌謡音楽団」を組み、ヤマハのポピュラーソングコンテストに出場。その後、ももちゃんばんど、下村誠バンド、ＢＡＮＡＮＡ ＢＬＵＥ、下村誠 ｗｉｔｈ ザ・スナフキン、こじこじ音楽団、アイタルミーティングなどのバンドを組み、あるいはソロで、音楽活動も続けた。１９８０年には自身によるインディーズレーベル「ＮＡＴＴＹ ＲＥＣＯＲＤＳ」設立。数々のミュージシャンもプロデュースし、計34枚のレコード、ＣＤを発表した。

また、大きな自然災害などがあれば、現地に飛び、人々と交流しながらライブを行なったり、東京都日の出町の廃棄物最終処分場問題では、歌をつくり、ライブでカンパを募るなど、地元の活動家とともに問題解決の方向を探った。

特別寄稿

# 追想・下村誠

田家秀樹

下村さんの遺稿集を作りたいので力を貸していただけませんか。

この本の編集をした大泉洋子さんからそうした連絡をもらったのは2022年の夏だったと思う。

彼が亡くなったのは2006年。そのことも風の噂で知った。すでに15年以上経っていたのだから、もう思い出すこともなくなっていた。それでも考える間もなく「僕に出来ることでしたら何でも」と答えてから、改めて忘れられない存在だったんだと再認識した。

いつ彼と出会ったかは思い出せない。どこかのコンサートで一緒になったとか、誰かに紹介されたという明確な記憶もない。「下村誠」の名前は『新譜ジャーナル』誌面で見たのが最初だったはずだ。彼の書いているアーティストと書かれている文章がかなり気になった。

彼がどんな人たちを取材していたかはこの本に記録されている。そうしたアーティストの多くが自分でも書いてみたいと思う人だったり、まだ出会ってないものの彼の文章によって印象付けられたという人が多かったからだ。

80年代は音楽雑誌全盛期だった。

70年代のシンガーソングライターやロックバンドがテレビに無縁だったように、80年代を担っていた人たちもテレビには縁が薄かった。彼らが最も近しかったのが音楽雑誌だった。それぞれの雑誌が個性的な編集方針で制作されていた。

たとえばグラビアなどのビジュアルに力を入れていた『パチパチ』はアイドル性の強いバンドやアーティストがメインで、コラムなどの情報性に富んでいた『GB』はニューミュージック系が多かった。中でもアーティストの「生き方」にこだわっていたのが『新譜ジャーナル』だろう。

70年代に日常的に使われていた「あっち側・こっち側」という言葉を使えば、「あっち側」の音楽とは一線を引いていた。「あっち側」というのは「芸能界」という意味だ。バンドにしろシンガーソングライターにしろ、『新譜ジャーナル』の誌面は「こっち側色」の濃い人たちが主体だった。彼らを扱った多くの原稿に「下村誠」の名前があったことは残されたリストを見れば一目瞭然だ。

彼らに共通していたのは「ストリート」や「ビート」や「ジェネレーション」、そして「リボリューション」などの旗が掲げられていたことだ。その象徴ともいえる存在が、彼が最も多くの言葉を費やしたのではないかと思える佐野元春だったことは言うまでもない。

佐野元春がデビューしたのは1980年。まさに新しい時代の幕開けを感じさせた。

70年代の終わりに「ロック御三家」が登場し、ようやく市民権を得たかに思えたもののロックはまだアンダーグランドな音楽だった。『新譜ジャーナル』はそうした人たちを積極的に紹介していた数少ない音楽雑誌で、下村誠はその最前線に立っていたライターだった。

ただ、彼が同じ時代に仕事をしていたライターの中で異彩を放っていたのは、「書く」だけの人間ではなかったことだろう。

こうした仕事をしている人間には二つのタイプがいる。

一つは過去にバンドなり音楽サークルなどで「やっていた」経験のある人だ。もう一つは「やったこと」のない人間である。聞いているだけの音楽好きがいつのまにか「書く」側に回るようになったというタイプである。僕は残念ながら後者だった。

「残念ながら」と書いたのは、そういう仕事をするようになって「やる人」と「見ている人」の間にある超えようのない溝を痛感するようになったからだ。

下村誠は、そのどちらでもなかった。

以前「やっていた」のではなく、今も「やっている」人間だった。自分で詞や曲を書き、自分で歌うシンガーソングライターだった。さらに演奏に参加するミュージシャンも自ら依頼し、編曲もするプロデューサーだった。それだけではない。自分の作品だけでなく、若いミュージシャンも世に送り出すレーベルのオーナーだった。「聞くこと」と「作ること」、そして「書くこと」をそれだけの規模で両立させていたライターを僕は知らない。

とは言え、彼のアルバムをちゃんと聞いてきたわけではない。レーベルの運営など「作る側」の彼については立ち話程度でしか聞いてなかったはずだ。同じライターとしてしか接してこなかったように思う。

なぜそうしたのかは簡単だ。

一目置いていた。置かざるを得なかった。どうみても自分には出来ないことをやっていた。簡単に言うと嫉妬していたのかもしれない。

彼のアルバムやライブにはバンドメンバーだった西本明を筆頭に、ザ・ブルーハーツのヒロトとマーシーやボ・ガンボスのどんとや佐久間順平や友部正人、ＴＨＥ　ＢＯＯＭの宮沢和史、甲斐バンドの大森信和などが協力したり参加していた。僕が取材したりライブを見たりする中で、共感と敬意と憧憬の想いを抱いていた人たちの名前が連なっていた。

なぜこんなことが可能なのだろう。もっと言えば「大それたことをするなあ」という感じが近かったように思う。でも、あえてそのことは聞かなかった。この本にも収録されている記事でも「ライター」としての話しかしてないはずだ。同じ土俵での向き合い方はそこにしかなかった。それは率直に言って僕の負け惜しみでもあっただろう。

彼にそれがなぜ可能だったか、今ならわかる。彼とそうしたミュージシャンは「仲間」であり「同志」だったのだと思う。同じ音楽に心を動かされ、同じような思いを音楽に託し、この先どうなるかも分からないままに声を上げた。

プロデビューしているかどうかで一つの尺度を当てはめるのは「やってない」人たちの価値観だろう。彼らは音楽を始めた頃の一番無垢な瞬間を共有できる関係だったのだと思う。それぞれが別の戦場で戦いながらお互いの事情を差しおいて「友情」や「連帯」を確かめ合う。彼のアルバムで言えば1993年の『HOLY BARBARIANS』と2000年の『SACRED SOUL』はそんな証しだ。

今、この時代に地球に生きていることをどう受け止めるのか。失われる自然や滅びゆく命。変わりゆく都会や子どもたちの未来。これでいいのかと思いつつ大人になってゆく日々。あの二枚のアルバムに参加したミュージシャンたちは自分のことのように受け止めたのだと思う。それが可能になったのは下村誠に「ビジネス」という意識がなかったからだろう。

〈僕が70年代という時代から学んだものはとてつもなく大きい〉〈この『ＨＯＬＹ　ＢＡＲＢＡＲＩＡＮＳ』というアルバムの1曲1曲には僕が70年代という先生から学んだ数々の〝精神〟、そして〝空気〟が充満している〉

彼はアルバム『ＨＯＬＹ　ＢＡＲＢＡＲＩＡＮＳ』の手書きのライナーノーツにそう書いている。彼にとっては「書くこと」も「やること」も70年代の音楽が教えてくれた自然な表現だったのだと思う。70年代に登場したシンガーソングライターという存在が、「作詞家」「作曲家」「歌手」という従来の分業制にとらわれない自由な表現者だったように、彼も「書くこと」と「作ること」を分けて考えられなかったに違いない。

下村誠で一番思い出すのは'92年にモンゴルに行った時のことだ。

当時ヤマハがやっていたバンドコンテストの世界大会の予選がモンゴルで行われることになり、日本からゲストとしてＺ―　ＢＡＣＫが参加。評論家の天辰保文と下村誠と僕が同行取材した。

ソ連式社会主義の一員だったモンゴルは民主化されたばかり。それまで禁止されていた西洋のロックが解禁になった。非合法化で活動していたロックバンドが晴れて一堂に会した。会場はモンゴルのサーカス小屋で、歓迎のバーベキューは見たこともない満天の星空が広がる草原で行われた。

下村誠はＺ―　ＢＡＣＫのヴォーカル、南澤時正と交流があり、僕らはバンドメンバーも交えて朝まで語り合った。中心になっていた彼は、ベッドに寝ようともせずに床に座って語り続けた。彼の屈託のない笑顔の目には、草原に広がる星空のような無垢な光が宿っていた。

彼が長野に居を移したという話も風の噂で聞いた。なぜそうしたかは２００２年に出たアルバム『風待ち』で推測することは容易だ。90年代後半の空前の好景気に浮かれていた音楽業界は彼のいる場所ではなかったのだろう。２００１年のマンハッタンのテロに始まるイラク戦争は20世紀には思いもしなかった暗澹たる現実を突きつけた。幻滅や絶望にさいなまれながら音楽に希望の光を求めようとする彼がいる。

残されたアルバムを聞き直していて一番しっくりきたのが『風待ち』だった。

２００４年に長野に移った彼は、２００６年の仏門に帰依し「愚然」という戒名をもらっていたと、この本の年表で初めて知った。アルバムのタイトル曲の「風待ち」に感じられた「浄化の願い」がそこにたどり着いたのだと思った。

もう一つ、彼と僕の間にあった共通点に触れておきたいと思う。家庭の事情で子育てをする父親だった。かっこつけて言えばジョン・レノンがそうだったようにだ。息子だったか娘だったかは忘れたが、残された子どもはどうしているのだろう。

下村誠は70年代の最良の息子のひとりだった。

今なら話せることがたくさんある。

でも、そう思った時にはすでに遅い。

そうやって、僕らも年を取ってゆく。

**田家秀樹**（たけ・ひでき）
１９４６年、千葉県船橋市生まれ。１９６９年『新宿プレイマップ』創刊編集者を皮切りに、文化放送「セイ！ヤング」の放送作家、若者雑誌の編集長などを経て、音楽評論家、ノンフィクション作家、音楽番組パーソナリティとして活躍中。主な著書に、『オン・ザ・ロード・アゲイン／浜田省吾ツアーの２４１日』（１９９３）、『豊かなる日々　吉田拓郎　奇跡の復活』（２００９）（以上角川文庫）、『永遠のザ・フォーク・クルセダーズ　若い加藤和彦のように』（２０１５、ヤマハミュージックメディア）など多数。

## 表記等について

本書は下村誠が音楽雑誌に書いた記事を、原則として、当時の文章のまま転載しています。発行時期や媒体が異なるため、本書全体としての漢字表記の統一などはあまり整っておりません。また、転載している記事の多くは1980年代のもの。30～40年前の記事であり、現在とは言葉の使い方に違いもあります。たとえば、現在は「女の子」と書きますが、1980年代では「女の娘《こ》」と書くこともありました。そうした部分も当時の文章のまま転載しています。気になる表現があるかもしれませんが、ご了承ください。

一部、手を加えたものとしては、誤字脱字の修正、記号や楽器の略語、英単語の半角化などがあります。

＊記号
『』「」は一般的な会話文で使用するほか、
『　』：アルバムタイトル、書籍・雑誌タイトル
「　」：シングルタイトル、イベント名、バンド名など

＊楽器略語
ピアノ：Pf.　ベース：Ba.　ドラム：Dr.
ボーカル：Vo.　ギター：Gt.
キーボード：Key.　コーラス：Cho.
アコーディオン：Acc.　パーカッション：Perc.
ペダルスチールギター：P.S.G.

# 第一章

## 音楽ライター下村誠の仕事 1

確かに、何十年か前は、フォークもロックも、10 代～ 20 代の“若者”が聴く音楽だと“多くの日本人”は思っていた。30 歳を過ぎたら、そんな浮ついた音楽は聴かないものだ、というような。そんな話が、田家秀樹さんと下村誠の対談の中に出てくる（p80-81）。対談掲載は 1987 年 2 月号。「30 超えると『俺はロックなんか聴かねーや』みたいなサラリーマンが増えたりとか。それをどうにか、『いいよ、あいつの音楽最高だよ』って言わせるものを作っていくってのが、これからのテーマだと思うんだよね」「世代なんか交替しない方が面白い」「コンサートにネクタイ締めたサラリーマンとかがけっこう来てて、矢沢が『かっこよく年とってみせます』って言った。それが象徴的だと思うのね」―― この頃既にじわじわと変わりつつあった日本の音楽シーン。そして今、音楽を聴く年齢をとやかく言う風潮なんて、なくなった。時代を切り開き、自由で多様な音楽シーンをつくってきたミュージシャンたちの若き日の熱意や葛藤、言葉を、下村誠が書いた記事を通して、ここにぎゅっとパッケージする。

## アルフィー　THE ALFEE

### 「10代の夢」と「やるせない現実」その狭間で震える〝Innocent Eyes〟

『シンプジャーナル』
1987年1月号より
（自由国民社）

I

捨てたくとも捨てられない現実があるように、忘れたくとも忘れられない夢は誰にでもある。

THE ALFEE の頭《ヘッド》として数々の代表曲を書き上げてきた高見沢俊彦は数年前或るインタビューでこんな風に話していた。

「今の時代ってさ、ハッキリものを言わない方がかっこ良かったり、ちょっと斜めにかまえてる方がウケたりするでしょう。なんかそういうのって淋しいよね。僕はやっぱり、歌には〝夢〟がなくちゃいけないと思うんだ」

高見沢俊彦がこの数年間で書いた作品をいま改めて聴き直してみると、必ずぶちあたるのが「10代の夢」への回帰である。しかし、それが彼の作品《うた》のすべてを支えているかといえばそうではない。

〝幾つもの時代が重なって生まれた永遠の歌を信じたい〟と「THE AGES」の中で彼らがうたったように、この新しいアルバムに収められた作品群は日常生活の自己確認から出発したものばかりであると同時に、60年代のアメリカン・ロックに何かを見いだしたひとつの「世代」をまぎれもなく象徴している。

3年前に発表した「ラジカル・ティーンエイジャー」そして、「祈り」という作品から THE ALFEE の方向は〝AGES〟に向けられてきたといっても過言ではない。

彼らはその自分に課せられた使命の中でいかに自分の心に嘘をつかずに〝ぼくたちの夢〟をうたうかということを試み続けてきた。

特に最近発表された「SWEAT&TEARS」と「ROCKDOM—風に吹かれて」という2つのシングルの中で、高見沢は自分の属する〝世代〟とそれをとりまく〝時代〟に対してかなりのこだわりを見せている。

60年代に数々のアメリカン・ロックが抱えていた〝夢〟そして輝きに満ちた〝約束の地〟。いちばん多感な10代の頃、そういったアメリカン・ドリームの成熟と終末を見てしまった高見沢は、同時代を生きる〝無垢な世代〟に向けてひとつの提言をするのである。彼らは自分たちの10代の夢や理想の一切が、こうした80年代という時代にどう成就し、破産するのか見とどけようとしているのではないだろうか。

ゆえにこのアルバムに収録されている「AMERICAN DREAM」「SWING GENERATION」「WIND OF TIME」「THE AGES」「夢の終わりに」といった作品《うた》は自分達の世代を対象化し、無垢でいつづけることの難しさをまざまざと見せつけているようで、勇気づけられる半面、悲しくもある。

## Ⅱ

古典的なハード・ロック・サウンドに乗せて不良少年が社会の倫理の中からはみ出し、羽根のない天使のように堕ちる様を描いた「不良少年」は、結局…すさんだ心を救えるのは〝愛〟しかないとうたっているようでもある。

「夜明けのLANDING BAHN」は〝コミュニケーション・ギャップ〟をテーマにした佳作である。求めれば求める程遠ざかる…笑えない皮肉の現実がそこにはある。この作品は一聴だけだと〝恋人同士〟の別れという印象しか受けないが、すべてのあらゆる現実につきまとう〝ギャップ（隔たり）〟のことをうたっているかのような気持ちにもさせる。

「AMERICAN DREAM」は英語によってうたわれる〝十代の夢〟である。この作品《うた》は〝Everybody's lookin For their freedom〟という一行にも象徴されているように、かつて60年代には輝いていた〝何か〟をもう一度掴みたいという願いに満ちている。そう、まさに展望のない（終末を待つしかない）時代の中に、かつての一瞬の光をもう一度見たいと切望する〝ロック世代〟の悲しい夢が歌われていくのだ。

英語でうたうというアプローチは、日本語の言葉の固さによって限定される楽曲《メロディ》のイメージを解放させることに成功している。

「SWING GENERATION」は高見沢自身の少年時代への回想が素直にうたわれている。そして時代を重ねる度に識る〝傷み〟をしっかりと見据えながら、過去の自分と瞬間《いま》の自分とを繋ぐ1本の太い線を引いているような歌だ。この中で〝Teenage Dream いつまでも追いかけるのさ〟とうたうところがあるが、ただ〝10代の夢〟を持続するというのではなく、あの〝荒ぶる心〟だけは忘れないという意味であるように思う。僕らはやっぱり泥をひっかぶったり、洗い流したりしながら前進する〝転がる石〟であることを証明するかのような…力強く、切ない歌だ。

桜井のエネルギッシュなヴォーカルがこだまする「WIND OF TIME」と「BRIDGED TO THE SUN」はひとつの組曲として聴いてもいいだろう。この2曲の中で「絶望」↓「反逆」↓「解放」という最もスリリングな系図が描かれていくからだ。

時代の危機、世代のギャップ、孤独という壁、絶望の淵、それらの悪想念をすべて克服して、輝きを手に入れるための示唆がうたわれていくのだ。

特に〝すべてを忘れて自分のためだけに夢をみればいい〟という一行と、〝何のために俺は叫びつづけるのかあの日の自分に届くように〟という一行には大きくうなずいてしまった。

「THE AGES」は彼らが60年代に信じた永遠の歌（アメリカン・ロックンロール）に対する深い敬意が込められた美しいラブ・ソングである。そして、高見沢俊彦、いやTHE ALFEEがこの数年間歌いつづけてきた「10代の夢」というテーマに対するひとつの結着がこの楽曲によって果たされたようにも思える。

時を超え、世代を超え、ひとつの夢を実現させるための共同体。THE ALFEEが目指してきた〝自由の砦〟がこの作品《うた》によってようやく具現化されようとしているようだ。

「夢の終わりに」は、少し痛々しい目覚めの歌である。

成長することで手に入れる沢山の〝もの〟と、捨てざるを得ない幾つかの〝もの〟、そして、その繰りかえしの中で、〝大切なこと〟を知る。高見沢がこの歌の中で語ろうとしている〝愛の重さ〟は、夢と現実の狭間で見失わないための〝自分自身〟なのだと思う。心から人を信じることの重さを知っている者だけが書くことのできるとても厳しい愛の歌である。

### III

アルバム『AGES』についてはまだまだ書きたいことが沢山あった。高見沢のギター・プレイ。英語で唄う坂崎のボーカルのセンス。ロスでREMIXされたその〝音《サウンド》〟について…等々。けれど、ページが尽きてしまった。最後にこれだけは言っておきたい…『AGES』はとても美しく、痛々しい〝ROCK ALBUM〟です。

## '87 ON TOUR "LONG WAY TO FREEDOM" 自由への長い道を独りで

『シンプジャーナル』
1987年6月号より
(自由国民社)

### I

興奮していた。理由もなく。いや本当のところ感情を左右する理由は山ほどあった。

僕はこれまでアルフィーの歴史のほんのわずかな断片を垣間見たにすぎない。しかし、そのどれもが何故か意味のある断片だったということに今夜改めて気がついた。

自慢にもならないけれど僕はアルフィーのコンサートをあまり観ていない。いま数えてみたら片手の指で充分に足りた。つまりたった5回しか彼らのライヴを体験してないのだ。

１９７７年秋のガソリン・アレイ。１９８２年春の久保講堂。１９８６年8月の〝TOKYO BAY-AREA〟。同じく'86年の12月24日の横浜スタジアムの〝ALLNIGHT THE ALFEE〟。そして、今夜観た宇都宮市文化会館だ。

数で勝負したなら、今日帰りの新幹線で一緒だった看護婦さん（彼女達は去年の12月、武道館に2日間行って、横浜スタジアムのオールナイトに行き、大阪城ホールのファイナルに2日間行ったと自慢していた）の、年に20本に比べると完敗である。

しかし、今夜のコンサートを観て想ったのはたった5回にしてはベストなコンサートにめぐり逢ったのだなあーということだった。今年の2、3月の〝アコースティック・ライブ〟を見逃したのはちょっと残念だったという気もするが、去年から今年にかけて突然〝過渡期〟に入ったアルフィーの身を削ぎ落とすような実験的なコンサートに立ち会うことができた僕は幸運だった。

今夜のコンサートもまだ模索の途中なのだろうが、その構成が実にシャープで潔い。去年の〝BAY-AREA〟での実験、そしてクリスマスの〝ALLNIGHT THE ALFEE〟で試された様々なアプローチ。さらには〝アコースティック・ライヴ〟における新鮮な体験等を通過することで、今夜のような衝撃的ライヴが育まれたに違いない。

先にも書いたが、やたらと興奮した。いや興奮しない方が変だ。これからコンサートを体験する人のために詳しく曲名を挙げるのは避けるけれど、いきなりアンコールのようなぶっちぎりのノリで始まってしまったのには驚きを隠せなかった。とにかく「まさか！」のオープニングなのだ。そして極めつけのナンバーがずらり（ヒントを言ってしまうと〝オールナイト・コンサート〟の第3部を再現するかのような選曲なのだ）。

ＭＣが全く無しの飛ばしに飛ばすあたまの40分。それで完全燃焼。これでコンサートは終わり！…と言われたとしても僕なら金返せ！とは言わない。たぶん言わない。

## Ⅱ

「LONG WAY TO FREEDOM」。いいタイトルだ。

今回チケットやポスターに使用されたモノクロ写真と、それにまつわるモノローグがいい。映画『飛行機の歴史』の一場面から使用されたと思われるこの写真、「空を翔ぶ夢の実現」…というライト兄弟をはじめとする飛行機研究家たちの果てなきロマンが見事に描かれたような一枚である。

今でこそ飛行機は存在してあたりまえの乗り物になったが、遠い昔は空を翔ぶ機会なんてとんでもない空想にすぎなかった筈である。しかし、ロマンを捨てきれない男たちは〝夢の実現〟にすべての力を注いだのだろう。

「LONG WAY TO FREEDOM」。チケットに刷られたこの言葉の下のモノクロ写真は当初フランスの「5月革命」の写真が使用される筈だったと8DAYSの平地さんが教えてくれた。しかし、考えてみればそれだとあまりにもピッタリとはまりすぎる。〝自由〟という言葉が〝革命〟と結びつくことで生まれるイメージが、とても社会的で政治的ゆえに今のアルフィーには重すぎる。それよりも〝飛行機制作に命を賭ける男たち〟の方が、彼ら（THE ALFEE & CREW）の笑顔にぴったりくると思う。

高見沢と坂崎はこの4月で33歳になった。33歳であ る。何故か僕も同じ歳なのだが、彼らが心に描いているところの「夢」であるとか「自由」であるという言葉のイメージは、きっと10代のティーンエイジャー達のそれとはかなりの落差がある筈だ。しかし、空を翔ぶという夢に命を賭けた男たちが30歳にせよ40歳にせよ、世代とか年齢を超えたところで自分の〝夢の建設〟に力を注いだように、1954年生まれのアルフィーの3人、そして10代から40代までの年齢がまちまちながら同じ夢を建設している〝CREW〟の繋がりは、まさに全ての概念や拘わりを超えた〝結束〟であるように思う。

コンサートの中盤、坂崎のYAMAHA（エレ・アコ）が水を得た魚のように輝き始めた。2月、3月に行なわれた〝アコースティック・ライヴ〟での収穫が見事に反映される。僕は胸がいっぱいになった。

「真夜中を突っ走れ」「夜明けのLANDING BAHN」

等、レコードでは味わえないアコースティック・アルフィーならではの独自のニュー・アレンジで演奏されたいくつかの歌は、3人のそれぞれの素顔を見ることができたようで嬉しかった。

そういえば'86年秋、『AGES』を完成させたアルフィーは、そのタイトルが示しているように「世代」と「時代」にこだわった。さらに彼らはこのアルバムで「ビート」と「言葉」にこだわった。しかし、それは'86年という時代にアルフィーが辿り着いたコンセプトであると同時に、アルフィーのもつもうひとつの側面にすぎなかったということを今夜改めて知った。

〝アコースティック・ライヴ〟でも証明されたように、彼らは絶妙なコーラス・ワークをプレイできる日本でも数少ない優れたボーカル・グループのひとつである。高見沢が最近書いている楽曲は特に美しいメロディーを持つ曲が多い。

彼自身、アルペジオで演る歌はどの歌も情けない…とステージで語っていたが、〝情けない歌〟ほど個を感じさせるから不思議だ。コンサートの中盤、アルフィーは本領を発揮した。個人的な「愛」と「夢」にこだわり、さらには「メロディー」と「ハーモニー」にこだわり始めたアルフィーは決して情けなくはない。それこそが彼らの最も自然で美しい姿のように僕には思えた。

もう「ロック的」だとか「フォーク的」だというサウンドの外観だけで決めつけた表現はアルフィーには要らない。彼らの強靭なオリジナリティの前では、もう過去のマスコミ便利帳に載っているようなジャンル分けは崩れ落ちるだけなのだ。

## Ⅲ

アンコールの最後の最後。お客さん全員が拳をあげて大合唱するという予定調和のようなワザトらしい〝ラスト・シーン〟には正直言ってあきていた。もう〝満腹〟という感じになってゲップが出そうになるからだ。

しかし、このアルフィーのコンサートのアンコールは「予定調和」ではなかった。

彼らは最後に未発表の新曲をワザトもってくることですべての聴衆の巨大な期待感を抹殺した。それもラヴ・バラッドである。高見沢がラヴ・ソングを書く際にずっと主題としてきた「純愛」がテーマだ。しかもこの夜、数曲目の〝新曲〟だ。

〝BAY-AREA〟での「ROCKDOM—風に吹かれて」が蘇ってきた。あの夜も最後の最後に全くの未発表だったこの歌を突然演って聴衆を唖然とさせたのだった。

その歌は拳をあげて合唱する歌ではなかった。そして、ロック的でもフォーク的でもない。アルフィーらしいメロディアスな佳曲である。そして、何よりも素敵なのは高見沢が自分の足元をしっかりと見つめ直し書きあげた個人的な〝愛の歌〟であるという事である。

# 伊藤銀次　Ginji Ito

## アルバム「DEADLY DRIVE」

『日本のベスト・アルバム——フォーク＆ロックの25年——』（監修：田家秀樹／執筆：大越正実、下村誠、高橋竜一、田家秀樹、藤井徹貫、前田祥丈／シンコー・ミュージック／1992）

僕が、伊藤銀次がギターを弾く姿を初めて見たのは1972年5月7日。天王寺野外音楽堂で催された「春一番コンサート」だった。僕は当時高校3年生で、連休を利用して大阪へ遊びにきていた。5月6日、7日と2日連続で行なわれた第1回春一番コンサートには他に小坂忠や友部正人、高田渡、遠藤賢司、あがた森魚、はちみつぱい、中川五郎が出演していた。伊藤銀次はごまのはえというバンドで出演、「留子ちゃんたら」他4曲を演奏した。

ごまのはえはアメリカの南部のサウンドをベースとする大阪出身のバンドで、この〝春一番〟の立役者である福岡風太の絶大なるバックアップによりベルウッド・レコードと契約。'72年の9月に「留子ちゃんたら」を「のぞきからくり」とカップリングでリリースする。このシングルのプロデュースは大滝詠一が担当している。その後、大滝の強い働きかけでごまのはえが全員一丸となって上京し、福生に住む。そして、'73年には布谷文夫のアルバム『悲しき夏バテ』（これも大滝詠一がプロデュース）に全面的に参加したあと、バンド名を〝ココナッツ・バンク〟と変えてアルバムのレコーディングを開始する予定だったが、はっぴぃえんどの解散コンサート（'73年9月21日）に大滝のバックとして出演した直後に解散してしまう。思うにこの瞬間から銀次の放浪の旅は始まるのだ。彼はこの'73年から'76

年までの間、福生に住みシュガーベイブ、りりぃ＆バイバイ・セッション・バンドなど様々なバンドに参加するもののどれも長続きしなかった。

そんな伊藤銀次の最初の転機は大滝詠一と山下達郎と組んでリリースした『ナイアガラ・トライアングルVol.1』と言えるかもしれない。それまでセッション・ギタリストとしての活動でしか知られていなかった銀次だが、本作においてソングライターとして、アレンジャーとして、さらにはヴォーカリストとしての才能も如何なく発揮し、山下達郎や大滝詠一と対等に渡り合った。

このアルバムが好調なセールスを記録したことがひとつのきっかけとなり、銀次にソロ・アルバムを制作しないか？…という話が舞い込む。もちろん断わる理由もなかった銀次は１９７６年の秋からレコーディングを開始する。途中曲ができず２度もレコーディングを中断したらしいが、'77年の３月にようやく完成。元シュガーベイブの村松邦男と共作したポップでファンキーなインストゥルメンタル「デッドリィ・ドライヴ」をタイトルにした銀次のソロ・アルバムは今でも目を見張るような豪華な顔ぶれに支えられている。ストリングス・アレンジとキーボードに坂本龍一。コーラス・アレンジとコーラスに大貫妙子。斉藤ノブ、妹尾隆一郎、センチメンタル・シティ・ロマンスなど名プレイヤーが勢揃い。楽曲そのものも「風になれるなら」「こぬか雨」など歴史に残る名曲が含まれ、まさに伊藤銀次20代の最高傑作と言えそうだ。

80年代の銀次はソロ活動と並行してアレンジャー、プロデューサーとして活躍。沢田研二、山下久美子、佐野元春、憂歌団、アン・ルイスなど数多くのアーティストを手掛け、その手腕は高く評価されている。

DEADLY DRIVE　1977年5月
ワーナーミュージック・ジャパン

A　風になれるなら
I'm TellingYou Know（好きなんだ）
Deadly Drive
こぬか雨
B　King Kong
あの時はどしゃぶり
Sweet Daddy
Hobo's Lullaby

### プロデューサー銀次がヴォーカリスト銀次を解き放つことで仕上がったとても〝自由〟なアルバム

『シンプジャーナル』
1987年6月号より
（自由国民社）

『NATURE BOY』。伊藤銀次にとって通算8枚目のアルバム（『デッドリィ・ドライヴ』を含めると9枚目）である。

銀次は'82年に『BABY BLUE』（ポリスター）で再デビューして以来、ほとんど休むことなく活動を続けてきた。1年に2枚というハイ・ペースでアルバムを発表しながら、彼は本来の自分の音楽を探し求めていたのかもしれない。

数年前〝アダルト・キッズ〟というコンセプトで、大人になりきれない「無垢な心」をテーマに楽曲を発表して以来…銀次はその自分が創ったコンセプトや、当初充分に納得していたはずの自分のイメージに脅かされるようになっていったという。

「聴いている人を慌てさせたくないという気持ちと、自分の中の意識の革命をしたいという2つの気持ちの間でいつも揺れ動いていたんだね。だから、メロディアスなポップスを演ったあとは、その反動でハードなメッセージを歌いたくなって『BEAT CITY』を創ったんだ」

しかし『PERSON TO PERSON』を出した銀次は、自分が提案したメッセージがすべて自分自身に向かってくるという事に気づき始めるのだ。

音楽には〝アートとしての音楽〟と、〝大衆のための音楽〟がある、と銀次は語っていた。アレンジャー及び作曲家としての銀次は大衆に向かって「ポップス」を提供し続けることはできても、ヴォーカリストとしての銀次は安易にキャッチフレーズを歌い続けるわけにはいかなかった。

プロデューサー伊藤銀次は「自分の歌のあり方」に

ついて試行錯誤を繰り返す中で、86年の秋になってやっとひとつの光を見つける。それは自分に対し〝素直になる〟ということだった。

「それまでプロデューサー銀次はヴォーカリスト銀次を縛っていたんだよ。でもある時、スタイルにこだわらずに自由に演ればいい…という気持ちになった時、なんか急にリラックスしちゃってね。レコーディングでも自由にギターを弾けたし、楽しんでやれたんだ。東芝に移って2枚目だし、前作の『GET HAPPY』の時のように力まずに、ゆったりとやれた。そしたら4分とか5分とかの長い曲ができちゃってさ。だから、みんなフェイド・アウトなの」

そうやって完成した『NATURE BOY』はとてもあたたかい。銀次が自ら作詞したタイトル・ソング「NATURE BOY」の一行、〝水をくぐる魚のようにいつも自由でいたいから〟というフレーズが、銀次のこれからを暗示しているような気がする。

## 60年代のROCKに受けた影響を素直に出したんだ

『シンプジャーナル』
1988年5月号より
（自由国民社）

伊藤銀次の10枚目のアルバム『HYPER/HYPER』が完成した。今回のアルバムは仕上げをロンドンで行なっており、彼のアルバムの中では『BEAT CITY』（ロスアンジェルス録音）に続く2作目の海外レコーディング・アルバムである。

ロンドンといえば最近様々なアーティストがレコーディングやミックスを行なっているが銀次はどうしてロンドンを選んだのだろう。その理由を聞く事からこのインタビューは始まった。

「昨年、外国のアーティストのアルバムを色々聴いていて一番興奮したのはジュリアン・コープの『セント・ジュリアン』だったんだよね。あのアルバムに入ってる曲って、イディオムは60年代のニュアンスなんだけど、音は現代的でしょ。僕があの中に何を感じたかというとね、演奏はバンドっぽいというかコンボっぽい音なんだけど、プロデュースが非常に優れているからオーケストラ的な幅にきこえるんだよね。だけどそれがマニアックになってないわけ。ある部分ビートルズ的だったり、モンキーズ的だったりするんだけどそこで終ってないというか、非常にクリエイティブなんだよね。それと、曲の構成にしても中に入っているアレンジメントにしてもなんか、はみでてくるような何かがあるんだよ。で、僕の中にあるひとつの感覚がぐーんと目覚めてきてね。こういう音作りにしなきゃ…と思ってたんだ」

今回、伊藤銀次が使用したロンドンのリヴィングストン・スタジオがそのジュリアン・コープが使用したスタジオだった。そしてミックスはトミー・ショウやザ・クラッシュやR.E.M.をやっているハウス・エンジニアのトミー・ハリスというエンジニアが担当したのである。銀次は自らこのアルバムのキャッチ・コピーを考えた。それは〝明るいサイケ〟というものだったが、その言葉はこのアルバムの全体像を見事に表現している。

僕の好きな「サンフラワー」と「ミスター・グレイマンの憂鬱」という曲は特に60年代のサイケデリック・ロック…もしくはフォーク・ロックのイディオムを色濃く反映している。「サンフラワー」はザ・バーズの「ミスター・タンブリンマン」みたいで、「ミスター・グレイマンの憂鬱」はビートルズの「ストロベリー・フィールズ」や「ウィズ・ア・リトル・ヘルプ・マイ・フレンド」のようだ。そういう事を銀次に告げると、彼は苦笑しながらこんな風に話してくれた。

「あれは確かに〝似てますね〟…と言われるのは嬉しいんだけど、伊藤銀次という人は『サージェント・ペパーズ・ロンリー・クラブ・バンド』に影響受けてる人みたい…ということがわかればよかったんです。まるっきしそっくりに演るために時間を費やすのはバカげてるからさ、今回は、レコーディングの時にメンバーの誰かがその匂いを気づいてくれればそれでいいと思ってた。そしたらホッピーとかは気づいたみたいで、どんどんアイデア出してくれたもん。でも作品は、あくまでも自分の作品だから変わらない部分も大きいよ」

今回のアルバムはXTCやトッド・ラングレンがよくやるような、なんか懐かしくて新しいフレーバーがいたるところに散りばめられている。ゲストに鮎川誠を呼んだのはキンクスのようなギターが欲しかったからだというし、PINKの逆井治やホッピー神山が参加しているのも、あの辺の時代のサウンドを完全に消化している連中だからだ…と僕は読んでいる。

銀次は今回、「ミスター・グレイマンの憂鬱」という歌の中で中年のサラリーマンの心境を歌っている。銀次がこの歌を作ることは、これまでずっとKIDS（少年少女たち）を意識し、音楽を作り続けてきた彼にとって、まさにひとつの危険性を伴った新しいアプローチだったのである。

「僕は今までの伊藤銀次は、すごくジレンマに陥ってたなぁと思うところがあってね。それは伊藤銀次というアーティストは優しい人で、女の子や若い人達にとって心の中が暖かくなったり、支えになるような歌を作る人だというイメージが植えついてしまっている…ということだったのね。それに僕自身がそういうイメージから逃れられなくなってきてさ、自分でもその殻の中に入っていようという気持ちもあるし、非常に窮屈でしょうがなかったんだよ。だから『ミスター・グレイマンの憂鬱』を作ることは僕自身がそういうイメージの殻をやぶるための冒険だったんだよ」

伊藤銀次は自分自身を裏切らないために〝優しいアダルト・キッズ〟という伊藤銀次像を捨てた。けれども彼はとても明るい。『HYPER/HYPER』というアルバムはそういう意味で伊藤銀次の新しい〝旅立ち〟を予感させる。本作が彼のターニング・ポイントになることはまちがいない。

## 時代の淵で歪んでいる痩せっぽちのROCK

『シンプジャーナル』1985年12月号より（自由国民社）

### I

ライブにおける辻仁成はやたらと威勢がいい。歌の内容以上に本人は熱くなっていく。そして、ステージに押しかける客もそれ以上に熱い。大阪のバナナ・ホールでは、ステージ前方に押しかけた客が電源の一部を抜いてしまい、ボーカル・アンプの中域が飛んで、仁成のボーカルが殆んど聴こえぬままに30分以上の演奏が続けられた。それでも彼らのライブでのコミュニケーションは成功していた。

歌詞以上に伝えたいものが、そこで回転していたからだ。それはBEATである。エコーズがライブをやる上で最も大切にしているもの、それはHEARTだろう。そして、それを支えるBEATがあって、初めて彼らのロックは回転《ロール》する。

仁成が熱くなればなる程、ギターの浩樹は冷めていく。ライブでエコーズをクールに引き戻す鍵を持った男、それが伊藤浩樹である。

彼のプレイは決して派手じゃない。早弾きなんてどこにも出てこない。しかし、彼の音色を重視したギターはエコーズのサウンドの核になっているのだ。

「ハーモナイザーを駆使して、他の誰もが出してないような音色を作りたい。それこそがギタリストのオリジナリティーだと思うんです」…と語る浩樹は、ワンフレーズに思いっきり気迫を込めて、極めて鋭角的なプレイをする。浩樹はテクニシャンではない。そして上手くなることもあまり考えていないようだ。彼は自分なりの音色を研究することに一番時間をかけるタイプなのだ。そう、強いてあげれば、U2のエッジのように。

ハーモナイザーを多用し、ディストーションを深くかけ、ディレーを隠し味で使い、奥ゆきのある、それでいてソリッドな歪みを出す…という、これまでのギタリストとは逆のアプローチを続ける浩樹は、エコーズ・サウンドのスピード感をどんどん増幅させていく。

無口のベーシスト伊黒俊彦と、リーダー&ドラマー今川勉のリズム隊コンビのフットワークも、この半年の間で力量を増した。

まだまだリズムの乱れは隠せない2人だが、2人の心意気がピッタリとはまっているので、リズムの揺れも2人同時で、その揺れさえが演出のように思えてくるから不思議だ。

5年前、このメンバーでバンドが結成された時は、何の楽器も弾けなかった俊彦。しかし、その目の輝きに賭けた…と語る仁成。そして、俊彦はベースを手にして、バンドはゼロから始まる。そのうち下手でどうしようもなかった浩樹も自分の音楽に目覚め、勉とのリズムが噛み合い始めた。

そうやってバンドとして活動ができるようになるまで、仁成は自我《エゴ》をおさえ、約3年間、彼らのことを見守ってきたわけだ。

「だから俺たちは、ただのグループじゃない。俺たちはね、本当のBANDなんだよ」

仁成のこの言葉からは、エコーズというバンドに対する愛情、そして情熱が素直に窺える。

僕はこのエコーズというバンドが、他のバンドよりも優れているとは思わないし、彼らの音楽を手放しで誉めようとも思わない。けれど、エコーズが持っている個性は、他に類のない異色なものだと思っている。

彼らの音楽と出会った当初は、それも辻仁成のメンタリティーに負うところが大きいものとばかり思っていたのだが、間違いだった。

ドラムの勉をはじめ、浩樹も、俊彦も、それぞれが独特な嗅覚と、直観力と、洞察力を持っている。

エコーズはテクニックで押してくるバンドではない。彼らは瞬時的なインパクトを連続させながら、安定性のない演奏を繰り返すことで、特殊な危機感を放出するROCK BANDである。

## Ⅱ

エコーズはメッセージ・ソングを歌うロック・バンドではない。確かに彼らは自分自身を取り巻く現実と、世代の憂鬱をあからさまに歌うことで、失いかけたアイデンティティーを奪い返そうとしている。

しかし、それは第三者や、社会とか国家といった曖昧な対象に向かって反逆のメッセージを投げつけることではないということは、彼ら自身が一番良く知っている。

エコーズはROCK'N'ROLLを通しての〝個の魂の救済〟という普遍的なテーマに取り組むという特殊なメンタリティーを持つバンドである。

10歩先を読むのが得意な
批判家のように
僕たちは少し急ぎすぎて
忘れてしまっている
君の話を聞いてくれたエンジェル
またどこかにきっといて
この路の上で君を待ち続けている

エコーズの12インチ・シングル「JACK」の3番にあたるこの部分は、まさに自分自身の現状を物語っている。

辻仁成の個の意識と、彼をとりまく周辺の人間たちの思惑、そのバランスが見事にこの歌の中に切りとられていると思う。

この歌で仁成は確かに異議申し立てをしている。しかし、それはメッセージではなく、あくまでも自分をも含めた心象考察であり、自分にも刃先を向けることで、負のファクターになりうることを承知の上で、その傷みを暴露している。

それは、仁成が普遍的なラブ・ソングを目指したと語る「SOMEONE LIKE YOU」にしても、勇気と友情と愛について歌われた「BAD BOY」「Welcome to the lost child club」にしても同じだ。

仁成は自分たちを取り巻く憂鬱を暴露することにお

いて、ポジティブな意識への転化を試みようとしている。

ダイアー・ストレイツのマーク・ノップラーがロンドンで、ザ・スミスのモリッシーがマンチェスターで、U2のボノがアイルランドで、時代性から発生した、極めて個人的な憂鬱をビートに乗せて暴露しているならば、エコーズは東京という都市が抱えた時代の淵で、切なく激しく、歪んだROCK-SPIRITを投げつける。

小銭を切らせてる君も
タバコを切らせてる僕も
身近な愛を失くしている
僕らはこの街の失業者さ

エコーズが歌う〝身近な愛〟とは、〝理解〟ということである。

それは、「BAD BOY」における〝気づいてくれる愛が欲しい〟、〝放っといてくれる愛が足りない〟と歌われる言葉の裏を読むと解かる。

そして、理解しようとする愛情、もしくは友情を、切らしている奴らが多い都市で、独りよがりに走る自分と闘い、勇気を持つことで多くの〝個の魂の救済〟ができる筈だ、と彼らは思っているのではないだろうか。

「JACK」と題された12インチ・シングルに収められている4曲は、そういった意味で、彼らの追求してきた普遍的なテーマを開花させることに成功すると同時に、1枚のオリジナル・アルバムに値する重みと説得力を持ちあわせている。

〝この路の上で朝を待ち続けている〟というリフが何度も繰り返される「JACK」は、1957年に出版されたジャック・ケルアックの小説『路上』の中で筆者が表明する〝僕らは常に探求の途上にある〟という言葉を彷彿とさせると同時に、エコーズの新たなる出発への意志表明のように思えてならない。

## 〝GENTLE LAND〟に別れを告げるために

『シンプジャーナル』
1987年6月号より
（自由国民社）

先月号でもお伝えしたエコーズのニュー・アルバム『GOOD-BYE GENTLE LAND』が、5月21日に発表される。様々な音楽活動を経て、よりタフに、そしてよりアクティブに成長を続けていく彼らは、このニュー・アルバムでどんな姿を見せてくれるのか。どんな音と言葉を聴かせてくれるのか。今月は、ひと足早く、この最新作の内容をインタビューしてみた。

### 成長したファーストの主人公達が…

ECHOES のニュー・アルバム『GOOD-BYE GENTLE LAND』（5月21日発売）は苦悩する世代の悲痛な成長記録である。しかし、ここに描かれた主人公たちはまだ諦めてはいない。歯をくいしばりながら〝夢を立て直そうと狙っている〟のである。

この都市で賢く生き抜くにはどういう知恵が必要か…ということを伝えるような教科書的な内容のアルバムではない。賢く生きるのが下手でどうしようもない行き詰まりの中にいる Bad Boys, Bad Girls のちょっと痛くやるせない現実をありのままに描くことで、次なるステップを見つけ出していこう…という実にシリアスながら前向きな作品群である。

前作『No Kidding』は、どちらかと言えば辻仁成のニューヨークでの個人的な体験をもとに〝偶発的〟に生まれた作品で占められていた。つまり、何か触発されている自分自身を見つめているだけで充分に説得力のある「うた」が生まれたのだろう。しかし、今回の『GOOD-BYE GENTLE LAND』は、再び傍観者的な立場から書かれた、まるで〝小説〟のような作品が多くなっている。

ゆえにこの新作は辻仁成も語っているようにファー

スト・アルバム『WELCOME TO THE LOST CHILD CLUB』の続編と呼べるかもしれない。あのアルバムで息づいていた行き場をなくしたロスト・チャイルドの数年後…様々な場所で成長した彼らがここにいる。歌の主人公たちはすでに20歳を超えた〝青年〟ばかりである。世代で区切るならば大学を出て働き始めたばかりの未熟な社会人が主人公なわけだが、そこでは年齢とは関係なく、既に形成されている社会に対し幻滅している男女が、苦悩したり未来を模索したりする姿が描かれていくのだ。

本誌が発売される頃はまだアルバム『GOOD-BYE GENTLE LAND』は発売されていないわけだが、待ちきれないという君はワン・サイド・シングル「GENTLE LAND」（¥400）を手に入れよう。5月21日までの約1か月はこの雄大な作品1曲だけで充分だ。〝彼ら〟の瞬間《いま》の気持ちを感じとることができる手応えのある作品だからである。

〝詩〟だけは随分以前から完成していながら、レコーディングだけはアルバム収録曲の中でも一番最後になってしまったというこの「GENTLE LAND」は、まちがいなくアルバム『GOOD-BYE GENTLE LAND』の核になっている重要な〝うた〟である。

この〝うた〟から枝葉となって分かれていく幾つかの物語が、ペット・ショップに勤める大学出たてのヨーコのストーリィ「Bulldog」…だったり、クリーニング屋で毎日ホワイトカラーのシャツをプレスし続ける店員のストーリィ「Tonight」だったり、アルバイトがいつのまにか本職になってしまい、ポケット・ベルに毎日追いかけまわされて窒息しそうになっている男のストーリィ「Air」（いずれもアルバム収録曲）だったりするわけだ。

## 勇気ある決別宣言

さらにこのアルバムには『No Kidding』の時に収録されていたような、辻仁成の最も個人的な心象を孕んでしまった痛々しい〝愛の歌〟が2曲入っている。「One Plus One」と「Sandy」だ。

辻はこの2つの作品の中で現実と希望《ゆめ》の狭間で無残にも打ちひしがれた愛を描こうとしている。「愛」が人間の自我《エゴ》による一方的な束縛である限り、永遠に消えることのない拘りを生むことになる。辻はそういったやるせない現実を、あえて物語《うた》の中に組み込み、何者かに挑むかのように力強く歌いあげるのである。

オープニング・ナンバー「Hello Again」と、ラスト・ナンバー「Good-bye Blue Sky」の２つの作品が暗示するものは、この都市で〝うまくやっていくこと〟と、〝流れに逆らうこと〟。その結果に〝手に入れたもの〟と、〝捨てざるを得なかったもの〟…ということになるのかもしれない。

辻仁成は彼がジェントル・ランドと名づけた僕たちの属する社会もしくは世界で、非国民呼ばわりされること、そして不良品の歯車であることを誇りに思え…とこのアルバムの中で告げているようだ。

ジェントル・ランドで調教され、飼育され続けている〝良い子〟になりすまし、時期をうかがえばいい。そして、自分が自分であることを表明する時が来れば、その時には大声でコヨーテのように吠えればいい。〝俺はここにいる！〟…と。

ECHOES の最新アルバムは、まさに既に形成されてしまったジェントルなシステムに決別するための勇気ある宣言である。そんな気がするのだ。

## 優しすぎる〝虚空の街《ジェントルランド》〟に
## 別れを告げるために………
## AROUND THE GENTLE LAND TOUR '87

『シンプジャーナル』
1987年8月号より
（自由国民社）

I
深くかぶった　ハンチングの下
白い歯を光らせたら　合図さ
その時は　もう一度
手を組んで　派手にやろう

「Good-bye Blue Sky」より

《僕たちはいったいぜんたい何故ここに居るのだろう？　苦しみや恐れのなかで生きていくためなんかでは、絶対にないはずだ》

ジョン・レノンは彼の作品「インスタント・カーマ」の中でこんな風に歌っている。その通りだ。僕たちをとりまく〝時代〟という名の状況は決して素敵なものなんかじゃない。僕らの周りの〝現実〟はとても繁雑であると同時に即物的だ。そして、それらは或る人にとっては優しすぎる時もあれば、また或る人にとっては残酷でもある。

幼い頃からそんな〝加工された媒体《メディア》〟に魂を束縛され続けた僕たちは、もしかしたら既に〝あるがままの自然体〟でいられなくなってしまっているのかもしれない。そんな〝現実〟を素直に見つめてみよう…と歌うECHOESだが、アルバム『GOOD-BYE GENTLE LAND』の中で放っている態度は実にクールだ。

何かを否定するでもなく、何かを肯定するでもなく、ただ自然体で見つめること。それを持続するのは、僕らが想像するよりもずっと困難なはずだ。ECHOESはもう〝俺たちと手を組もう〟という宣言を積極的に歌わないだろう。彼らはむしろ〝一度離れてみよう。そして自分を見つめる時間を持とう。もし今度また会う時が来たら、その時はもう一度、一緒に何かを始めよう〟と歌うはずである。

辻仁成も今川勉も、伊藤浩樹も伊黒俊彦も、みんな口元が笑っている。そう、白い歯を光らせてるよ。彼らはこれまでずっと大切に持ち続けてきた「何か」を失う（もしくは捨てる）ことで、またひとつ自由になったのだ。

## Ⅱ

あやまりたいと悩んでいる
妹は公衆電話で
愛されたいと願っている
ぼくらは歯車にもまれて

「GENTLE LAND」より

1987年6月1日。大阪厚生年金中ホール。ECHOES のコンサート・ツアー〝AROUND THE GENTLE LAND '87〟の初日である。

真っ暗なステージに4人とセッション・メンバーの2人が登場。それぞれの定位置に立った。いきなり「Hello Again」のイントロが始まる。辻仁成がゆっくり誇らし気に微笑む。いよいよ幕開きだ。

舞台の中央には巨大なX文字型のステージ・セットが組まれている。そのセットの左下から右上にかけて〝ECHOES〟の文字。それがやたらとカッコイイ。このステージ・セットがあるだけで舞台の上が実にキリッ！と締まってるのである。ベースの伊黒とセッション・ギタリストの谷（元ロッカーズ）は非常によく動く。辻もこのセットの上で何度も跳ね上がり、シャープな動きを見せる。

伊藤浩樹は、はにかんでいるような笑顔を見せているが、定位置からあまり動かずに淡々とギターを弾いている。

今川も元気だ。彼のプレイはビート・バンドとしてのECHOESを確実にリードしていく。セッションキーボーダーのヨコチンもキーボードの壁の向こう側で軽やかにステップを踏む。

続く2曲目は「Bulldog」（アルバムと同じ進行だ）。そして息をつかずに「恐るべき子供達へ（Rescue）」「Cutting Edge」「Sandy」と続くのだ。この曲順には完全にやられた。胸が痛い位にジンジンきた。ここまでがこんなに圧巻だったのだから、次は少しおとなしいか…と思えば、〝そうはいかないぜ！〟とばかりに、それからも彼らは強烈な楽曲を次々と浴びせてくるのだ。

きりがないので曲名はもう挙げないことにするが、とにかく彼らは、瞬間《いま》の自分たちの意志が最も反映されたエキサイティングなナンバーをしっかりと選び抜いて、聴衆を見事に興奮させてしまう。その自信たっぷりのステージングは非の打ちどころがない程だった。

アンコールの「Air」が演奏されている途中、僕は〝ECHOES は形のないものを歌うバンドなんだな〟と勝手に納得していた。

〝愛〟であるとか〝友情〟であるとか、〝倦怠〟であるとか〝自由〟であるとか、〝勇気〟であるとか…とにかく ECHOES は形のないものを歌う。それらはすべて物質にすり変えることはできないし、金で売買できるものでもない。都市で暮らす彼らの〝視線〟は常にそんな想いに注がれている。

ECHOES とはそんな連中の集合体である。ゆえに彼らが希求しているのは、実際に手を差し出して繋がるための形のある（形式にこだわった）コミュニケーションではないはずである。彼らは遠い場所から瞳の輝く友達を捜している。〝反抗《レベル》〟という意志を胸の奥に秘めながら、解放された者同志が微笑みあえる空間を彼らはいつも捜している。

〝AROUND THE GENTLE LAND〟それは一夜だけのフリー・スペース。僕の目にはそんなふうに映った。この考えはあながち間違いではないだろう。彼らのステージにおけるウォームな態度がそれを証明している。

１９８７年。ECHOES は〝形のないヴィジョン〟を掲げて、全国の〝優しき街《ジェントルランド》〟を訪れる。

## Perseverance Time〔堅忍の時〕
## 10月29日 大阪厚生年金会館

『シンプジャーナル』
1988年1月号より
(自由国民社)

### I 漂流

神はまたしてもECHOESに試練を与えた。10月25日、とんでもないアクシデントがギターの伊藤浩樹を見舞ったのだ。

彼らは来年の2月に発表する市販ビデオの撮影をしていた。その日はハードなシーンが多く、4人が走る場面で地面に手をついた浩樹のすぐそばをベースの伊黒が駆けぬけた。その時、伊黒が浩樹の左手を踏んでしまった。中指の骨に激痛を覚えた浩樹は咄嗟に「俺、突き指しちゃったよ」と言った。するとドラムの今川が「突き指なら俺にまかしとけ！」と言って、その中指をおもいっきり引っ張った。…激痛！この瞬間、〝もしかしたら折れてるかもしれないな〞…と浩樹は思った。病院に行きレントゲンを撮ると案の定、左手中指関節の骨折だった。それでも浩樹はツアーに出ることを諦めなかった。

中指はギブスで固定された為、隣の薬指もその影響で動かなかったが、まだ2本の指（人さし指と小指）が残っていた。そして、サポート・ギタリストの谷もいることだし、急場は切り抜けられそうだったのである。しかし、10月27日の朝、長崎でのコンサートの当日。出発直前に辻の自宅にギターの谷から電話が入り、彼は〝目が見えない〞…と言うのだ。コンタクトレンズで右目の眼球に傷をつけ、完全ではないが、失明に非常に近い状態になってしまったらしい。それでなくとも普段から極端に視力の悪い谷だった。

ECHOESにとって最悪の事態が発生してしまった。ギタリスト2人が負傷…というとんでもない事態である。しかもこの日は12月27日まで続く秋〜冬のツアーの初日である。

長崎平和会館でのコンサートは結局、伊藤浩樹が2本指奏法でなんとかやるしかなかった。コード弾きに関しては辻仁成がギターを持ち、全面的にカヴァーすることで落ち着いた。

そんな長崎平和会館でのコンサート（〝反核〟のイベント）は実に感動的なコンサートだったという。

「本当に長崎は凄かったよ。鬼気迫るものがあってさ、崖っぷちに追い詰められた時のECHOESは突然真価を発揮するんだよ。今日（10月29日）も崖っぷちだけど…」と辻仁成。

## Ⅱ 冒険

1987年10月29日、大阪厚生年金会館中ホール。メンバーと共に楽屋に到着すると、右目をガーゼとバンソーコーで眼帯をした谷が独りギターを手に座っていた。彼はその日演る曲の予習を独りでしていたのだ。

「谷さん、気持ちはわかるけどあんまり神経すり減らさない方がいいよ。本番まではなるべく休憩してた方がいいと思うな」

辻はこの日かなりの無理をして大阪までやってきた谷になにげなく気遣いをした言葉をかけている。

6時40分。J・レノンの歌う「スタンド・バイ・ミー」の流れる中、メンバーが次々と定位置につく。1曲目は6月の渋谷公会堂でのコンサートの時にアンコールで演奏された「Warrior」。この曲が始まった瞬間、僕はまるであの夜（渋谷公会堂）のつづきを見ているような気分に襲われた。そしてすぐに納得した。〝そうか、これは後篇なのだ〟。

〝AROUND THE GENTLE-LAND '87〟はこの夜（大阪厚生年金中ホール）から〝後篇〟に入った。

9曲目の「Gentle Land」が終わった時、ステージに辻仁成だけが残り、他のメンバーは楽屋に。辻はちょっとはにかみながら「フォーク・ソングをやります（笑）」とMC。彼はエレキを手に「Crossroad Again」と「Freedom」（新曲）を独りで熱唱した。ギターだけのECHOESは、詞だけが心に飛び込んできて、少し辛いものを感じてしまうのだが、仕方がない。これには深い理由があるのだ。辻は浩樹と谷を休ませる為の配慮から、こういう構成を選ばざるを得なかったのである。

この夜のECHOESの演奏は、実に気魄《きはく》に満ちた演奏だった。〝人間はハンディを背負うと普段の数倍エモーショナルになる〟。僕はコンサートの間、そんな事を真剣に考えていた。アンコールの「Air」の時、それまで緊張と恐怖のあまりガチガチだった谷が、間奏を弾きながら口元で笑った。浩樹も嬉しそうに肩を揺らしギターを弾いている。その2人のプレイはとても怪我人とは思えない、シャープでスリリングなプレイだった。

ECHOESのこの年2度目の〝AROUND THE GENTLE LAND '87〟は、彼らにとって豪雪を乗り越えねばならないような…まさに厳しい〝冬の旅〟になりそうだ。

## Ⅲ　探索

小さな〝誤解〟が大きな波紋を呼ぶことになることは度々起こる。まあ〝世の中の常である〟と書くと大袈裟すぎるが、このECHOESについての僕の記事だって実際の彼らのすべてを伝える記事ではないし、真実を伝えてるように見えて、ある反面〝誤解〟している自分勝手な記事なのかもしれない…と自己に疑問を投げかけたりしてみる。…というのも昨夜読んだミック・ジャガーのインタビューの中の「ジャーナリズムなんてのはクロだよ。嘘ばっかり書きやがるから俺は雑誌なんて読まないのさ」という発言が頭から離れないからだ。

やっぱり僕らみたいな立場の人間が偉そうな事は言えないわけで、今回この記事をまとめていてECHOESというバンドの方向性というものがまるで見えなくて、実はとても困ってしまった。

〝さよならやさしい街（Good-bye Gentle Land）〟というある意味深く、そして痛々しい提言をした辻仁成（＝ECHOES）のこれからに関しては皆目見当がつかない。僕は現在も（そして明日も）〝彼ら自身の音楽〟を探索しているし、そのぎりぎりのところでのこぼれ落ちる不協和音に耳を澄まし興奮している。だから突然「第1期ECHOESは12月27日品川プリンスのコンサートで完結します」と言われても、僕にはその真意が全くわからず、茫然としている。

だっていまのECHOESには始まりも終わりもない

はずだからだ。10月29日のコンサートを観て思った事は、彼らは〝大きな海を漂う舟のようだった〟…ということだ。それも吹き荒れる嵐の中を漂う舟だ。

〝誤解〟を承知の上でひとつだけ言ってしまおう。彼らはいまも、そして明日も過渡期である。ECHOES に〝終点《ゴール》〟などないのだ。

## 逆転に向けての離脱《ドロップ》
## 品川プリンス・ゴールドホール
## 27 December, 1987

『シンプジャーナル』
1988年3月号より
(自由国民社)

I

1987年12月27日。ECHOES にとってまさに記念すべき〝その日〟がやってきた。5月にスタートした〝AROUND THE GENTLE LAND '87〟という長いコンサート・ツアーを締めくくる「FINAL」というわけだ。(現にこの日を最後に、ギターの谷信雄が自らのバンドを結成するという理由で ECHOES を去った)

ECHOES (=辻仁成) はデビュー当初から〝優しすぎる都市〟にはなじめず、苦悩する世代の告白を歌い続けてきた。そこに登場する主人公達はすべて、既に形成された（大人が支配する）スクエアな現状に対し深い幻滅を感じていながらも、諦めず〝逆転〟に向けて自分自身の夢を立て直そうと狙っているのである。辻仁成がECHOESというバンドを通じ歌ってきた〝都市のロストチャイルド〟の現状は時折行き場がなくなり、悲壮感だけが強調されてしまったりもしたが、彼らが結成当時に心に決めたテーゼのひとつでもある「開拓」に関しては、アルバム『GOOD BYE GENTLE LAND』と、コンサート・ツアー〝AROUND THE GENTLE LAND '87〟において完全に手中にしたと言えるだろう。

12月27日、品川プリンス・ゴールドホールに集まった3000人の聴衆の1曲1曲に対する〝反応〟がその全てを物語っていた。「Welcome To The Lost Child Club」「JACK」「JACK」のメドレーに始まり「Border Lire」～「JACK」のメドレーで幕を閉じたこのコンサートの選曲及び曲順は、まさに初期のECHOESが目指したコンセプトだった。〝同志〟を手さぐりで見つけ出し、スクエアな体制を外側から見つめ、それをいかに開拓すべきか…という点を〝歌〟を通じ語り合うというECHOESというバンドの意志が見事に反映された構成だったのだ。

12月27日、彼らは〝約束の地〟に立っていた。そして、ECHOESが次に向かうべき、〝場所〟を「Alone」「Foolish Game」「Freedom」「(This is) Radio〝K・I・D・S〟」などの新しい歌によって示唆することも忘れてはいなかった。品川プリンス・ゴールドホールは単なる通過点である…とは僕達には言えない。特別な（まさに神聖な）空気がそこにあったのだから。

## Ⅱ

12月27日。この日はリハーサルから見たかった。僕が品川プリンス・ゴールドホールに到着したのが15時30分だったが、運良くリハーサルはまだ始まっていなかった。16時を少し過ぎた頃、ドラムの今川勉のバス・ドラムのチェックからリハーサルが開始される。ベースの伊黒がブンブンとアンプを鳴らし、ギターの2人（伊藤と谷）が、それぞれ独自のカッティングを始める。最後にキーボードの横田のチェックが終わると、

「TONIGHT」のイントロが始まった。

辻はステージの上に立っているのだが、まだ歌う気はないようで、モニターの前をうろうろしながらメンバー全員のモニターのバランスのチェックをしていく。ゴールドホールは巨大な体育館のようだ。音の反響の具合も普通のコンサート・ホールに比べるとまさにヤマビコで、後部座席のあたりまで行くと会場全体にゴワンゴワンという残響が広がっていく…という感じ。はっきり言ってあまりいい状況ではない。でも少し位のエコーがあった方が彼らにはちょうどいい。なにせ彼らのバンド名はECHOESなのだから。

この日ECHOESはかなり時間をかけて、完璧に通してリハーサルをやるのかと思えば、殆どモニターと外側のPAのチェックだけで終わった。辻仁成がヴォーカルを全編歌ったのは「Bulldog」だけ。これも横田龍一郎の、〝ジンセ全部使うから〟というリクエストによって決まった。

彼らにとってこの夜のリハーサルは前日までに完全に終わっていたのかもしれない。…というのも22日から3回に渡って行なった東北でのコンサートで、ECHOESはこの夜とほぼ同じプログラムを演奏していたからだ。アンコール以外は全く同じ曲目だった。つまり、彼らは前日までに3回に渡りホールを使った大がかりな実験を繰り返していたというわけだ。

しかし、その東北での3回のコンサートが品川プリンス・ゴールドホールの練習だったのかといえば、もちろんそうではなかったはずだ。辻仁成もそれは否定するだろう。けれどもその3日間で彼らの魂の鼓動は徐々に大きくなっていったのは確かだろう。

## Ⅲ

開演してからの約1時間、作品で言うならば12曲目の「Crossroad Again」のあたりまで辻のヴォーカルを含むECHOESの音そのものが外側に向かって放たれてはいなかった。

つまり、彼らがその場の空気を自由にコントロールできるような状況ではなかったようで、辻仁成も何かに追われるように歌っていた。

特に「JACK」「AIR」といった言葉のスピードが一定しない楽曲では、辻は完全に落ち着きを失っていたようだ。彼ひとりがワンテンポ早く走っていたのである。けれどもさすがに逆境に強いECHOESである。9回の表…（?）でいきなり逆転ホームランをかっ飛ばしたのだ。17曲目の「エコーズ・メドレー」がそれだ。「愛はゆずれない」「Bad Morning」「What Can I Do」「STELLA」という、まさにECHOESの中核を成している痛々しく、それでいて力強い愛の歌を、辻は全身でしぼるように歌いあげた。そして、それを受け止める聴衆の反応にも目を見張るものがあった。目の輝きが違うのだ。つい20分前まで会場全体を覆っていた「焦り」や「とまどい」や「不安」がまるで濃霧が消えていくように浄化していったのだ。

続いて演奏された「Gentle Land」はもっと凄かった。ステージと客席の距離がこの楽曲で完全に無くなったのだ。

〝電車に貼られた広告がその日の話題じゃ寂しすぎる。胸をはって歩いていたい。Spirits of Gentle Land〞

そんな詞を勇ましくシャウトする辻仁成の胸から一筋の光線が放たれ、会場のあちこちを照らしている。

何だろう?…としばらく見つめていると、それは辻が首から下げたタッグペンダントが照明に反射して光っていたのである。けれど、僕にはそれがとても特別な光のように見えてしまった。単なる錯覚だと言えばそれまでだが、そんな瞬間に立ち会うと、とても不思議な気持ちになる。SF映画のような話だが、僕には一瞬、本当に辻仁成の心から光線が出て、聴衆を照らしているように見えたのだ。この夜コンサートに来たロストチャイルド達は果たして〝輝き〞になれたのだろうか?

ECHOESはレプリカの街から離脱することできっと何かを掴んだはずだ。それはきっと1988年に明らかになるだろう。

## 悲痛な愛をパワフルにうたいきる ECHOES が創り出す空間

『シンプジャーナル』
1988年9月号より
（自由国民社）

最新アルバム『HURTS』同様、思いきりタフでブライトなライヴを展開したエコーズのツアー〝HURTS SO GOOD TOUR〟での前半戦が終了した。後半戦のオープニング、日比谷野音も発売即完売したエコーズの〝今〟の、パワフルな声を聞いて欲しい。

渾身の傑作アルバム『HURTS』をより活性化させるための旅、〝HURTS SO GOOD TOUR〟の序章が6月29日、横浜教育会館で幕を閉じた。オープニング直前に流れるBGM（ジョン・クーガー・メレンキャンプの「HURTS SO GOOD」）で、観客全員が総立ちになり、1曲目の「Foolish Game」からいきなりボルテージ100％の熱狂のステージに突入する。手抜きなし。息抜きなし。『HURTS』というアルバムがそうだったように緊張の連続で2時間を突っ走る。途中、「友情」「Alone」「Between」といったバラッドが演奏されるが座るものは誰もいない。辻仁成も絶叫の連続だ。

確かに「辻仁成のオールナイト・ニッポン」の影響が大きいのかもしれない。音楽（バンドの演奏）が始まる以前に客席が半端じゃない位の熱気で充満していたからだ。この〝熱気〟は昨年までのECHOESのコンサートにはなかったものだ。

この会場に来ているオーディエンスがどんな〝想い〟を抱えて集まってきたのか僕には皆目見当がつかないが、彼らの〝意識の高ぶり〟は理解を超えたものがあったのだ。

「競うのは愛にしたい」と歌う辻仁成は音楽（ロックン・ロール）を使って革命を起こそうとしているわけではない。けれども彼は、引き裂かれた愛の歌をけれん味なく掲げることで、それを受けとる聴衆と深く繋がろうとしているのである。

〝HURTS SO GOOD TOUR〟。それはそのタイトルが暗示している通り「痛み」を分かち合うための旅なのかもしれない。9月からスタートする本篇（'89年の春まで60か所を回る予定だという）でECHOESはいったいどのような〝意識《スピリッツ》〟を吐露してくれるのだろう。今月は〝序章〟終了報告も兼ねてメンバーにインタビューしてみたい。

## 人間がROCKする正真正銘のLIVE

——今回のツアーからギタリストが浩樹くんひとりになっちゃったんだけど、そういう部分でサウンド面におけるプレッシャーみたいなものはなかった？

**伊藤**　プレッシャーはなかったよ。龍ちゃん（横田龍一郎 Key.）もいるし、意外とスムーズにやれたよ。やっぱギター2人って方が難しいものがあったよ。

——ひとりの方がやり易い？

**伊藤**　そうだね、どちらかと言えばね。ほら、2人で演ると、ギターのチューニング関係とかさ、あとフレーズの分担とかも色々考えなきゃなんないし、タイミングとかもなかなか合わなかったりしてね。オサムさん（逆井治）とやってる時は色々気を遣ってくれて、合わせてくれてたけど、谷くんとやってた時はかなり大変だったね。

——オサムさんは器用だもんね。

**伊藤**　でもタイプがあまりに違い過ぎたからね。面白い部分もあったけど、長くやってくことはできなかったよね。だから、今回もツアーが始まる直前まではひとりで演るんだから弾き方なんかもちょっと考えて、音の厚みとかも気にしてたんだけど、いざ始まっちゃうと全然平気だったよ。

——例えばさ、『GOOD-BYE GENTLE LAND』に入っている「Air」とか「Tonight」とか「GENTLE LAND」とかって、あの2人のギター・サウンドが定着してたわけだけど。

**伊藤**　ああ、2つの音がかぶさってるやつね。うーん、あれも少しコード弾きを多くして演るだけでなんとか大丈夫だった。ほらライブが終わるたびにギターの事とか色々な人に訊いてみるんだけど、〝一人でも全然違和感ないし大丈夫だ〟と言ってくれる人の方が多いし、俺自身もさ、今後もとりあえずギター1本でなんとかやれそうだという自信が出てきたっていうか、先が少し明るくなってきたよね。

――今回のコンサート・ツアーは毎回毎回、演奏の乗りとかテンションみたいなものが変わったりした？

**今川**　厳密に言えば細かい部分では良い悪いはあったと思うけど、演ってる側としては会場の大きさとか関係なくベストを尽くしてたよね、いつも。場所によってさ、演奏の出来に落差があるというのは結果的な問題だからね。俺たちはベストを尽くしてたよ、マジに。

――個人的なプレイにおいてはどうでしたか？　新曲とか増えたけど…。

**今川**　俺の場合は「Rolling Rock」の前後にドラム・ソロがあったりさ、他の曲でも自分で勝手にアドリブのフレーズを入れてたりしてさ、すごく面白くやれてるよ。

――今川くんが歌うパートも増えたでしょ。

**今川**　コーラスはね、いつもやってるし、そんなに比重を感じてないというか…ドラムに影響する程の問題は全くないすよ。

**辻**　今回ツアー回っててさ、俺、なんかいいなぁと思ったのは、トシとかマイクから外れて演奏してる時でも歌ってるんだよね。俺がガーッと前に出て歌ってる時にさ、コーラスのパートでもないのに、トシが一緒に歌ってるんだよ。あれはいいよ。いつも口が動いてるんだよね、トシは。

――そういえばトシは歌ってるね。

**伊黒**　やっぱ歌ってないとさ、演奏できないんだよね。歌中心に考えてベースを弾かないとね、乗りが掴めないんですよ。楽器だけだとなんかよくわかんなくなってきちゃうしね。

**横田**　最近の音楽ってさ、ドンカマを生かした機械的なのが多いじゃない。ロックでもデジタルな乗りだけでやってるというか、リズムも機械が刻んでるわけだからすごいしっかりしてるわけだよ。だから生身の人間がプレイしてる感じがどんどん希薄になってきてるわけですよ。昔のツェッペリンみたいにさ、イキたい・ときはとことんイッちゃって、乗らない時はダラーッとした演奏になっちゃうとかさ、そういう事が極めて少なくなっちゃった反面、ロックが肉体的じゃなくなっちゃってるんだよね。そういう意味でECHOESは落差が激しいけど、人間がちゃんとロックしてるという感じだよ。

**今川**　それは言えてるよな。

――そうだね。ECHOESのコンサートって、盛りあがれば盛りあがる程、テンポが早くなっちゃってるという気がするもんね。

**横田**　だからさ、そういう事がいまいちばん難しいことなんだよね。本当はちゃんとリズム・キープしてさ、機械的にやった方が普通に聴けばね、とりあえず平均点の演奏になると思うんだけど、それ以上は先に進まないんだよね。だから今のECHOESみたいなやり方ってさ、ライブを続ける中での一定の…お決まりの演奏じゃないからさ、ひょっとしたらよくない事なのかもしれない…裏目に出ちゃったらやばいよね。でも逆に良い方向に進んだらすごく気持ちいいんだよね。だから毎回毎回演奏の乗りが違うということは決して悪くないと俺は思うわけよ。

## 開演前&開演後の〝コンサート〟

――トシとかは、お客さんの乗りとかで自分の演奏が定まっちゃったりすることあるの？　例えば客がグワー！と盛りあがっちゃったから、自分も突然熱くなっちゃったりとか…。

**伊黒**　うーん…それってなかなかコントロールしにくいもんでさ。最初から盛りあがってる場合でもね、こっちは1曲目からそうなれないところもあるし…。最初のうちはどうしても冷静にプレイしちゃうんだよね。そこいらへんがうまく自分の中でバランスがとれるようになれば、いきなり最初からバーッとイケるかもしれないけど。今はなかなか難しいんだよね。それはツアーの後半までになんとかいい方向にもっていきたいとは思ってるんですけど…。もっとこのメニューに慣れてくると開放的になれるかもしれない。

――お客さんの反応とかさ、お客さんの歓声に左右されることはある？

**伊黒**　自分の演奏にはさほど影響はないけど、お客さんがダーッと前に来ちゃったりすると、精神的にはホットになるというか、嬉しいよね。でも今は昔程、反応に左右されることはなくなったな。

——昔はあった?

**伊黒** うん。ライブ・ハウスとかで演ってた頃は客の乗りで随分気分が変わったよ。

——今回のツアーはいきなりジョン・クーガーで始まるじゃない?

**辻** みんなよく知ってるんだよね。ジョン・クーガーとかさ…。

——あの曲が流れるといきなり客席がワーッ!って盛りあがっちゃうもんね。

**辻** 盛りあがる、盛りあがる。ジョン・クーガーってやっぱりいいもの。ECHOES に似てるところ、あるしね(笑)。

——あの〝HURTS SO GOOD TOUR〟というタイトルはジョン・クーガーの曲から取ったの?

**辻** そうそう。俺たちが『HURTS』というアルバムを出したらさ、たまたまあの曲とピッタシ合っちゃったから、タイトルに使ったんだ。

——一応、今回のツアーを総括して辻くんの方からもコメントが欲しいんだけど…。

**辻** 一番凄いなぁ…と思ったのは、大阪から始まったんだけどさ、コンサート会場の前でギターを弾いてECHOES の歌を歌いだした人たちがいてね。それを俺がラジオで言ったら、全国どこへ行ってもそういう人達が必ずいるしね。

——そういえば渋谷公会堂の時にいたよね、噴水の周りに集まってギター弾いて歌ってる男の子たちが…。女の子がそれを囲んで一緒に口ずさんでいたりしてね。

**辻** あれがECHOES のコンサートなんだと思うわけです、俺としては。コンサートの中身はもちろん、始まる前の時間とか、終わって家に帰るまでの間にね、みんなが勝手に色々なコミュニケーションをとり合ってるわけじゃない。ミニコミを配ったり、歌を歌ったり、チラシをまいたりとかね…。なんかダフ屋も近づけない程の異常な空間ができあがってるみたいなさ…(笑)。あそこらへんがやっぱり一番 ECHOES らしいところじゃないかな。それがさ、俺が言いだして、みんながそれについてきたわけじゃなくて、みんなが先に始めちゃってるわけよ。だから最近コンサートの乗りとか見てても〝お客さんの方が勝ってるかなあ〟と思う時、あるもんね。だから、いまの俺たち——龍ちゃんを入れて、いま5人でやってるわけだけど——その5人とさ、コンサートに来てくれる人たちとのキャッチ・ボールは、すでにそこから始まってるんだよね。コンサートでミュージシャンがいい演奏をやるというのは当然のことなんだよね。あたりまえのことなんだ。俺が思うに、それ以上に客席と俺たちと共同で作る雰囲気って大切だと思うわけ。いまECHOESのコンサートに来てくれてる人たちというのは、その雰囲気を作るためにどうすればいいのかをよく知ってるんだよね。「オールナイト・ニッポン」に来るハガキなんかを読んでると、それぞれがみんな自分の楽しみ方を知ってるなあ…と思うよ。

——なんか日本のコンサート観てる感じしないもんね。

**辻**　なんかイギリス的というかさ、むこうのコンサートみたいでしょ。イギリスの若い連中ってさ、お客さんが自分達でコンサートを盛りあげようとしてるじゃない、タダじゃ転ばない…みたいなさ（笑）。日本のロック・コンサートの場合、コンサートが終わったらその時点で醒めちゃってサーッと帰るみたいなパターンが多いじゃない。俺たちはずっとそうしたくないと思ってきたし、何日も何日も〝良かった〟って胸にひきずるようなものにしたいしね。だからさ、いまのECHOESのコンサートはね、そういうジェントルで熱いものがあるような気がするんだよね。でもこれは来てくれる人達が自然にそうなってきていることでね。俺たちも驚いてるんだよ。秋のツアーはもっと凄くなるんじゃない。俺も期待してるんだ。

## 下村誠の著書

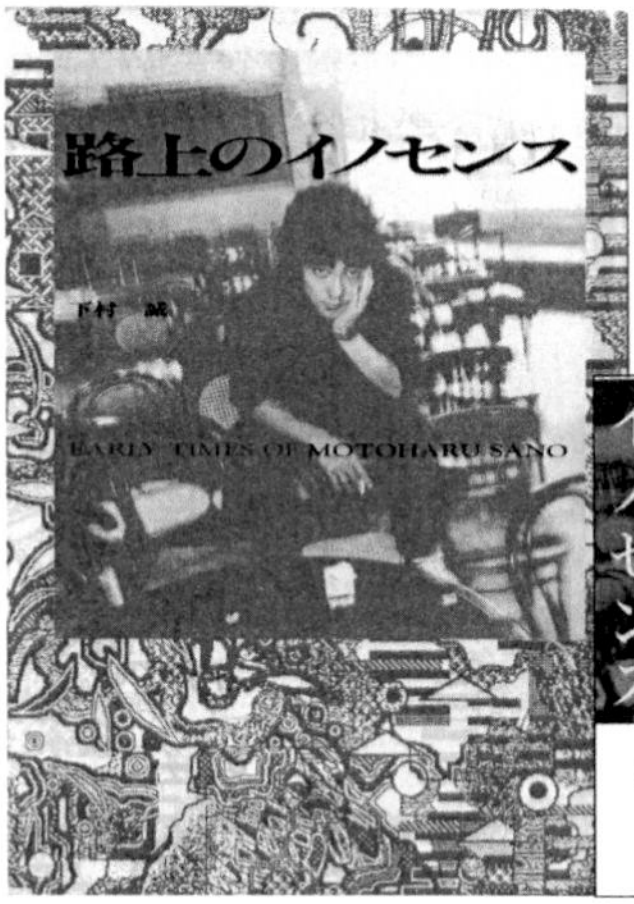

（左）『路上のイノセンス EARLY TIMES OF MOTOHARU SANO』1986年8月1日　JICC出版局（現・宝島社）
（右：文庫版）『佐野元春ドキュメント　路上のイノセンス』1993年6月20日　シンコー・ミュージック

『ECHOES　Tug of Street』
1988年6月1日
JICC出版局（現・宝島社）

『地球音楽ライブラリー
小田和正』
前田祥丈と共著/1997年11月21日／TOKYO FM出版

JICC出版局（現・宝島社）から出版された２冊、『路上のイノセンス EARLY TIMES OF MOTOHARU SANO』と『ECHOES　Tug of Street』ともに、前者は佐野元春の、後者はECHOES各メンバーの、生い立ちから少年時代、友だちや家族とのつながり、音楽や文学との出会い、まだ何者でもない時代のもがきや輝きなどがきめ細やかに描かれている。印象的なのは、どちらも、その時期に象徴的な歌詞や詩が紹介されていること。「歌」が物語ることがたくさんあるのだと、わかる。その結びつきが鮮やかなため、その時その時のアーティストの心情や状況が、より胸に迫る。

一方、『地球音楽ライブラリー 小田和正』は、小田和正の生い立ちから、オフコースの誕生、５人時代、４人時代、そして解散コンサートまでのオフコースヒストリーに加え、アルバムやシングル盤、コンサートの情報を網羅した事典のような内容になっている。

## 大塚まさじ　Masaji Otsuka

### サウンドとか演奏ではなく、「想い」が人の心を動かす…と信じているんだ！

『新譜ジャーナル』
1980年4月号より
（自由国民社）

大塚まさじは昨年の9月から〝STREET STREET〟というタイトルで、喫茶店、ライブハウスを中心にツアーを続けてきた。

今回のツアーの目的は、ひとりじゃなくて色々な人と一緒にコンサートを形成していくことにあった。

場所が、小さなライブ・ハウスとかピアノのない喫茶店では、長田和承（タコヤキ）と2人で生ギターサウンドを…。ピアノのあるライヴ・ハウスだったら、チャールズ清水と2人でピアノ編。ちょっと大きなライヴ・ハウスだったら、GASの石田長生と藤井裕と共にジャジーな雰囲気で…。いずれの会場でも糸川（燿史）さんの写真展が行なわれたり、スライドが演奏と同時に映されたりするという凝った内容のものばかりだ。

選曲もそれぞれの共演者によって趣の異なったものが選ばれ、「サーカスにはピエロが」や「天王寺想い出通り」などはその共演者によってアレンジやムードがまるで違ってしまうので実に面白いのだ。

「僕らのやってるもの（音楽）は、今までだいたい、メロディーと詞だけをとらえて、いろいろ考える人が多かったと思うわけですわ。フォークということでね。

でも、今度、〝STREET STREET〟やってて、一つの曲でも色々なパターンでやるでしょう。そういうことを演ると、その曲に対する見方が全然変わったりするわけです。外見がまるきし変わってしまう曲なんかは、すごい賛否両論があったりしてね。

だから、僕らはそれによって色々楽しめたりするわけです。そしてこんなことで全く感じが変わってしまうんだ…ということを学んだんです。それはお客さんも同じだったと思うんですよ。

そやから、今までそんなに好きじゃなかった歌が好きになったり、言葉にしても、今まで気づいてない事が、見えてきたりして、面白いんですわ」

1月25日に発売された『STREET STREET』という彼のアルバムは、レイジー・ヒップ、そして、今回のツアーに同行しているメンバー、石田長生、チャールズ清水も参加している。そのアルバムに入っている作品は、自分の住む街、そしてこれまで通りすぎてきた街、さらにはそこに住んでいる自分と友人達の関係がリアルに歌われている。それはすごく現実的であり、遊びのない写実性を持ち、だからこそ心にしみる歌となって響いてくるのだ。

「僕が思うにレコードとは、サウンドとか演奏みたいな形を追うのではなくて、その人自身の想いが入っていて、針を落とした時に、それが聴く人の心を動かすものだ…と信じているんです。

だから、今回のこのレコードでは、僕の一番リアルな部分を全面に出したかった。一番簡単で一番耳に残る表現方法で、僕の身近にいる人や街のことを歌にしたかったんです。

だから、これを聴いた人がそれぞれで、自分の事や、友達のこと、街のことをあてはめて、聴いてもらうと最高やと思うんですわ。コンサートでも、レコードでも、聴いた人がそれぞれのイメージを広げていくことが、一番大きな価値だと思てるから」

3月2日に渋谷公会堂で、3月4日に大阪毎日ホールで、これまでの〝STREET STREET〟の集大成ともいうべき、大塚まさじリサイタルが行なわれる。

1部は、これまでのツアーでやってきた3つのパターン…石田長生＋藤井裕、そしてチャールズ清水、そして長田タコヤキと一緒にそれぞれの魅力を生かした構成で、糸川さんのスライドも登場する。

2部は、レコーディング・メンバーであるレイジー・ヒップ、そしてチャールズ清水、石田長生、マック清水、高橋知巳などをバックに、アルバム『STREET STREET』の中から構成される。2部には糸川さんのフィルムも登場するらしい。

このリサイタルを機にシンガーとして大きく飛躍しようとする大塚まさじを期待しよう。

**音楽ライター下村誠　第1号記事（と思われる…）**

**『やんろーど』1976年1・2月合併号**（日本ヤングパワー）
（→若者に贈る新しい情報誌として1975年8月創刊）

＊1974年武蔵野美術大学に入学した下村誠はスタジオシップでアルバイトを始め（※巻末年表p293参照）、翌75年、スタジオ関係者らと共にロサンゼルスへ旅行。このときのライブレポートをある雑誌に執筆したという資料は残っていたが、詳細は不明だった。それが今回、偶然、『やんろーど』に載っている下村の記事が見つかり、時期的なもの、内容からして、この記事のことではないかと思われる。〈ロスに行っている友人S君からの手紙〉というスタイルをとっているが、この「S君」は自分のこと……？　もはや確認のしようもなく（他に第1号があるかもしれないが）、いずれにしても『新譜ジャーナル』編集部に入る前のことであり、本書では、音楽ライターとして執筆した第1号記事（かも）……ということで紹介することにした。1975年のロサンゼルスと日本のライブハウスを比べたルポは音楽を楽しむ文化の違いもみえて、興味深い。

**新年特別企画　ぬくもりを捨て冬の街へ！—— LIVE HOUSE**
## 「ロス・東京」

“ロスアンジェルス”に行ってる友人のS君より久々に手紙をもらった。それによると、彼は最近、僕の大好きな「ジャクソン・ブラウン」と「ジェームス・テーラー」と「ポール・ウィリアムス」を見たよ！ なんて書いてあるのです。

手紙によると、それらはもちろんショー形式のコンサートなのですが、日本のフォーク・シンガー（或いはロック・シンガー）がやるコンサートのように、二千人以上収容するような、ばかでかいホールではなく、だいたい二百人ぐらい収容の、わりと小さな「ライブハウス」なのです。

特にジャクソン・ブラウンのショーのときはロスの中心部からわりとはずれたところにある「トウルバドール」という小屋風造りの典型的なライブハウスで、中は日本でいうと渋谷の「ジャンジャン」みたいな感じで、入るとちょっと暗くて、天井から丸くて赤いライトがいくつかぶらさがっているんだそうです。広さもちょうど「ジャンジャン」ぐらいで、二百〜三百人収容という感じだそうな！

この「トウルバドール」のショータイムは、だいたい夜六時から九時の間にふた組のアーチストが出演して、ひと組ごとにワンドリンク（1ドル50セント）飲まねばならないので、最低2ドリンク飲まなければならないのです。

入場料が3ドル50セント（だいたい千円）だから、それプラスドリンク料イコール千九百円ということになるのです。考えてみるとちと高いですな〜。向こうではこれがあたりまえになってるみたいだけど、日本のライブハウスの場合（「ジャンジャン」を除いて）だいたいドリンク千五百円ぐらいだから僕なんか貧乏人はやはり高いと思うのです。

ジェームス・テイラーさんのときは有名な「アンフィ・シアター」でやったコンサートを観たらしいのですが、ここの場合ライブハウス形式なのは「トウルバドール」となんら変わりないんだけど、どちらかというとコンサート・ホールみたいな作りで、写真で見るとポスターや看板がやたらめだって、ちょっとハイカラなレコード・ショップという感じも、うけるのです。アメリカ（ロス）のライブハウスの場合ここに限らず全てに言えることなのだけれど、外見からみる建物の建て方とか形が、日本の「映画館」と「レコード・ショップ」をミックスしたような感じで、かなりおおっぴらに出演者の写真のカンバン（むこうのはペンキで改めて描くのではなくて、ポスターをそのまま拡大している。大きさはだいたいタテ3m、ヨコ10mぐらいなのです）をはりつけて、日本のライブハウスがなんとなく地下みたいなのが多くて、中もせせこましくって暗いという感じがするのに対して明るくて健全的な感じなのであります。

「アンフィ・シアター」の場合は当日券なんてのはなくてすべて前売り券を買わねばならぬのです。チケットは日本のコンサート・チケットみたいなものじゃなくて、国鉄の往復キップという感じで、手のひらの中に入るくらいのかなり小さなものであります。その辺も日本とは異なる点でありましょう。

ロスにはジャズやブルーグラスのお店を含めて二百軒以上のライブハウスがあるらしいがそのうち、フォーク＆ロックで有名なところはだいたい二十軒ぐらいあって、それらには憧れのジャクソン・ブラウンさん、いとしのポール・ウィリアムスさんの他、カリフォルニアのジェシー・コリンヤングさんとかクリス＆リタとか、ロギンス＆メッシーナなどなど、有名人が毎夜いれかわりたちかわり出演していて、どこも満員の盛況みたいであります。

その他の無名のライブハウスにも毎夜セミプロとかアマチュアとかが、がんばって出ているようであります。

そんなところは、なんら日本のライブハウスとかわりないのでござんすな……。

## 吉川晃司　Koji Kikkawa

### アルバム「MODERN TIME」

『日本のベスト・アルバム——フォーク＆ロックの25年——』（監修：田家秀樹／執筆：大越正実、下村誠、高橋竜一、田家秀樹、藤井徹貫、前田祥丈／シンコー・ミュージック／1992）

1984年2月。吉川晃司がレコード・デビューをした際、彼は確かに渡辺プロダクションという最強のシステムに栽培され、市場に送り出された〝新人タレント〟だったかもしれない。実際、マスメディアにおいての彼・吉川晃司の扱いは「天下のナベプロが鳴り物入りでデビューさせた大型新人」というものばかりだった。彼自身も文句を言わず毎日のようにテレビやラジオの仕事をこなした。そして、その年の2月に公開された吉川の主演第一作の映画『すかんぴんウォーク』は、そのテーマ曲ともなった彼のデビュー曲「モニカ」と共にヒットし、この「モニカ」によって吉川晃司はその年のあらゆる〝歌謡ヒット大賞〟の新人賞にノミネートされたのだった。吉川晃司の初期の代表曲といえば、やはり誰もが、シングル・ヒットした一連のNOBODY作品群（「モニカ」「サヨナラは八月のララバイ」「ユー・ガッタ・チャンス」など）を思い浮かべるだろう。けれども僕個人としては、それに対し若干の異議がある。僕にとっての吉川晃司の初期の傑作は、大沢誉志幸が作曲した「ラ・ヴィアンローズ」と「NO NO サーキュレーション」、そして安藤秀樹が作詞した「RAIN-DANCE がきこえる」の3曲に尽きるからだ。

16ビートという西洋から輸入されたダンス・ビートを見事に生かしながら創作された起伏の激しいメロディと鮮烈なサウンドは、歌謡曲という枠から完全に外れた、まさにロック的なアプローチだった。

それを歌う吉川晃司自身がヴォーカリストとして未熟ゆえに、そういった楽曲の持つパワーを未消化のままレコーディングしてしまったという点だけが悔やまれるが、その後のライヴを見続けた限りでは前出の3曲が吉川晃司のヴォーカリストとしての個性を確立するために大きく貢献した作品だということがよくわかる。

僕にとっての吉川晃司作品の最高作は86年に発表された『MODERN TIME』である。「サイケデリックHIP」におけるエキセントリックなファンク。「MODERN TIME」や「ロスト・チャイルド」におけるオーソドックスでアコースティックなロック。まさにひとつのオリジナリティが確立されたアルバムだった。そういえばこの『MODERN TIME』にはまだ無名のパンク・バンドだったBOØWYの布袋寅泰も参加している。

『MODERN TIME』以後、吉川晃司の書きあげるオリジナルは独自のイディオムを発信し始めた。それは彼が生み落とすメロディとビートに絡まりながら発生する言葉（歌詞）により、自己の内省的な思考が込められるようになったかもしれない。つまり、吉川自身が楽曲の持つ肉感的な部分に着目し、スムーズに〝言葉の持つビート感〟を掴みとることができるようになったのだ、と僕は思う。

ソロではないが1990年に布袋寅泰とのユニット〝COMPLEX〟において発表したアルバム『COMPLEX』では作詞家としても大きく成長した吉川のエモーショナルな〝歌〟が聞ける。

『MODERN TIME』1986年2月
SMS RECORDS

① Mis Fit
② キャンドルの鐘
③ Modern Time
④ MISS COOL
⑤ Drive 夜の終わりに
⑥ 選ばれた夜
⑦ BODY WINK
⑧ ナーバスビーナス
⑨ サイケデリック HIP
⑩ ロスト チャイルド

## 佐藤奈々子　nanaco sato

### アルバム「Funny Walkin'」

『日本のベスト・アルバム――フォーク＆ロックの25年――』（監修：田家秀樹／執筆：大越正実、下村誠、高橋竜一、田家秀樹、藤井徹貫、前田祥丈／シンコー・ミュージック／1992）

いきなり余談になってしまうが、僕が佐野元春と3年ぶりに再会したのが佐藤奈々子のファーストアルバム『ファニー・ウォーキン』の発表記念パーティだった。コロムビア・レコードのそばの小さなクラブに佐野元春が憔悴しきった表情で現われたのは、ちょうど僕と奈々子が話し込んでいる最中だった。

「今レコード会社の人間と大喧嘩してきたんだ」…佐野はそう言うとドサッとソファに座り込んだ。

1977年の6月の事だから佐藤奈々子と佐野元春が20歳の時のことだ。デビューが決まってレコードが出るまでの間、奈々子には所属事務所がなく、佐野がプロデュースとマネージメントの両方をやらねばならなかった。しかし、それは心情的な話で、実際には大学生であり、会社組織を持たない〝若造〟である佐野にはそんな力がなかった。だからコロムビアに対しては奈々子がコマーシャリズムに流されないために、純粋なアーティストとして彼女の立場を守るために個人で、何の発言力を持たない立場で、体制に対抗しなければならなかったのだ。あの夜（パーティの夜）佐野元春はそれこそ微妙な立場にいたのだろう。今だからこそ彼の気持ちを察することができる。

話を佐藤奈々子に戻そう。彼女のファーストアルバム『ファニー・ウォーキン』のすべての曲が野方にある陽あたりのいい佐野元春のアパートで書かれた。全くの共作だ。処女作の「綱渡り」を聞くかぎりでは彼らが狙っていた世界がランディ・ニューマンやマリア・マルダーなどが好んで取り入れていたラグタイム・ミュージック等に近いと思ったものだが、いま改めて聞き返すと、このムードは佐野元春が意識的に作ったものだということが分かる。でも、二人が共作を重ねていくにつれ、その方法論は徐々に変化を遂げ、佐野元春の言葉を借りれば〝都会的なジャズのビートをもった街の歌〟というテーマに絞られていった。言うなればこの『ファニー・ウォーキン』というアルバムは〝詩人&シンガー〟の佐藤奈々子と〝作曲家&ピアニスト〟の佐野元春のかけがえのない愛の結晶と言えるかもしれない。

ビート・ジェネレーションに影響されていた佐野元春は奈々子にもジャック・ケルアックの『地下街の人びと』を読むように勧めた。その小説に感激した奈々子が書いた詩に元春が曲を付け完成されたのがアップビートのソウル・ナンバー「サブタレニアン二人ぼっち」。そして、まさに佐野元春に対する奈々子の想いがストレートに書かれた「ピアニストの恋人」等、微笑ましくもあり切なく美しい楽曲がズラリと並んでいる。'88年に発表された『Tears of ANGEL』（ベスト・アルバム）には『ファニー・ウォーキン』からは2曲しか選ばれなかった。けれども僕の頭の中でいつも鳴っているのは、ホワッとした初々しい少女のままの奈々子がうたう「ピアニストの恋人」なのだ。

『Funny Walkin'』1977年6月
日本コロムビア

A サブタレニアン二人ぼっち
トワイライト
真夜中のロックンロール・ダンス
綱渡り
赤いドレスでファニー・ウォーキン
ラグタイム・フォーエヴァー

B ストリート・コーナー・ベティ
土曜の夜から日曜の朝へ
スターダスト・ドライヴ
ピアニストの恋人
恋にゆれて
夜のイサドラ

大特集「日本のロック」より

# エコーズ ザ・シェイクス "愚か者たち"の奏でる反逆のバラッド

『シンプジャーナル』
1987年3月号より
（自由国民社）

I

「ロックは言い表し難いコミュニケーションとエンターテイメントがひとつになった、れっきとした芸術だ。しかも、非常に複雑でいながら実に原点に還らせる正反対な2通りのプロセスを持っている。これに匹敵するものはまず他にないよ」

——ピート・タウンゼント

辻仁成はECHOESのサード・アルバム『No Kidding』で、傍観者的な立場から詞を書くのではなく、自己の危機を直感的に表現しようとした。そして、1986年の12月の雨の日の午後、「もう理論で武装することにはうんざりなんだ…」と、辻は僕に向かって語った。

僕自身は、ボブ・ディランが理論で武装していて、ジョン・レノンがむきだし岩のようなLove Songをうたっている…と語る辻仁成の一方的な解釈に全面的な賛同はできなかったけれど、辻が彼のバンド「ECHOES」を通じてこの数年間に"少年達の幻滅"をアウトサイドから観察し、"怒れる若者《アングリーヤングメン》の徹底した個人主義"（つまりはスクエアなシステムに対する敵意）

をROCK'N'ROLLを通して浮き彫りにした事実は見逃せないと思っている。

以前にも書いたが、ECHOESはROCK'N'ROLLを通して〝個の魂の救済〟という普遍的なテーマに取り組む特殊なメンタリティーを持つバンドである。

辻仁成の書く〝うた〟は、病んだ社会を一方的に否定したり批判したりするラディカリズムに乗った〝うた〟ではない。もっと個人的な日常の中で、自己の憂鬱を探求するような〝うた〟が目立つのだ。

しかし、その日常を「やるせない」と言い切るのではなく、厳しい態度で〝転換〟を望むことでポジティブなエネルギーを持続するのである。

THE SHAKESの黒水伸一に較べるとECHOESの辻仁成の〝意識〟（あくまでも詞の中に表われた）は否定的かもしれない。しかし、事実を選ぶ時に、選んだもの以外を捨てねばならない運命が持っているように、最初に「否定」せねばならない事実があるならば、ごまかすよりも〝否定〟した方が、はっきりと前向きに〝転換〟できる筈である。

現在のECHOESのステージングにおけるコミュニケーションの方法は、決してハッピーな（喜びに満ちた）ものではない。むしろお互いの〝傷み〟を暴露し合うことにおいて辿り着ける場所があると信じているような、実に厳しい魂の〝交換〟によってECHOESのコンサートは成立している。

辻仁成はアルバム『No Kidding』において、自己をとりまく様々な憂鬱を描くことで手ごたえのある傷みに溢れた本物の〝愛〟に到達したようだ。そして、そのむきだしの岩のようなラブ・ソングが詰まったアルバムを出すことによって自作では新たなる〝噴出〟をするという。現在のライヴ・ツアーでも演奏されている新曲「RED SUN」を〝核〟にECHOESは新たなる路上に立つ。決してゆずれない清いボディとマインドを携えて…。

## II

「ROCK'N'ROLLはくだらないものが入り込む余地がないほどに原始的だ。くだらないものは抜きにして最良のものだけがビートを通して伝わってくるから。優れたROCK'N'ROLLは、〝優れた〟という言葉の意味がどうであろうとリアルなんだ。真実なものはだいたいにおいて単純だ。ROCK'N'ROLL の中にほんとうのものがあると思うのは単純だからなんだ」

——ジョン・レノン

THE SHAKES の ROCK'N'ROLL には、このジョン・レノンの言葉がぴったりと当てはまるような気がする。

かつて50年代に輝いていた ROCK'N'ROLL の側面とでも言えそうな…「爽快さ」を感じさせるひとつのパッションが、THE SHAKES の ROCK'N'ROLL にはあるような気がするわけだ。

そして、さらに THE SHAKES のオーソドックスなロック・スタイルの中に貫かれているのは、僕たちが直面している様々な問題を、いかに明るく、陽気にうたいあげるか…という点だと思う。

黒水伸一の書く〝情景〟が、聴く者の日常に深く関わってくるだけではなく、その言葉が日本語であるということを忘れさせる程、いやまさに英語でうたっているような滑らかさをもっているのは、言葉とビートの絡み方が見事であるだけではないようだ。

黒水伸一の書く〝うた〟の主人公の態度と演奏者である THE SHAKES の面々の態度が、まさに同一であるかのような…極めて清潔で誠実な印象を受けるのも THE SHAKES の ROCK'N'ROLL の個性であるような気がしてならない。

彼らの ROCK'N'ROLL が「陽気であることを諦めない」という命題にのっとっていく以上…その態度はたぶん永遠に変わらないだろう。THE SHAKES が ROCK をプレイすることによって伝わる〝何か〟を、そして詞とビート、サウンドが絡まり全体がこなごなになって聴く者の感性に到達する瞬間の、その何とも言い表し難い感動的な瞬間を黒水が大切にしているかぎり、彼らの ROCK'N'ROLL は〝喜び〟のシャワーのようなものであり続けるだろう。

ROCK'N'ROLL が、ただ8ビートにリズミカルなエレキ・ギターが乗せられて、それらしいサウンドの音楽であるだけで、ROCK'N'ROLL と呼ばれているのならば、少年隊の音楽を含むすべての歌謡曲も ROCK'N'ROLL になってしまう。そして、これまでに僕らにはそれを否定する術もなかった。

しかし、THE SHAKESのROCK'N'ROLLは、微笑みながら、そういった鈍い、僕らが直面している当面のことに意味を持たない形式だけの〝ロック・サウンド〟をどんどん切り離して本物の凄みを見せつける。

THE SHAKESは、ROCKを通して日常の中で誰もが抱える「喜び」や「悲しみ」、「不安」や「怒り」を伝えようとしている。けれど、そのどれもが真剣である以上、僕らも真剣でなければ分かりあえないようだ。

黒水伸一は「自分自身になるためにうたうんだ」と言った。それが彼の課題である以上、THE SHAKESのROCK'N'ROLLを聴く僕らも、自分自身の中に深く深くさかのぼっていかねばならない運命にあるのかもしれない。

## Ⅲ

ROCK'N'ROLLは自己《セルフ》を形成する手段であると同時に、自己《セルフ》を表現する手段であると思う。自分自身が正直になるため、自分に向かって〝傷み〟をうたう、ぎりぎりの崖っぷちの音楽。それがROCK'N'ROLLだと思う。SEXがしたい、というのをちょっと言い方を変えただけのような安易なふやけたLOVE SONG。自分の現状《こと》を棚にあげたメッセージ・ソング。そんなのはROCK'N'ROLLと呼びたくはない。

ROCK'N'ROLLが〝意志〟をとりもどすために、誰の日常にでも深く関わる〝意味〟のある音楽でありつづけるために、優れたROCKERはこれからもHEAVYな作業を続けていかねばならない。

辻仁成を含むECHOES、黒水伸一を含むTHE SHAKESは、まさにROCKが、本来のROCKとしてのエンターテイメント性をとりもどすために努力をおしまない。

「ロック」を商品としてしか扱わないレコード産業の〝商業主義〟の渦の中で、純然たる〝愚か者たち〟が集まったECHOES、そしてTHE SHAKESは、まさにこの動乱の時代に「反逆のバラッド」を静かに奏ではじめているのである。

大特集「大評論」より

# 「コンプレックス」からの出発
# ザ・ストリート・スライダーズと
# ザ・ブルーハーツに見る
# ソング・ライティングの手法

『シンプジャーナル』
1988年3月号より
(自由国民社)

まず最初に断わっておかねばならない事がひとつだけあります。これからこのページにおいて僕がやろうとしていることは「ROCK'N' ROLL」を語る上で最も邪道なことかもしれません。「ROCK」の言葉（歌詞）だけを取り出して語るということは、ビートやメロディや、演奏者の態度及びプレイを無視した卑劣な方法だとも思えるからです。

まあ、そんな〝反則技〟とも呼べそうな行為を、僕はこれから多少の後ろめたさを感じながらもやってしまおうというわけです。そこいら辺の身勝手さを承知した上で読み進んでいただけると嬉しいです。

Baby，途方に暮れてるのさ
オイラ　途方に暮れてるのさ
Baby，途方に暮れてるのさ

空は重く　のしかかり
雨はずっと　降りつづいてる
オマエに会いに　行きたいけど
オイラの傘は　役立たず

## 「Baby, 途方に暮れてるのさ」より

この程、『BAD INFLUENCE』からシングル・カットされたばかりの「Baby, 途方に暮れてるのさ」は、スライダーズにしてはめずらしく横揺れのレゲエ・ナンバーである。ホーン・セクションが醸《かも》しだすウォームな雰囲気と、乾いたビートと湿ったメロディの奇妙なコンビネーションにより、歌詞が持つやるせなさや、痛みは不思議と中和されている。

　詞だけ取り出して読むと、暗い男の情けない愚痴のようだが、村越弘明がここ数年書いたスライダーズの〝うた〟にはこのパターンが意外と多い。『BAD INFLUENCE』には作詞、作曲共に村越名義の楽曲はこの「Baby, 途方に暮れてるのさ」と「HOLD ON」の2曲だけだが、初期のスライダーズでは殆んどの楽曲を村越ひとりで書き上げていた。ファースト・アルバム『Slider Joint』に収録されていた「のら犬にさえなれない」「すれちがい」「あんたがいないよる」などは、まさに村越が抱えているコンプレックスが露出した楽曲で、歌詞だけでなくメロディや唱法を含む、作品《うた》全体に流れる裏ぶれたやるせなさは、その後のスライダーズにとってひとつの重要なスタンスになっていくのである。

　〝ダークな視点〟と書くと少し大袈裟だが村越弘明が抱えている〝負〟のファクターには時折悲愴感さえ漂っているのだ。けれどサード・アルバムあたりから詞に関しては土屋公平の〝ポップな視点〟も加算されるようになり、それによって〝情けなさ〟が前面に出る歌は減少するのである。

　作詞家＝JOY-POPS（村越×土屋）はストリート・スライダーズに新風を巻き起こした…といっても過言はないだろう。現に『BAD INFLUENCE』におけるJOY-POPS名義の「EASY ACTION」「Hyera」「風が強い日」などでは、これまでの村越の孤独に内向していた側面が排除され、前向きでストレートな表現がメインとなり、厳しい批評を持つ目（メッセージ性とも言えそうな）、言葉も挿入されるようになった。

　乱暴な言い方をすれば、スライダーズの「光」は土屋で、「影」が村越ということになる。この微妙なバランスを常に平均化しないところにいまのスライダー

ズを感じるのだ。そういう意味も含めて、エレアコ2台だけのJOY-POPSのステージで演奏された「Baby, 途方に暮れてるのさ」のレコード・ヴァージョンにはない、直線的な危機感を放出していたことは、僕にとって実に興味深い事だった。

寂しさにうちのめされて
悪い事ばかり気になり
崩れてしまいそうな時
ムリヤリ僕は笑うんだ
チューインガムをかみながら
ペチャンコにされてたまるか

「チューインガムをかみながら」より

ブルーハーツの歌を聴くのは元気な時がいい。暗く落ち込んでいる時に聴いても陽気にはなれない。「等身大」の自分自身が鏡のように映るだけである。ブルーハーツに何かを求めても跳ね返ってくるのは自分の心だけである。

これは作家の吉本ばななさんに会った時にも話題にのぼったことなのだが、真島昌利と甲本ヒロトの視点の違いはブルーハーツを語る上で欠かせない重要なポイントである。「言葉」というものに対する2人の見解がこんなにも違う、という場面を歌詞の中に幾つか発見することもできる。

例えば、真島昌利が「遠くまで」の中で〝言葉はいつでもあやふやなもので、僕を包んだり投げ捨てたりする〟と書けば、甲本ヒロトは「少年の詩」の中で〝言葉はいつでもクソッタレだけど、僕だってちゃんと考えてるんだ〟と書いている。この2人の視点の絶妙な違いがブルーハーツの「言葉」におけるスタンスを双方から支えているのは確かである。

誤解を承知の上で2人の最も極端な違いを分析してみて最初に気になったのが、真島がメンタルな反面、甲本はフィジカルだという点である。つまり、現実と自己の真実の狭間を漂い、思考を繰り返し最終時にはラディカルな姿勢で言葉を吐き出すのが真島昌利であれば、甲本ヒロトはほぼ思考をストップさせ、感情のみで自己に内在する原素を追究し、突然の閃きを言葉にしているような気がする。ゆえに知性を感じさせるのは真島の歌の方で、甲本の歌からは知性よりも生理を感じてしまうのは僕だけだろうか。

…とは言うものの、この2人は実にうまく噛み合いながら楽曲を盛りあげていくという術を体で知っているようだ。ゆえに真島の書いた歌を甲本が歌唱することにより、さらにその楽曲が光り輝くという現象が起きるのだろう。特に「君のため」であるとか、「チューインガムをかみながら」であるとか、「ロクデナシ」であるとか、「青空」などの楽曲は、甲本ヒロトのヴォーカリストとしての力量によって見事に開花していると思うのだ。たぶん、カラーとかムード…といった直接言葉によって分析できない微妙なニュアンスをこの2人の関係が自然に生み出している…というわけだ。

ただ僕は「チューインガムをかみながら」の中の一行〝ムリヤリ僕は笑うんだ〟という言葉が少し気にかかっている。この表現はやはり真島だけのものなのだ。甲本ヒロトならば自分から進んで〝ムリヤリ僕は笑うんだ〟とは言わない筈である。甲本はたぶん「無理やり」が嫌いな奴だと思うので。

「コンプレックス」が歌を書く基礎になっているのは、まさしく真島昌利の方で、甲本ヒロトの場合は、たまたま…気が付くと背中に「コンプレックス」がへばりついていたという感じなのではないだろうか。

偶然彼らの「ROCK」と出会い、嬉しくなったり、切なくなったり、勇気づけられたりしてる人は僕以外にも多いと思うが、僕自身は相変わらずブルーハーツのメンバーの〝真意〟を何も知らない。たぶん真島昌利も甲本ヒロトも〝本当のこと〟は何も解ってない筈である。

生まれては消えていく瞬間《いま》の中に何かを見つけるのは非常に困難な技だ。けれども1分、1秒と消えてゆく時間の中で偶然「ROCK'N' ROLL」が何かを描いていく瞬間に立ちあえるということは、僕にとって特別な快感になっている…ということを告白しておく。

**対談（田家秀樹×下村誠）Interview article**

特集「発表！ 1986ベスト・アルバム」より

# 田家秀樹＆下村誠
# 巨頭対談!?

『シンプジャーナル』
1987年2月号より
（自由国民社）

——まず、田家さん、下村さんが選ぶ1986年のベスト新人、をあげてください。

**下村**　シェイクスとシオンとバウンド。もし、ひとり（ひと組）選ぶとしたら、シェイクスにする。

——シオンよりもシェイクス？

**下村**　シェイクスだね。シオンは、テイチクから出たファースト・アルバムは好きじゃないの。来年の1月に出るセカンド・アルバムは凄く好きだけど。

**田家**　いろんなバリエーションのあるやつね。ニューヨークっぽいんだか、じゃないんだかわかんないって曲も入ってる。

**下村**　そうなんですよ。ラウンジ・リザーズのギターのマークの趣味で作った、みたいな。それが好きなんだけど。

**田家**　それがシオンに合っているのかなってことも多少考えたりしたんだけど（笑）。

**下村**　っていうか、ぶつかり合ってるというか、けんかしてるって感じだからね、なかなかいいんじゃないかって。がなり合ってるっていう音がしてるから（笑）。それが凄いよ。

——田家さんが選んだベスト新人は誰ですか。

**田家**　僕はね、キャディラックとレッド・ウォリアーズとシオンだね。安藤秀樹と松岡英明と岡村靖幸なんかもいるけど、まだ、ステージ観てないから、観てから……。

——選んだ理由を。

**下村**　理由なんか聞かないでね、僕に（笑）。

**田家**　キャディラックの場合は、あれやられちゃうと、もう体が動いちゃうんだ、もとエルビス少年としては。ルイードの最初のコンサート観たら、凄いフィフティーズのロックンロールが体にしみついてるっていう感じがあって、それでもう無条件に反応しましたって感じ。

――シオンはふたりとも選んでる。

**田家**　存在感あるもんね。シオンが好きっていうんで、僕なんか誤解されそうなとこあるのはさ、「春夏秋冬」やってるからでしょ、とか、昔のフォークのなごりがあるからでしょって言われかねないんだけど、それは違いますね（笑）。僕、逆だと思ってるもんね。シオンって70年代っぽさを消した方がいいと思ってる。

**下村**　ジョン・ルーリーがシオンのことを気に入って、ニューヨークでプロモーション・ビデオ作ったじゃない。ジョン・ルーリーなんて、僕らみたいにフォークだとか70年代とか、なんにもないじゃない。ただシオンの存在感があって、あれ面白そうだ、声もなんか違うし、面白い――たぶん懐古趣味でシオン好きな人もいっぱいいると思うけど、そんな風に（先入観のない）違う感覚でシオンのこと好きな若い人もたくさんいると思うね。

**田家**　「悪」のかっこよさって日本にないでしょ。「悪の華」みたいな、あやしげなかっこよさを、ちゃんと自分のスタイルにしてる人って。それになってほしいなって思ってる。ロートレアモンとかね、マルキ・ド・サドとかさ（そんな感じの）あやしげで美しいロックをやればいいと思ってる。

**下村**　あとさぁ、なんにも「掲げる」ものがないのがシオンなんだよね。「俺はメッセージ・ソングうたうんだ！」とか、そんな風に掲げたりとか全然しない。自分の生活をただうたうだけで（聴く方は）驚くわけよね。

**田家**　「掲げる」ものがあるのが政治で、掲げるものがないのが性、セックスっていう気がするのね。今年、両方ともテーマになってるじゃない。

**下村**　なってるねぇ。

**田家**　で、セックスの方が今、弱いでしょ。弱いっていうとヘんだけど、ちゃんとセックスを感じさせるような歌をうたってる人が少ないよね。レボリューションはそれなりに言えるとこあるじゃない。BØØWYのLPにあった「Our Revolution」とか、美里の「My Revolution」みたいな。「Our～」はきらいなうたなんだけどさ（笑）、Our Revolutionって言ってるんだけど、バラードで♪僕が君に好きだと言えるのは～みたいなうたなんだよ。「My Revolution」の方は（ちゃんと）掲げてる気がするけどね。で、レッド・ウォリアーズって、そこをちゃんと掲げてるじゃない。そこが好きなんだ。

――掲げてるレッド・ウォリアーズと、掲げてないシオン。

**田家**　掲げてないんだけど、ちゃんと体のなかにもってる。それはレボリューションとセックスの違い。政治と性の違いっていう気がする。

**下村** だから逆に言うと、シオンのあとにレッド・ウォリアーズ観ると、凄い違和感があるのね。今年の「アトミック・カフェ」みたいに、シオン観たあとにレッド・ウォリアーズ観ると、「あっれー?」みたいな。自然にやってないんじゃないか、みたいに思ったり。けっこうオーバー・アクションに見えてくる。以前にワンマンでレッド・ウォリアーズ観たときには感じなかったんだけど、やっぱり比べちゃうからさ。そうすると、掲げてるのがけっこう無様に見えたりすることがあるのね。逆にレッド・ウォリアーズ観にきた人たちは、「なんだ、シオンやシェイクス、つまんねー」とか思ったかもしれないし。それだけ落差が大きいなって。

**田家** それくらい落差が大きい方が面白いと思う。それがお互いの個性だもんね。

●

――今年のベストアルバムを1枚選ぶとしたら、何になりますか。

**田家** 僕は、浜田省吾の『J. BOY』か、中島みゆきの『36.5℃』。『36.5℃』はよく聴いたよー、僕。みゆきのLPでこんなに聴いたのって、『寒水魚』以来じゃないかと思う。

**下村** うわー、僕は、好きな曲あるんだけど、カセットに入れて何回もウォークマンで聴くってほど、聴いてないなぁ。

**田家** みゆきの曲で、こう、体が動いちゃうなんて初めての体験だよ。

**下村** 今回、そうですよね。

**田家** 言葉にひっかかんないで聴ける、という。で、ちゃんと言葉が残るじゃない。

**下村** 甲斐よしひろにプロデュースまかせたっていうのは、そういう意味で成果があったんじゃないですかね。

**田家** 自分のうたをちゃんと理解した上で音を作りあげるっていう選択でしょ。それでいて甲斐よしひろも、ただ音をつけただけにしてないもんね。あれは凄いよ。

**下村** 僕はアルバムとしては、ムーンライダーズの『DON'T TRUST OVER THIRTY』。1曲選ぶんなら、ダントツで佐野元春の「月と専制君主」。これは今までの佐野くんの曲の中でいちばん好きだね。

――84年、85年なんかに比べると、今年はいわゆる豊作だったと思いますか?

**田家** 豊作なんじゃないかな。

**下村** 出ました!っていうレコードが多かったよね。『Café Bohemia』も『VISITORS』以来、悩んで悩んでね、「これしかない」みたいな結論が

**下村**　拡大された政治っていうんじゃなくて、もっと小さな、たとえば佐野君の「99ブルース」なんかも、ある種ポリティカルなうただと思うのね。家庭の中のルールがあって、それがもっと拡大されていくと社会にまでいくんだけど、もっと個人的なルールの中で、凄い狭い部分でルールというのがあって、それがあると自分が自由に踊れない。それを打破するっていう部分でのポリティカルなうたは、もっと出てくるでしょうね。

**田家**　そういう意味では、『Café Bohemia』は凄いポリティカルだね。

――司会者の立場を逸脱した発言をします。やっぱり『ROCKIN' ON JAPAN』なんだけど、渋谷陽一がインタビューで言ってたのと同じことを、僕は『J. BOY』に対して思ったんです。椎名誠が昔、半径30メートルの評論家とか言ってたんだけど、佐野元春の場合は（表現の仕方が）違うっていう気がする。

**下村**　あるねー。でも、自分は音楽で革命ができるなんて信じてない、って彼は言ってる。だけど、そのへんを信じたい人もいっぱいいるわけですよね。

**田家**　信じてないっていうのは、他（のこと）でいっぺんやったことのある人が、それで幻滅したとか、それがあるから音楽なんかできっこないっていうケースが多いみたい。だからといって、（それを）やろうとする人に、そんなことは意味がないって言うのとは違うっていう気がする。

――政治的なことをテーマにしだしたというのは、そうせざるを得ない状況だからなんでしょうか。

**田家**　ミュージシャンである前にひとりの人間であるっていうことでしょ。簡単に言っちゃうと。その人間が今どういう風に生きてるかってことは自然にうたにでてくるんじゃないかな。今年出て、レコード出したって感じだし。みゆきも浜田省吾もそうだったと思うしね。

**田家**　アーティストが音楽でどこまでできるかっていう風に考え始めているでしょ。「J. BOY」なんかもそうだと思うのね。さっきの政治と性って言い方をしたらさ、政治的なことも言ってるわけじゃない。エンターテイメントであらせつつさ、政治的なことも言えるのかっていう。そういう意味じゃ、今年って凄くおもしろかった。

**下村**　このあいだ、『ROCKIN' ON JAPAN』読んでたら（第2号）浜田省吾のインタビューがあって、山下達郎のインタビューのあとに山下達郎は「絶対、政治的なことなんてできるわけない」って言ってましたね（笑）。

**田家**　でも『POCKET MUSIC』に戦争の歌みたいの（「THE WAR SONG」）あるじゃない。

それに近い感じで、僕にとってはリアルなんです。でも、浜田省吾の「A NEW STYLE WAR」の核がどうのって、新聞読んでうた作ってるみたいな、外側から語っているような気がしちゃう。

**田家**　でも浜田省吾にとって核って外側じゃないと思う。自分の内側のテーマじゃないかな。

――というか、同じものを語るんだったら、小説とかノンフィクションなんかでも、もっと深いものがあると思うんです。

**田家**　でもノンフィクションでも浅いのあるよ（笑）。方法論とかジャンルで分けちゃいけない。

――もちろん浅いものと比べているんじゃなくて、深い（というかリアルな）ものに比べて、そこまで達してないと思うんです。佐野元春みたいな語り方だったら、リアルに感じられるんだけど。

**田家**　でも、同じとこに立っていると思うけどね。

**下村**　浜田省吾のやり方で『HOME BOUND』以来変わってないと思うのは、彼のオーソドックスなうた作りっていうのがあって、ジャクソン・ブラウンのオーソドックスな作りが『LIVES IN THE BALANCE』の「FOR A AMERICA」に結びついたように、浜田省吾のオーソドックスなうた作りが『J. BOY』の「A NEW STYLE WAR」に結びついたんだなぁって思うんだよね。ジャクソン・ブラウンが成長してきたように、彼も成長してきたんだと思う。で、流行どうのこうのとか、売れないかもしれないとかを全然気にしないでやってるからね。でも、『HOME BOUND』のときから全然変わってない姿勢で、「浜田省吾の音楽」を作ってるなぁって思うよ。

**田家**　そういう意味では、比較しちゃいけないって感じのする1年だったね。『J. BOY』『36.5℃』の他にもっと挙げると、甲斐バンドの『REPEAT & FADE』『THE 甲斐バンド』『POISON 80'S』、山下達郎の『POCKET MUSIC』、矢野顕子の『峠のわが家』、佐野元春の『Café Bohemia』、スタ★レビの『CHARMING』、パンタの『R★E★D』、KUWATA BAND の『NIPPON NO ROCK BAND』、中村あゆみの『FAIR CHILD』、渡辺美里の『Lovin' you』、大貫妙子の『Comin' Soon』、チェッカーズの『FLOWER』、TM NETWORK の『GORILLA』……全然比較のしようがないけどさ、結局みんな好きだって思う。

――ただ、今回ベスト・ワンをえらんでほしいって思ったのは、買う側としては、今2800円しか持ってない、じゃあ『J. BOY』にしようか『Café Bohemia』にしようか――『J. BOY』は2800円じゃないんだけど、大なり小なりそうした選択の繰り返しでしょ。だから、90点をクリアしてるものの中でもこれは１２０点とか１１５点とかって詳しく評価してほしかったんです。もちろん誰かにとっては１１５点のものが、別の人には70点とか、もちろんそれはあるわけで、僕らは田家さんの１２０点を聞きたかった。おそらくシンプの読者は、田家さんの書いたものをよく知ってるだろうし、田家さんの選んだものだったら聴こう（いま挙げた全部は無理だろうけど）ナンバー・ワンの１枚なら買ってみようかなって思う人もいると思うんですよ。

**下村**　でも、それおかしいよ。

**田家**　おかしいよねえ（笑）。

**下村**　だって僕、昔『ミュージック・マガジン』読んでて、誰々が推薦しているからって買って、ハズレたこといっぱいあるもん。当たりそうな気がするってのはあるかもしれないけど、あんまりあてになんないよ。

――もちろん当たる確率は３割くらいとかかもしれないけど、買う側は全てを聴くことができないし、ライターの人の評価とか雑誌の評価とか、すごい参考にしたいと思っているんじゃないかなぁ。

**下村**　確かに、雑誌というメディアとしては、そうだよ。

●

――１９８６年を概観すると、いかがでしょう？

**田家**　いろんな流行があるけれど、ここまでハードとかシステムとかエレクトロニクスが進歩しちゃうと、最後は自分が何をやるか、何をうたうか、どんな音楽が好きでどんなアーティストになっていくかってことしか問われないよね。それはアルフィーが、あんなロックのアルバム作ったりとかさ、あれはびっくりしたけどね。好き嫌いは別にして。KUWATA BAND もそうだよね。『CHARMING』もそうじゃん、『FLOWER』も、自分たちはこれがやりたいんですっていうのを出すのがいいっていう。わかりやすい年だった。

**下村**　みんながんばりが必要な年だったし、がんばりきった年だと思うんだ。

**田家**　そうだね。オフコースでもさ、受け止め方はそれぞれあると思うけど、グループがどういう風にやっていくかってことでは、すごい実験的だった。

**下村**　そういう年でもあったですね。模索して、実験したり、冒険したりとか、次へのアプローチをしたり。

**田家**　それがみんな凄い、いいかたちになってね。

**下村**　まだ聴いてないんだけど、１月1日に出る財津和夫のソロ・アルバム。あれも資料にも書いてあるけど、「次のチューリップへの布石を作りたいからソロ・アルバム出した」って。たまたま甲斐バンドは早いうちに解散したんだけど、次に何をやるんだろう?って考えちゃう、凄くテンションが高い(解散)コンサートだったしね。

**田家** 『REPEAT & FADE』と『THE甲斐バンド』と『POISON 80'S』を含めた甲斐バンドの今年っていうのは、やっぱりちゃんと語らなければいけない。

**下村** そのどれもが過渡期ではなく、ひとつの終末であり、ひとつの始まりであるっていう……。

**田家** ひとつひとつのテーマに対して全部答えを出しているんだよね。『REPEAT & FADE』って、バンドっていう形への最終的な答えでしょ。『THE甲斐バンド』はライヴっていう形に対しての答え。『POISON 80'S』ってアルバムと音作りっていう問題の答えじゃない。

**下村** 松藤のソロも大森のソロも5年以上前から企画があって、ここでやっと結着つけたという(笑)。

**田家** 甲斐バンドが解散して、サザンが活動を休んでKUWATA BANDが始まり、チューリップが休止、オフコースが(メンバー)それぞれバラバラに動いたりしているって、みんな象徴的だよね。

——87年の予兆が(笑)。拓郎はどうしちゃったんでしょう?

**下村** ……困るよ、その質問は。

**田家** 絶句しちゃったよー(笑)。その話だけには触れずに終えようと思ったのに。

**下村** 小室さんのプロデュースに燃えているんじゃないですか(笑)。

**田家** アルバムは聴きましたが……。

——絶句ですねぇ。

**田家** でも、来年はツアーをやるでしょう。

**下村** 僕、思うけどどね、みゆきなんか聴いても思うし、同世代の人にうたいかけていく、それから幅を広げる上で上の世代にも巻き込んでいくっていうような、そういう意識を持ち続けていかないと、幅が広がらないと思うんだよね。いつまでもティーン・エイジャー相手の商売ってのが業界の中で、もしくは音楽作っている人たちの中で、それが定着しすぎていると、なんのために音楽を作っているのかわかんなくなってくるの。今さ、やっぱりどうしてもレコード買う世代が限られているのかもしれない。15才から22才まで。それ以上の人たちはだんだん音楽聴かなくなっていったりとか、演歌にいったりとか、30超えると「俺はロックなんか聴かねーや」みたいなサラリーマンが増えたりとか。それをどうにか「いいよ、あいつの音楽最高だよ」って言わせるものを作っていくってのが、これからのテーマだと思うんだよね。

**田家** うん、矢沢永吉が『東京ナイトト』っていうアルバム作って（永ちゃんがサラリーマンやってるビデオのやつです）、で、コンサートにネクタイ締めたサラリーマンとかがけっこう来てて、矢沢が「かっこよく年とってみせます」って言った。それが象徴的だと思うのね。30過ぎると結局演歌で、40過ぎるとロックは似合わないという。日本人は最後は演歌なんだよっていう。でも、今、そうはなってないんだ。30過ぎたってロックだし、40になったってロック。多少メロディ・ラインが変わったり、アレンジがちょっと変わったりしても、演歌になんかかないわけじゃない。だから、未だに30代前半から、拓郎を含めてさ、40になったりしているやつは先頭にいる。それを拓郎ははっきり認識してほしい（笑）。「きみはまだ先頭なんだ」って。

**下村**　そうだよねー！　ナチュラルに自分の音楽作っていけばそれでいいと思うんだ。それが、どうしても商業的に「これはうまくいかないから、もうちょっと世代を下げていく」とか「ティーン・エイジャーの頃を振り返ってうたを作ってくれ」とかって、ある種、自分じゃないところでうた作りを始めたりとか、そのへんが見えてきちゃうんですよね。それは僕だけじゃなくて、聴き手たちもみんな見抜いちゃってると思うんだよね。そういう部分で、拓郎自身は正直にやり続けてきたと思うし、小田さんもそうだし、それをみんなが支持するっていうことも必要だし、それ以外に自分たちがそれを引き継いでいく部分があると、点じゃなくてひとつの線になっていく。点で終わって、はい次の人、っていうんじゃなくてね。

**田家**　世代なんか交替しない方が面白いと思うね。

**下村**　そうそう、絶対そう。どんどんつながっていけばいい。どんどん変わっていくべきことは変わっていけばいいし、べつに俺は40だからこんな歌うたえねーやって思う必要もないと思うし。

**田家**　40の歌、うたえばいいしね。

**下村**　うたえばいい。

**田家**　これからだよね、時代は（笑）。

●この他にも、カセット、CDのみ発売の企画が増えてなんとなく淋しいという話、中村あゆみ・渡辺美里・NOKKO　それぞれ違った個性の3人の女性アーティストの活躍がうれしいという話、田家さんは尾崎豊が、下村さんは吉川晃司が好きだという話、みんなが、絵を描くのと同じように音楽を作ればいいという話。音楽以外に印象に残ったのは、下村さんジム・ジャームッシュの映画、田家さん自分が40才になった話など、掲載しきれずに残念。次の機会に●

田家秀樹

1986 ベスト・ワン・アルバム　**『J. BOY』浜田省吾**
ベスト・ワン・新人　**キャディラック、シオン、レッド・ウォリアーズ**

こういうのは嫌いだ。なんで１枚にしろと言ったりするのだ。特にベスト新人というのは大嫌いだ。ボクは「スター誕生」の審査員じゃないのだから。アルバムの話をあえてすれば、『J. BOY』と中島みゆきの『36.5℃』は、ボクにとって等距離のアルバムなのだった。『J. BOY』は自分の見てきた音楽、聞いてきた音楽を確かめることができたという意味で、『36.5℃』はどこに行かなければいけないかと感じさせてくれたという意味において。〝音楽〟を再認識させてくれたという２枚のアルバムだった。『J. BOY』が１位だったのは、ライヴを見たから。みゆきの国技館を見ていたら、どっちになったろう。その他にも気に入ったアルバムは、話の中でふれておいたけれど、ボクはレコード第一主義者ではないので、コンサートを抜きにしては語れない。'86 年のコンサート。甲斐バンドの解散ツアー、浜田の「J. BOY」コンサート、中村あゆみの「抱きしめたい」、長渕剛の武道館と大阪城ホール、佐野元春の「東京マンスリー」、小山卓治の LIVE INN 全曲ライヴ……ああ、一杯あるなあ。ボクはライヴが好きだ。

下村 誠

ベスト・ワン・アルバム**『DON'T TRUST OVER THIRTY』ムーンライダーズ**
ベスト・ワン・新人　**ザ・シェイクス**

僕にとって「音楽」とはやっぱり道具だと思う。心のチューニングをしたいとき、「笑顔」という大切なフットワークを取り戻したいときに、元気印のレコードをターンテーブルに乗せる。音楽を聴いている時はあまりあれやこれや考えない事にしている。だいたいが一緒に歌ったりしてるので考えてるのは歌詞のことくらいだ。だからライヴに行ってもステージに乱入して一緒に演りたくなってしまう事が多くて、今年も我慢できなくなって３回程“乱入”をやってしまった。とまぁそんなわけで、僕が好きなレコードは今年も沢山出たわけで、１枚だけ選ぶなんてとんでもない話はただひたすら困ったのだ。でもこの１曲…というのはダントツぶっちぎりの曲がある。佐野元春の『Café Bohemia』の中の１曲「月と専制君主」だ。好きな理由は１月号の元春の記事の中でも書いた。とにかく僕はこの歌でエンドレステープを作ってしまった程、何回も何回も何日も何日も聴いている。さて、もう１つの質問…「今年のベスト新人は？」であるが、やっぱり、ザ・シェイクスとシオンということになる。シオンはもう言わずと知れた感じでマイペースにがんばってほしいのだが、来年はバウンド、ザ・シェイクスにがんばってほしい。特に、シェイクスの黒水くんの“新曲”に期待してます。

## 対談（田家秀樹×下村誠）Interview article

音楽評論家対談

# エポックメイクな人って思いがけないところで生まれてくる。

『Time Limit !』
1996年　Vol.0007より
（八曜社）

――まず、漠然とした話から入りますが、ヒット曲というのはどうやって生まれるものだと思いますか。

**下村**　たとえばの話、20年前だとすると、ラジオの深夜番組があって、そこで「帰ってきたヨッパライ」が、インディーズにもかかわらず、何十回もリクエストが来て、爆発的なヒットに結びつくわけじゃない。それは、ラジオの深夜番組のＤＪの人が選ぶとか、そういう感じだったじゃないですか。今は、単なるインディーズの曲がラジオで流れて、それが爆発的なヒットに結びつくということはすごく少なくなってきてる。

**田家**　ヒットしてる曲を並べてみるといくつかの共通点があって、それを流通の仕方、メディアの通り方とかで分けることはできると思うんです。番組のテーマだったり、コマーシャルのタイアップだったり。音楽の聞かれ方が、今はメディアを通してしか聞かれてないから、結果的にそういう曲がたくさんヒットしていっちゃうんだろうけど、でも、それがヒット曲の条件かといったら、それはまた別の問題だと思うけどね。

――単純に露出の問題ではない。

**田家**　ないと思うよ。タイアップした曲が全部ヒットしているかというと、そうではないからね。だから、タイアップではない形で露出する曲が少ないから、結果的にヒットしたものを並べてみると、〝みんなタイアップだね〟ということになるだけなんじゃないかな。

**下村**　結局、それは、テレビに露出する度合いが多いから、テレビというメディアを使って家庭に送られてる音楽＝ヒット曲になっちゃうわけだけどさ。

**田家**　だから、それは時代とメディア、音楽のメディアの状況ということになると思うんだよね。さっき、下村くんが言った「帰ってきたヨッパライ」の頃は、音楽雑誌もなかったしさ、ラジオのメディアとしての力があったわけでしょ。70年代の半ばくらいから音楽雑誌が出てきて、それでも、80年代の半ばくらいまでラジオで、その後は、雑誌になってると思うんだ。バンドブームは雑誌が作ったから。雑誌に露出した人がヒットしてるという構造になったでしょう。90年代は、それがテレビになってるということでしょう。

――たとえば同じ力を持った楽曲が2曲あったとして、片方が1万回露出される、片方が100回しか露出されない、ということで出てくる〝ヒットするもの〟と〝ヒットしないもの〟の差が、今はすごく曖昧な気がするんですね。

**下村**　でもね、たとえば、SASと佐野元春の曲が、同じ状況で流れたとして、たとえばSASの曲はすぐに100万枚のヒットになり、佐野元春の曲は5万枚程度だ、ということもあるわけじゃない。同じ回数、同じように露出してるのに、なんでSASは100万枚、佐野元春は5万枚かということを考えると、たぶん、曲のクオリティじゃなくて、聴こえ方だったりするんだよね。それはコード進行がメジャーかマイナーかということだったり、歌の聴こえ方とか。そういうことにもシングルを買う動機はあると思うから、だから、ドラマのテーマ曲になったとしても売れないものは売れないんじゃないかな。

――95年の年間シングルベスト10（オリコン調べ）を見てて何か感じることはありますか。

**田家**　なんでこんなもんが売れてるんだろうというのはないんじゃないかな。

**下村**　うん、疑問には思わないね。

**田家**　やっぱり、ちゃんといい作り方をしていたり、それなりの組み立て方がされてるものがヒットしてるという気はしてるけどね。特にこの1年くらいは。3年くらい前は、〝なんでこんなのが？〟ってのがあったんだよね。

――たとえば？

**田家**　曲名あげるのは難しいけど（笑）、でもみんながよく言ってた、タイアップで曲は流れてるけど、ライブもできないような人達とか、サビだけうまくできてるというような作り方で、〝そこだけ聞いてるといいけどなぁ〟というのはあった気がしたけど、少なくとも'95年のベスト10の中にはそういうのはないんじゃないかな。

**下村**　うん、パッと初めて聞いていいなと思う感覚、メロディとか、歌の質感も含めて、どの曲も納得できる。

**田家**　あえて言うとしたら、「TO-

MORROW」（岡本真夜）かな。これは曲の問題ということよりも、アーティストの将来性というときに〝この先どうなっていくんだろう〟という未知数な気がしないでもないけど。

――意外だったのは、小室哲哉プロデュースものが上位を占めているという印象があったんだけど、そうでもない。

**下村**　あの人が仕掛ければ絶対売れるみたいな概念は、業界にも普通のリスナーの子達にもあるね。〝小室プロデュース〟というだけで、流行るというイメージがある。だから、彼が見つけてきた新人とかは、みんな聞くと思うんだよね。彼の独特なサウンド作りがあって、それがちゃんと想像できるから。

**田家**　だから、タイアップすれば何でもヒットするという時代ももう違うし、タイアップしてる曲ばかりでいいのかという議論も、もう遅いような気がするんですよ。傾向としてふたつあると思うのは、タイアップなんかも含めたプロデュースワークの重要性と、さっき下村くんも言ってたけど、曲自体の重要性。そのふたつなんだと思うんだよね。スピッツの「ロビンソン」なんかは、そういう意味じゃ、曲の良さという一点でしょ。1か月ほどのタイアップもあったようだけど、それはタイアップとは言えないもんね。だから、これだけ時間かけても売れる曲は売れるというか。すごくいいことだったと思う。もう一方のプロデュースワークというのも、アーティストイメージから曲のコンセプトからメディアの使い方から、全部含んだプロデューサーの存在があって、それは重要だよね。

――ミスターチルドレンは、その両方が噛み合ってたという気がしますね。

**下村**　ミスターチルドレンは、デビューした時に小林くん（小林武史、プロデューサー）と話してても、ヒットするかどうかというのは分からなくて、〝歌詞がいまいち〟なんて言ってたりして(笑)。もちろん最初からポップ・チューンを作る才能はあったんだけど、それプラス、何か説得力のあるクオリティを持った楽曲が生まれてこない時期があって。でも、そこからどんどん桜井くんの才能が芽生えてきて、突然、ミスチルはすごい、というところにいったよね。

**田家**　やっぱり、エポックメイクな人って思いがけないところで生まれてくると思うんだけどね。ミスチルだって「君がいた夏」がすごくいい曲だと思って、ライブを見たとき胸騒ぎがしたんですね。なんでかわからないけど、なんかゾクゾクした。〝こういうことだったんだな〟と今は思うけど、でも、こんなになるなんて誰も思わなかった

田家　ポップスってそういうものなんだろう、というのがどっかにはありますね。ただ、それがポップス本来のあり方だとも思わないし、それが100％健全だとも思わないんだよね。歴史的な流れってあると思うけど、ビートルズが出る前の、60年代初めのアメリカのチャートって、やっぱりプロデュースワークが全盛だったわけでしょ。一発ヒット屋さんだったり、ヒット曲作りのノウハウだけがチャートを制覇してたという時代があってさ、そこにビートルズみたいなのが上陸して、シンガーソングライターだったりバンドだったりが出たりしてきたわけじゃない。システムだったりビジネスだったり、いろんな人のノウハウで生まれてくる。良質なポップス、良質という言葉はいろいろ問題があると思うけど。でも、そういうヒット曲がたくさん並んでいる時期があるかと思えいう意味じゃ、ユーミンの流れだったりするわけでしょ。

——ヒット曲の中に、プロデュースワークの力によるものと、そのアーティスト自体の力によるものと両方あるとして、それはどっちが面白い、面白くないということではない？

田家　ないんだと思うけどね。いろんなものができあがって、いろんなものが並んで、いろいろ聞けるのがいいわけだから。そうやって考えるといろんな人達が出てくるのがいいわけだからね。

——特に新人の場合、曲の向こう側にプロデューサーの顔が見えた方が、ヒットという商品になりやすいということはないですか。

田家　今は、そういうところもあるかもしれない。

——そういうことも、不健全ではなくて、健全というふうに考えるべき？

じゃない。あの時代に、あの好青年っぽさ、アイビーっぽい感じってなんか変だったでしょ。だから、時代の主流じゃない奴がある日突然いっちゃったりするってことがあるんだと思うんだよね。スピッツもそうだもんね。

下村　バンドブームが終わって〝ロックバンドとはこういうもんだ〟というイメージがあったんだけど、それとは全然違うところに位置してるポップな感覚を持った若手というか、ミスチルもスピッツもそういう人達だったよね。ただ、桜井（和寿）くんの原点が浜田省吾とかエコーズだったように、（草野）正宗の原点がブルーハーツだったように、ちゃんとバンドを愛してる、ロックバンドをやりたいと思ってやってきてはいるんだよね。

田家　影響されて継承してるけど、同じことはやってない。そういう奴が残ってるよね。ドリカムだって、そう

ば、やっぱりわけわかんないアンダーグラウンドな奴がさ、コード三つしか知らなくてもウワーッてうたって売れちゃったりする時代だってあるわけでしょ。僕は、案外今年って、そういう時代になるような気がしてるんだよね（笑）。

**１９９５年度 年間シングルベスト 10**

| | |
|---|---|
| 1位 | LOVE LOVE LOVE（ドリームズ・カム・トゥルー） |
| 2位 | WOW WAR TONIGHT ～時には起こせよムーヴメント（H Jungle With t） |
| 3位 | HELLO（福山雅治） |
| 4位 | Tomorrow never knows（Mr. Children） |
| 5位 | シーソーゲーム ～勇敢な恋の歌～（Mr. Children） |
| 6位 | Hello, Again ～昔からある場所～（MY LITTLE LOVER） |
| 7位 | 奇跡の地球（桑田佳祐＆ Mr. Children） |
| 8位 | TOMORROW（岡本真夜） |
| 9位 | ロビンソン（スピッツ） |
| 10位 | LOVE PHANTOM（B'z） |

特別寄稿

# 下村誠くんのこと

山本智志

下村誠は友だちだった。でも、ぼくは彼のことをそれほど知っているというわけではない。下村誠と聞いてすぐに思い浮かぶのは、どこで会っても人懐っこい笑顔で近づいてくる彼の姿だ。「やあやあ。ねえ、元気?」——いつもそんな感じだった。「そう言えば下村くんはどうしているかな」。いまでもたまに、ふとそう思ってしまう。ぼくにとって下村誠はずっと、そんな存在だった。

下村くんと初めて会ったのは1977年の夏。音楽評論家の田川律さん（2023年1月28日に87歳で亡くなられた）を介してだった。田川さんはぼくが働いていた音楽専門誌の創刊メンバーで、1969年に創刊されたその雑誌を故郷の札幌で熱心に読んでいた高校生のぼくにとって憧れの人だった。「やまもとくん、この人、ももちゃんいうねん」。誰かのコンサート会場で田川さんはぼくに下村くんをそう紹介した。

田川さんが引き合わせてくれた「ももちゃん」が「下村誠」という名前だと知ったのは、ライヴが終わったあと、何人かで会場近くの喫茶店（飲み屋だったかもしれない）に流れ込み、さっき観たバンドのことや日本のロックの現状について、ああだこうだといいだけ語り合ったあとだった。下村くんが音楽誌『新譜ジャーナル』のライター／編集者で、自分でも音楽活動をしているのだということも、そのときに知った。

「ぼくのレコードを送るから住所を教えてよ」。彼は、にこにこしながらそう言った。数日後、自主制作盤が届き、ぼくは自分が担当していた「ランダム・ノーツ」という音楽情報コラムに短い紹介記事を書いた。

その「ももちゃんばんど」名義の17センチ・レコードには、「ももちゃんのうた」や「旅人くん」など計5曲が収められており、下村くんは〝そらべふくろう〟という変名でギターとヴォーカルを担当していた。その温か味を感じさせる素朴な歌と演奏は、当時の日本のバンドの多くが紋切り型のロック表現に終始するなかで、かえって印象に残った。

それから1か月ほど経った頃、ライヴ会場でぼくを見つけた彼が近づいてきて、「紹介してくれてありがとう」と言った。にこやかな表情ではあったが、初めて会ったときのような気安い〝ミュージシャン口調〟ではなかったので、どう返していいか戸惑ってしまい、「記事の掲載誌を送らなくてごめん」と言うのがやっとだった。「そんなこと、気にしなくていいよ。ぼくも立ち読みしたんだから」と、彼はにこにこしながら言った。

こうして下村くんとぼくの付き合いが始まった。付き合いといっても、頻繁に会うわけでも電話で長話をするという間柄でもなかったが、好きな音楽が近かったのか、ライヴを観に行くとだいたい、彼と出くわした。そして、コンサートが終わったあと、田川さんから紹介された夜のように、ふたりで喫茶店に入って音楽の話をした。その時間は、いま思い出しても本当に楽しいものだった（彼もそう思ってくれていたのならいいのだが）。

１９８１年、ぼくは5年ほど勤めた音楽雑誌社を辞め、フリーランスの音楽ライター／編集者として働くようになった。そうなりたいと思って退社したわけではなく、次の就職先がなかなか見つからず、生活のために取りあえず音楽の原稿を書くしかなかったというだけの話だった。

音楽について文章を書く仕事は、編集部員として書いていたときよりもなぜか楽しかった。編集の〝下請け仕事〟をしたのも原稿書きだけでは生活できないという現実があったからだが、これも悪くなかった。10代の頃から、ロックを聴くのは好きだったがロックについて書かれた文章を読むのも好きだったぼくは、図らずもフリーランスになって初めて「編集者の仕事」というものを自覚するようになっていった。

そんな時期に、ぼくは下村くんからいろいろ助言を得た。彼はぼくよりも3歳年下だったが、〝同業の先輩〟として、原稿書きや編集請負の報酬の交渉をはじめ、レコード会社や雑誌社など〝仕事をくれる相手〟とどう付き合えばいいかを教えてくれた（あらためてお礼を。下村くん、ありがとう）。

洋楽専門誌の編集部にいたぼくは、はっぴいえんどや友部正人、はちみつぱいなど、いくつかのアーティストを別にすれば、国内制作の音楽をほとんど聴いてこなかったのだが、フリーランスの音楽ライターとなった頃、ひとりのロック・アーティストが登場した。佐野元春だ。

下村くんとは佐野元春についてもよく語り合った。ぼくが佐野元春に強い関心を持ったのは１９８１年発表のシングル「サムデイ」を聴いてからだが、下村くんは早くから佐野に注目していて、デビュー前のことを含めてよく知っていた。

1985年のことだったと思う。夜遅くに下村くんから電話があった。「いま、佐野元春の本を書いているんだけどさあ、山本くん、その本の編集をやってくんない?」。本はJICC（ジック）出版局（現・宝島社）から出ることが決まっているのだが、JICCの書籍編集部が手一杯なので、外部の編集者を探すことになった。そんな話だった。佐野元春の本の編集だって!? 断る理由はなかった。

彼はすでに原稿のかなりの部分を書き上げていて、そのうちの最初の100枚（400字の原稿用紙で100枚）ほどを読ませてもらった。そこには佐野元春がどのようにしてわれわれの前に現れたのかということが熱い筆致で書かれていた。そしてその熱さはそのまま、その本の執筆動機をうかがわせた。それは文章がまだ練られていないといった部分も多かったが、そのぶんだけ彼の思いは伝わってきた。それはどこか佐野元春のデビュー・アルバム『Back To The Street』が放っていた熱意と似ていた。

それまで日本のポップ・アーティストについて書かれた本のほとんどは、ファンを喜ばせるかアーティスト・イメージを高めることに重きが置かれていた。当然、そこに音楽批評性やノンフィクションのような手応えは望めなかったのだが、下村くんの本はそうした凡百の〝アーティスト本〟とは違っていた。と言うか、彼は最初から〝そうではないもの〟を書こうと決意していたのだ。

それから数か月のあいだ、下村くんは50枚くらい原稿が仕上がると連絡してきた。お互いよく利用していた渋谷の喫茶店で、彼はぼくに原稿を読ませ、その感想を求めた。可愛い店員の冷たい視線をよそに、ぼくらは毎回、コーヒー1杯で3時間以上粘った。

読んだ感想を求められたから思うことを率直に言ったのだが、ぼくがあれこれ言ったことが影響してか、原稿が山場を迎えた頃、彼は筆がまったく進まなくなってしまった。本の発売日は決定していて、すでに広告も打たれていた。出版社は毎日のようにぼくに原稿の進み具合を聞いてきた。

生活のための原稿書きの仕事をこなしながら1冊の本を書き下すというのは、容易なことではない。とは言え、原稿の催促を受け流す時期は明らかに過ぎていた。そこでぼくは下村くんに「雑誌の仕事がひと区切りついたところで、ぼくのうちに来て原稿を書くというのはどうだろう」と持ちかけた。気分転換も必要だった。翌週、彼は千葉県の船橋から埼玉県の狭山まで2時間近く電車を乗り継いでやってきた。

ぼくたちは2日間、原稿に取り組んだ。それで劇的に原稿が進んだということはなかったが、佐野元春の音楽についてあらためて議論したことには意味があった。下村くんの音楽に対するまっすぐな考え方には耳を傾ける価値があったし、ぼくに話すことで彼の中でも書こうとすることが具体的になっていった。そして、それなりに楽しい2日間だったからか、下村くんは〝スランプ〟から抜け出した。

あとがきを除いて原稿はできあがったが、あらためてあたまから読むと、文章上の修正や内容的に検討を要する箇所に付けた付箋はかなりの数になった。そして、ふたりでその付箋をひとつずつ外していく作業には思いのほか時間がかかった。

事実確認をしなくてはならない箇所もたくさんあったが、そのための時間はほとんどなかった。そこで、佐野以外の取材対象者には下村くんが電話で確認を取ることにして、佐野元春についてはぼくがマネジャー氏に事情を説明し、「なんとか佐野元春に時間を取ってもらえないか」と交渉した。いや、交渉というより懇願だった。

翌日、佐野元春本人から電話があり、数日後、ぼくらは500枚の原稿を持って彼の自宅を訪ねた。

彼は貴重なオフの日を提供してくれたばかりでなく、こちらが確認したいことのひとつひとつにていねいに答えてくれた。そのやりとりのなかから新たなアイディアが生まれ、その場で追加されることになった新原稿もひとつやふたつではなかった。

おそらく意にそぐわない記述もあったはずだが、佐野はぼくたちにそれらの削除や修正をまったくと言っていいほど求めなかった。当時、活字メディアに対して多くのマネジメント事務所が〝検閲〟に近い形で事前に原稿をチェックするようになっていたことを思えば、これは意外さを通り越して驚くべきことだった。彼は基本的に音楽ジャーナリズムを信じていて、自分の作品についてどのようなことが書かれていようが、そこに事実誤認がない限り、「音楽批評」として認めた。そして、その姿勢はその後も変わることがなかった。

作業がすべて終わったとき、とうに日付は変わっていた。ぼくたちは「電車が動き出す時間までいればいいよ」と言ってくれた佐野の厚意に甘えただけ

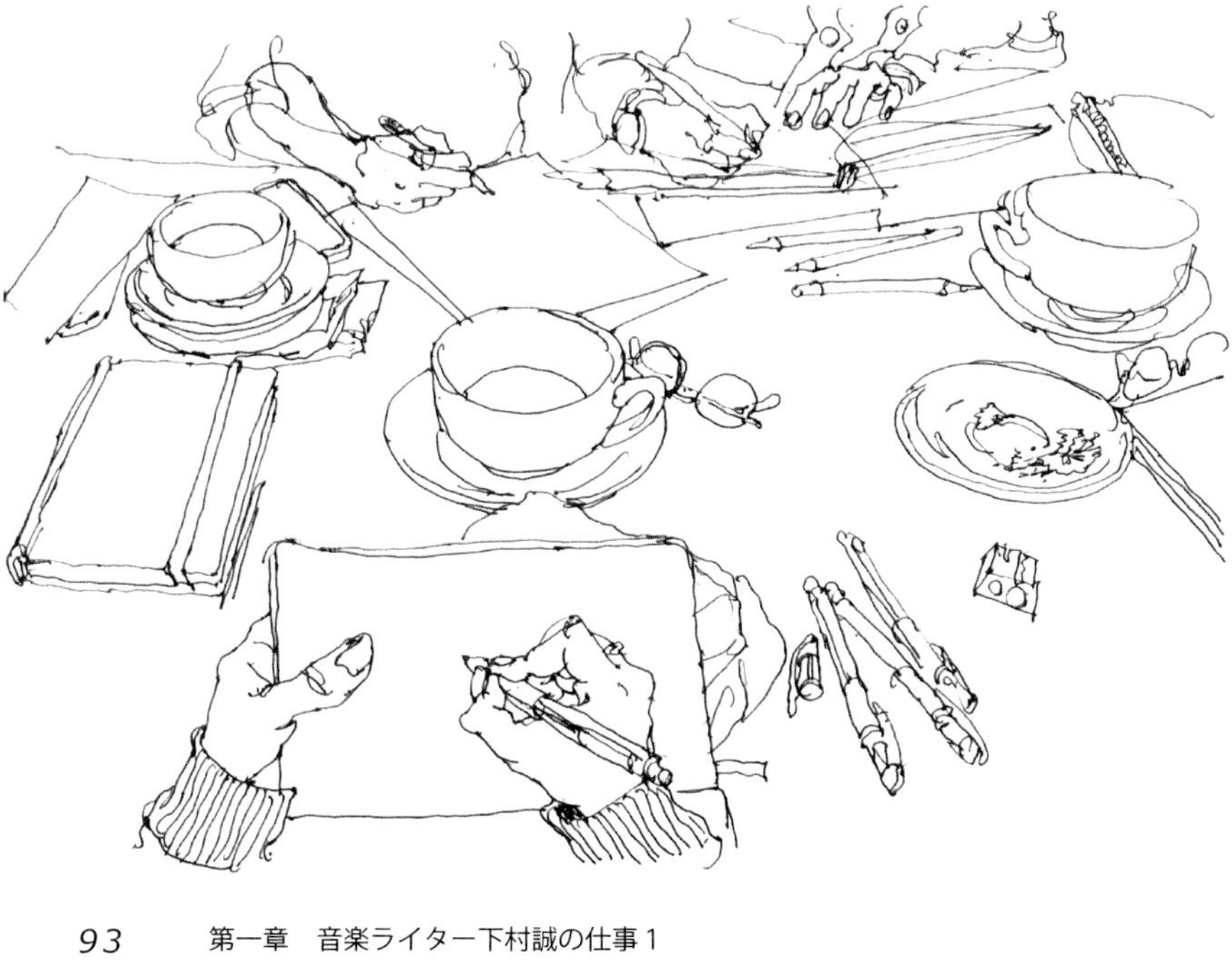

でなく、用意してくれた夜食を食べながら外が明るくなりはじめるまでロック談議を続けた。３人とも疲れてはいたが、そんなことも忘れるほど楽しい夜だった。

１９８６年の夏、『路上のイノセンス』は出版され、佐野元春の支持者の間に広まっていった。書名は下村くんが早くから決めていたもので、初期の佐野元春の歌のテーマを端的に、そして象徴的に言い表していた。

売れ行きは悪くないと出版社の担当者は伝えてきた。佐野元春について書かれた初めての本だという以上のものがこの本にはある。下村くんとぼくはそう自負していたし、それが好調な売れ行きの理由であってほしかった（１９９３年に文庫化されたが、復刻された理由も同じであってほしいと思う）。

本が書店に並んで2か月ほど経って、ぼくたちは出版社が設けた出版パーティー（と言ってもぼくらを含めて5名の会食だったのだが）とは別に、ふたりだけでお祝いをしようということになった。こんどは喫茶店ではなく、そこそこの小さなレストランを予約した。

席に着くとまもなく、彼は鞄から付箋がたくさん付いた『路上のイノセンス』を取り出し、テーブルの上で開いた。そして、「ここはこう書けばよかった」「この段落はいらなかったかもしれない」などと言いはじめ、それは料理が運ばれてきてからも続いた。

本はもう出たのだから、いまさらどうにもならない。半年後に重版になったとしても、そこでそんな大きな改訂はできない。そんなことは下村くんもわかっていた。でも、言わずにはいられない。担当編集者として、そして同業の音楽ライターとして、彼の気持ちは理解できた。「この続きを書かなくちゃね」。そう言うと、下村くんはあの笑顔で大きく頷いた。

『路上のイノセンス』から35年が経った。そんなに時間が経ったのかと、あらためて思う。その一方、つい数年前の出来事のようにも思える。ある日、突然、下村くんから電話が掛かってくるような気がする。「やあやあ。山本くん、元気？」「しばらく。下村くんも変わりなさそうだね」。

ぼくたちはずいぶん遠くまで来たものだと思う。思い出に浸って暮らすなんていうのはごめんだが、下村くんと会って、『路上のイノセンス』ではこんなことがあったね、あんなこともあったね、と話し合えたら、さぞ楽しいことだろう。そして、いまの佐野元春のコンサートを一緒に観て、終演後、そこらの喫茶店に入って、いまの佐野元春の音楽について心ゆくまで話し合えたら――そんなことを思う。

**山本智志**（やまもと・さとし）
1951年、札幌生まれ。大学在学中に音楽雑誌『ニューミュージック・マガジン』（現ミュージック・マガジン）でアルバイトを始め、1976年から編集部に所属。1981年に退職したあと、フリーランスの音楽ジャーナリスト／編集者となり、雑誌・新聞等に執筆。主な著書に佐野元春のツアー・ドキュメント『ワン・フォー・ザ・ロード』があるほか、仲井戸麗市のエッセイ集『ロックの感受性』、音楽評論家・北中正和氏の『Jポップを創ったアルバム』、1970年代アメリカ・ウエストコースト・ロックのガイド・ブック『アサイラム・レコードとその時代』などの企画・編集を担当した。

## 『ZOO』no.8（1976年12月25日発売）より

### 加藤和彦
### 「5年ぶりに出たニューアルバム」

そらべふくろう

※本書編集注：1976年12月は下村誠が『新譜ジャーナル』編集部に入った年の冬。他に原稿依頼があると、「そらべふくろう」という変名で原稿を書いていたようで、これはそのうちの1つ？

「加藤和彦」、僕は昔この名前をきく度に胸がときめいた。僕は彼に恋をしていたのかもしれない。彼が「甘い香りのビブラート」の声で“不思議な日”なんかをうたうのをきくと、おしりの先までジ〜ンときてしまうのでした。（なかなかエロティックなイントロだなぁ） でもサディスティック・ミカ・バンドというのはあまり好きになれず、僕の加藤和彦像というのは「スーパーガス」でのあのシリアスな面影だけだったのです。

ところが、彼はミカバンドを解散して、5年ぶりにソロアルバムを発表したのです。僕の胸はまたときめきました。

それはアメリカのマスル・ジョールズというスタジオで、そこのミュージシャンをバックに録音されたそうです。詩は安井かずみさんが書いているのですが、以前みたいに気取りがなくて、松山猛の詩よりリアリティがあるし面白いと思いました。内容としては、男と女の話が多いみたいですが、どれもピントがぼけた感じで、なぜかしら加藤和彦のメロディとはうまくかみ合っているみたい。

アメリカ録音だから…マスル・ジョールズだから…といって、変な先入観とか期待はもたないほうがいいみたいです。バックの方も彼の声に合わせてシンプルにきめ細やかに演っているからです。

でも、こんな自然な聴きやすいアルバムを作っちゃっていいのかしら…と僕は不安になりました。今の世の中、色々手を変え、品を変え、「新しいもの」をきらびやかに見せなければ売れない時代なのに……。

僕は加藤和彦がもつマイナーな部分にあこがれていました。彼はメジャーな世界にポップな曲を売り込める才能をもっている人だから、職人作家（ソングライター）としても通用するのですが、昔から自分がうたう歌だけは変なところにマイナーな部分があるのです。僕にはそれが彼の本音のような気がしてならないのです。それは「歌」に対する自分の気持ちだったに違いないのです。

そして彼の本心はこのアルバムを聴いて、明確にわかったような気がするのです。「それから先のことは」とか「二度目の冬」は彼の今までやってきたことへの結論みたいな気もするし、全体を流れるトータルな息吹きが…「もうテクニックを追ってはいけない」「もう理論的にはならない」「音楽は風なんだ」「音楽は空気なんだ」「音楽は自然なんだ」…と僕らに語りかけているように思えるのです。

このアルバムは、今日風なサウンドを追い求めている人や、ミカ・バンドを聴いてた人にはきっとつまらないものだろうけど、昔から（フォークル時代から）加藤和彦を聴いている人にはきっと嬉しいものだと思うのです。

# 第二章

## 音楽シーンと時代

70年代〜80年代の音楽が注目されるようになって久しい。その現象についての考察は、書籍、雑誌、webなどで多数紹介されているが、その多くが、ミュージシャンやプロデューサー、レコード会社、アルバムジャケットの制作といった制作側にたったものだ。それに比べると、音楽雑誌について書かれたものは少ないように思う。当時の音楽雑誌は音楽ファンにとってどんな存在だったのか。音楽シーンのなかでどんな意味があったのか、音楽雑誌の元編集長へのインタビューを行なった。

また、音楽は社会情勢や世相に大きく影響を受ける。下村誠が生きた1954年〜2006年は、戦後ニッポンが大きく変わった時期であり、ミュージシャンも業界も大きく影響を受けた。そこで、その時代の世相、社会情勢、音楽シーンをまとめた年表を作成。横書きで作成したので、左開きのほうが読みやすく、巻末に、うしろのページから読むように付けてある。ぜひ、そちらのほうも見てみてほしい。

特別寄稿として中川五郎さんには、下村誠のことを軸にしつつ、アメリカや日本の音楽シーンの流れやつながりについて綴っていただいた。こちらも、ぜひ。

1970年代～80年代の音楽シーンと音楽雑誌

# ミュージシャンと音楽雑誌が一緒に育った時代

聞き手・構成　大泉洋子

## インタビュー 『シンプジャーナル』元編集長 大越正実

下村誠が書いた記事を探して、国立国会図書館や大宅壮一文庫などで、当時の音楽雑誌を閲覧した。いくつもの音楽雑誌があり、読み比べるともなく読んでいると、それぞれに特徴があり、ターゲットや役割も違うんだな、ということがわかる。誌面づくりも、原稿のテンションも異なる。

そんななか、『新譜ジャーナル』（1984年4月号以降は『シンプジャーナル』）は、その濃密な原稿で、他誌とはだいぶ違う印象を受けた。いったいどんな編集方針だったのか。また、1970年代～80年代の音楽シーン、そして当時の音楽雑誌はファンにとってどういう存在だったのか。『シンプジャーナル』最後の編集長・大越正実さんにお話を伺った。

## 「テレビに出ない」ミュージシャンたちの情報発信の場だった、深夜放送と音楽雑誌

――『新譜ジャーナル』を、下村さんが編集部に入った1976年から1990年3月の休刊まで読んだのですが、わ、おもしろい！　熱気みたいなものが伝わってきて、ワクワクしながら読んでいました。そこで、当時の編集部はどんな雰囲気だったんだろう、巻頭特集やライブレポートの担当はどう決めていたんだろう、そうした当時の編集部の様子を伺えればなと思っています。

“楽譜雑誌”だった頃の『新譜ジャーナル』（1969年12月号）。表紙画は柳生弦一郎。

**大越正実さん（以下、大越）**　まずね、シンプジャーナルって、1968年から始まっているんですけど、最初は記事がほとんどない。楽譜の時代ですよ。レコードの時代でもないのがすごいよね。譜面なんだから。

――あ、そうなんですよね。だから、「新譜」ジャーナル。

**大越**　この頃、昔の歌と違って、歌を、ギターを弾いて自分で歌うっていう時代になってきた。森山良子さんとか、マイク真木さんとか。自分で曲をつくるシンガーソングライターが出てきて、これだったら、素人でも歌えるんじゃないか。じゃ、楽譜を載せて、本をつくろうという話になったんだよね。決定的だったのは、フォークルだよね。フォーク・クルセダーズ。加藤和彦さんが、決定的にすごかった。職業作家がつくって、職業のシンガーが歌うんじゃなくて、自分たちでつくって、自分たちで歌おうっていう。ちょうど、新宿西口フォークゲリラの動きもあって、ギター弾いて、みんなで歌うっていうことが広まっていって、それに伴って部数も伸びていったのね。で、それを真似て（笑）、他社も音楽雑誌を出していくっていう……。

――そうなるでしょうね（笑）。『新譜ジャーナル』については、最初は楽譜だけだったけど、だんだんいろいろな情報も載せるように変わってきたということですか。

**大越**　最初は記事が少なかった。楽譜

がメインで、そこに洋楽やカレッジ・フォークの情報、ジャズもあったな、16ページくらいの情報が入ってた。記事が多くなったのは70年代だね。昔は、60年代後半から10年くらいかな、自分で歌をつくって歌うミュージシャンたちには、「テレビに出ない」っていう一大テーマがあったんですよ。「オレはテレビに出ない」っていう。で、どこで情報を発信するかというと、ラジオ、特に深夜放送。そこでパーソナリティになって発信する。

――オールナイトニッポンやパックインミュージックが、新譜ジャーナル創刊の前年、1967年に始まっていますね。

**大越**　そう、それと、音楽雑誌。数少ない音楽雑誌にインタビューとかで発していくっていうふうになって。

――それなら、他の音楽雑誌でも同じはずですよね。でも、なにかこう……『シンプジャーナル』は他誌と違う感じがしました。

**大越**　『シンプジャーナル』を出してた自由国民社っていうのは、一番有名なのは『現代用語の基礎知識』。あるいは法律の実用書とか。そういうかたい本を出す会社だから、音楽雑誌は鬼っ子みたいな感じでね。会社が内容について、口出しできないんだよ。口出せない代わりに、資本も投下してくれなかったけど（笑）。でも、赤字にさえならなければ、放っておいてくれる。だから、逆に好きなことがやれた。

――今回、読んでみて圧倒的におもしろかったのが、書いているライターの想いが炸裂しているところでした。

**大越**　『シンプジャーナル』の記事は暑苦しいよね（笑）。

――暑苦しい……（笑）。

**大越**　たとえば下村さんが、自分のことも含めていろいろ聞くじゃないですか。いま思えば、暑苦しいことまで。でもそれで、ミュージシャンも自分のことを語れるっていう、そういう媒体は、『シンプジャーナル』以前にはなかったんじゃないかな。

――なんというか、ライターの想いがすごく入っている気がするんです。自分の考えていることがあって、そのミュージシャンのやっていること、歌詞の世界とか、ライブでのパフォーマンスとかと重ねて書いていくっていう。下村さんだけではなくて、ほかの方も、みんなそうですよね。それが読みごたえがあって、とてもおもしろかったです。

**大越**　それをやってるから、絶対にメジャーになれなかったということでさ（笑）。それでぜんぜん問題なかったんだよね。

――エネルギーと情熱にあふれていて圧倒されたり、読むのにこっちのエネルギーを使うような記事もありました。こういう記事って、いまは見かけない、さらっとしていてきれいに整っているんですけど、こういう記事って最近、読まないなぁと思う記事がたくさんありました。

**大越**　当時、どんなに売れていても、取り上げなかったミュージシャンはいたよね（笑）。ライターが「このミュージシャン、やりたい、書きたい」っていうのがあれば、熱意を持って、ページも割くけれども、売れてるから誰かに担当させるとか、そういう発想ではなかったね。大手出版社だと、そういうわけにいかないでしょ。商売だからさ、売り上げが求められる。でも『シンプジャーナル』はそういうところ、さっきも言ったように、社内では鬼っ子だから、損さえしなければ放っておいてくれた。居心地はよかったよね。

## 「音楽雑誌なんて大したことはやってない――」ふともらしたそんな思いを吹き飛ばした陽水さんのことば

**大越**　『新譜ジャーナル』に入って2か月後に浜田省吾さんのアルバム『君が人生の時…』が出るんだけど（注：1979年12月5日リリース）、そのときのインタビュアが下村さんでね。青山か表参道でインタビューしたんだけど、そうしたら、「それで、浜省さ～」って急に言うわけ。

――え……？

**大越**　俺、それまではエレック社という出版社にいて、そこで浜田さんの宣材やチケットなんかもつくってたんですよ。大学の頃からずっと好きだったし。この『君が人生の時…』の少し前に「風を感じて」が出て、それが売れて、けっこうメジャーになってて。それなのに、「それで、浜省さ～」って、この人いったい……って思ったよね（笑）。あ、その前にもうひとつあった。今年1月に亡くなった田川律さん。その田川さんが吉田拓郎さんにインタビューするというんで、表参道のすき焼きの店だったかな、そこに先に着いて、拓郎さんを待っていたわけ。そうしたら、拓郎さんが入ってきて、「おぉ、律っつぁん、生きてたかー」って言うんだよ。田川さんも、「生きとるわ、あほ」って言ってさ。なんか、そういう感じだったね、ミュージシャンとの

※このときのインタビューは本書 p178 に掲載しています

関係が。これは、いい世界だなって思ってさ（笑）。でも、80年代半ば過ぎくらいから、だんだん、きちんとしたビジネスになっていくんだけどね。

——ミュージシャンとの距離が、いい意味で近かったんですね。ミュージシャンの人にとっては、同じ時代をつくっている仲間という感覚があったんでしょうか。

**大越**　うーん？　仲間……じゃないね。

——同じ時代にあって、音楽をつくって歌うのは自分たちだけど、それを支える……理解して、話を聞いて、自分の言葉を文字にして発信してくれる存在……両輪じゃないですけど、そういう感覚というか……。

**大越**　……うんうん。そういうのは少しだけど認めてもらっていた気がするんだよな。あるときね、井上陽水さんにインタビューしてて、終わって雑談になって、つい、「僕らは別に音楽をつくるわけでもないし、それをなるべく、みんなにわかりやすいように紹介しているだけであって、なにも、大したことはやってないんですよね……」みたいなことを言ってしまったんですよ。そうしたら陽水さんが、「大越さん、そういうことは言ってほしくないです」「私たちと一緒にやっているんですから、そういう言い方は、ぼくはきらいです」って、ピシッと言われてね。いけね、いけねって思って、すいません、って言ったんだけどね。

——陽水さん、かっこいい。そんなこと言ってもらえたら、うれしいですね。

**大越**　うれしいよ。そりゃ、うれしいよ。…………そういうの、いまはあるのかな。編集部に入って、雑誌が終わるまで約10年。たった10年ちょっとだけど、おもしろかったよ。すげぇ、おもしろかった——。

## ネットもSNSもない時代読者はがきも熱かった！

——ミュージシャンの方からの信頼が大きかったことがわかります。陽水さんのことば、すごく感動しました。取材を通じて、そうした関係性を築いていくわけですね。普段からプロダクションやレコード会社に足しげく通って、ですか。

**大越**　向こうが、「こいつは大越がきっと気に入るだろう」っていう新人がいると、デビューのずいぶん前から会ったりしてたよ。たとえば、尾崎豊に初めて会ったのはデビューの半年くらい前じゃなかったかな。まだ高校生で、美少年でね、かっこよかったよ。『シンプジャーナル』みたいなマイナーな雑誌は、ミュージシャンがあまり売れていない時期からずっと追いかけるんだよね。きっとビッグになっていくと信じてね。その人を信じて追いかけていく。そういうミュージシャンが何人かいてくれて、その人が成功していくと、雑誌にも反映していくわけね。あの頃は業界もまだ若かったから、音楽雑誌やラジオと一緒に育っていこう、っていうところがあった。新しいアルバムが出ると、ディレクターがやってきて、「これ、ちょっと聴け！」って言って、勝手にカセット入れて、聴かされたりね（笑）。

――ミュージシャンと雑誌が一緒に育っていく……。自分の好きなミュージシャンが変わっていく様子、伸びていく様子を追っていけるのは、ファンとしては、すごく楽しみですね。

**大越**　うん、だから、読者も熱かったよ。あのね、はがきがすごかった。はがきをつけてあって、そこに特集や巻頭ロングインタビューの感想とかさ、書いてくるんだけど、それがまたね、みんな、細かく書いてある。いまみたいにSNSなんてないから、はがきに書くしかない、こっちもはがきを読むしかない。伝える方法がそれしかなかったからね。休刊のころの発行部数は3万2000部だったかな。そう言うと少なく感じるけど、武道館に行ってさ、あそこってキャパ6000人くらいでしょ。その5～6倍いるんだなと思ったら、これはすごいことだと思ったよね。毎年、季節になるとサクランボを送ってくれる読者がいましたよ。地元の地酒を、こんなケースに入ったのを、一升瓶を何本も送ってくれる読者もいた。そういうの、ぜんぜん珍しくなかったもんね。

§

ミュージシャンがなぜこの歌をつくったのか、この表現になったのか。それを音楽雑誌はどう聴いたのか。

たとえば、「今日のコンサート、かっこよかったなー」と思っても、セットリストや、思い出の曲といったことは説明できても、それ以上の胸の高まりを具体的な言葉で表現するのは、なかなか難しいものだ。それを、音楽評論家、音楽ライターが自分の気持ちにしっくりくる言葉で表現してくれたら、自分の気持ちを形にして代弁してくれたようで、とてもうれしい。

時代性もあっただろう。かたい本をつくる社風にあって、大越さんが言うところの〝鬼っ子〟的存在で、自由に、自分たちがやりたい雑誌づくりができたという〝幸運〟もあっただろう。自由＝好き勝手に何でもできる、ではなく、自由だから難しい面もあったはずだが、しかしそれを困難とせず、幸運に持っていけた編集者とライターの情熱が、シンプジャーナルのシンプジャーナルたる所以につながったのだと思う。

この本をつくりたいと思った最初の頃は、下村誠の記事を本にしたいという単純な思いだったものが、図書館で記事を探しているうちに、下村さんの記事を……という気持ちを通り越して、1970年代〜80年代頃の日本の音楽シーンのこと、誌面からあふれ出るエネルギーや、ミュージシャンの演奏する音や声が聴こえてきそうなワクワク感を、読んでほしい、知ってほしいという考えに変わってきていた。

そういう意味でも、大越正実さんのインタビューはなくてはならないものだった。

いまは、ミュージシャン自身が公式サイトを持ち、自ら発信できるし、音楽評論家が自らのブログを開設していることも多い。ウェブ雑誌もあるし、SNSもある。ファンサイトも充実している。

でも、音楽雑誌1冊をまるっと通して読めて、ミュージシャン、音楽雑誌、ラジオ、ファンがつながっていた、こんな時代があったんだ。そのことを、こうしてインタビュー記事にすることができて、よかった。

**大越正実**（おおこし・まさみ）
1953年、東京生まれ。エレック社などを経て、1979年10月自由国民社『新譜ジャーナル』編集部へ。1984年から1990年3月号の休刊まで編集長を務めた。

『HOLY BARBARIANS』（下村誠 with ザ・スナフキン /1993）のライナーノーツから

## 僕の中の 70's　　by 下村誠

「思春期に出逢ったものは忘れ難いものばかりである」。そう語ったのは詩人・諏訪優だった。僕は 10 代のときに偶然出逢ったものを今も大切にしている。僕が 15 歳のとき 1970 年という年を迎えた。ビートルズが解散宣言をし、『ジョンの魂』がリリースされ、ニール・ヤングの『アフター・ザ・ゴールド・ラッシュ』が出て、大阪で万国博覧会が開催された。その年、「戦争を知らない子供たち」というフォーク・ソングがヒットしたが、その歌がどうも好きになれなかった僕は、当時、高校の仲間たちと組んでいたザ・ストークスを抜け、ひとり、ギターを弾き、吉田拓郎の「イメージの詩」や、五つの赤い風船の「血まみれの鳩」をうたった。

1970 年からの 10 年間、つまり僕が 15 歳から 25 歳までの 10 年は、まるで嵐のような 10 年だった。次々と様々なことが巻き起こり、心を揺さぶられ、泣かされ、笑わされ、沢山の愛の歌に胸をジンジンさせられた。僕が遅巻きながら、ボブ・ディランの『ブロンド・オン・ブロンド』に出逢ったのも 1970 年だった。それに刺激されてエレキ・ギターを買ったのは 1971 年だった。そして高校を出て東京に来た僕は、当時、九段上にあった「アジャンタ」というインド料理やでバイト（時給￥1000 だった）をしながら、月に平均 30 枚ものアルバムを神保町のササキレコード社で買い漁った。ジョン・レノン、ニール・ヤング、CSN & Y、ボブ・ディラン、ザ・バンド、CCR、ジム・クロウチ、ランディ・ニューマン、ウディ・ガスリー、ハンク・ウィリアムズ、アーロ・ガスリー、フィル・オクス、トム・ジャンス、ザ・バーズ、ヤング・ブラッズ、ジェイムス、リヴィングストン、アレックス、ケイト、ヒューのテーラー兄弟、ジョニ・ミッチェル、ローラ・ニーロ、キャロル・キング、リトル・フィート、イーグルス、ジャクソン・ブラウン、ライ・クーダー、グラム・パースンズ、エミルー・ハリス、ボニー・レイット、マリア・マルダー、ジム・クウェスキン、デヴィッド・グリスマン、グレイトフル・デット、ルー・リード、トム・ウェイツ、ジェシ・コリン・ヤング、グルース・コバーン、ピーター・ゴールウェイ、ジョン・サイモン、ハース・マルティネス、そして、ハリー・ニルソン。さらには、ストーンズ、フー、ツェッペリン、キンクス、おまけにプリテンダーズ、ダイアー・ストレイツ、エアロ・スミス、E.L.O. といった BAND の叩き出すビート＆メロディ。毎夜、毎朝、何時間も聴きまくり、どっぷり音に浸っていた。

僕が 70 年代という時代から学んだものはとてつもなく大きい。忘れてはいけない…1976 年に出逢ったジミー・クリフとボブ・マーリィというふたりのレゲエ・シンガーからはそれまで以上に多くの感動的な瞬間を与えてもらった。78 年と 79 年、僕は彼らの来日公演を追いかけ短い旅もした。そして 1979 年の夏。新宿伊勢丹前の路上でのジョン・レノンとの偶然の出逢い。あのときほど興奮したことはない。70 年代という時代は僕の先生だった。そう言っても過言ではない。この『HOLY BARBARIANS』というアルバムの 1 曲 1 曲には、僕が 70 年代という先生から学んだ数々の“精神”そして、“空気”が充満している。僕のイメージやサウンド・メイキングを手助けしてくれた西本明、友部正人、松田文、山木康世、長谷川集平、橋本はじめといったクリエーターたちは、それぞれが 70 年代の空気を僕とともに描き共有してくれた。（ザ・ブームの宮沢くんは僕に「心の聖書」を 70 年代後半のブラック・ウフルーのスタイルでやってください…と指示してくれた）

僕にとって、いや、ザ・スナフキンにとって初めてのフルアルバムとなる本作は、丸 2 年を費やすはめに陥った労作だが、彼ら（沢山の先達たち、そして友人たち）の手助けがなくしては完成しなかった。心からそう思う。とにかく今はこのアルバムが世に出ることが嬉しくてたまらない。今は亡き諏訪優さんをはじめ、このアルバムの完成をずっと待っていてくれた人たちに改めて「ありがとう！ やっとできました」と言って歩きまわりたい気分なのだ。

特別寄稿

# 5つしか違わない、5つも違う

中川五郎

「五郎って五男なんですか？」

中川五郎という自分の名前に関して時々そんなふうに尋ねられることがある。

「いや、長男なんですよ」と、ぼくは答える。ぼくは姉との二人きょうだいだ。一郎、二郎、三郎、四郎といった兄たちはいないし、六郎、七郎といった弟たちもいない。両親から聞いた話では、中川家の先祖に五右衛門という名前の人がいて、そこから五を採ってぼくの名前を五郎にしたということだ。そういえば子供の頃、近所にあった墓地に行くと、中川五右衛門の墓と刻まれた古くて苔むした墓石が建っていた。

いったい何を書いているのかと怪訝な顔をされてしまいそうだ。

実は、ぼくに弟がいたらいったいどんなだろうかと考えてしまったのだ。いや、この書き方は正確ではない。順序が逆だ。下村誠さんのことを書こうとしていて、彼って自分の弟みたいだな、そう、自分に弟がいたらきっと下村さんみたいなんだろうなと思ったのが始まりだ。もちろん、血のつながりがある弟に限定しなくてもいい。弟分という言葉もあるではないか。下村さんってどこか弟のような存在だな、そんな思いにぼくはとらわれてしまった。

ぼくは1949年7月生まれ、下村さんは1954年12月生まれ、ちょうど5歳の歳の差だ。ぼくは1960年代の初めにまずはアメリカのカントリー&ウェスタン音楽に興味を覚え、そこから関心はアメリカやイギリスのフォーク・ソングに移っていき、1960年代半ばにはギターを手にして自分なりの日本のフォーク・ソングを追い求めるようになった。そして1967年、高校二年生から三年生になる春、高石ともやさんに出会って、人前で自分の歌を歌うようになった。

下村誠さんは1968年、中学二年生の時に高田渡さんの「自衛隊に入ろう」を聞いて衝撃を受け、翌69年にはキングストン・トリオやピーター・ポール&マリーなどアメリカのモダン・フォーク・コーラス・グループの歌のカバーと自分たちのオリジナル曲との両方を演奏するストークスというフォーク・グループを結成している。

1969年といえば日本語で歌う日本のフォーク・ソングがすでに注目を集め、人気も獲得していた時代だ。高石ともやさんや岡林信康さん、高田渡さんや五つの赤い風船、ザ・フォーク・クルセダーズなどがその中心にいて大活躍していた。

その頃、14歳の下村さんが大ファンになったのはトワ・エ・モアだった。そして1970年に高校生になってからの下村さんは、日本のフォークにますます強い関心を抱くようになっていったようで、オリジナル曲を作ってライブ活動をしたり、『ふぉーくぴーぷる』というミニコミ紙を作ったりするようになる。そして1972年、17歳の時には友部正人さんの歌を聞いて「ガァーンと殴られたようなショック」を受けている。

ぼくは1971年に大阪から東京に出てきて、あちこちで歌ったり、いろんな雑誌に音楽の原稿を書いたり、アメリカやイギリスのフォークやロック、シンガー・ソングライターのアルバムの解説を書いたりするようになっていた。下村さんは生まれ育った和歌山県新宮市から、1973年に一時大阪に移り住んで過ごし、その後東京に出てきている。そして自分の歌を歌いながら、さまざまな音楽の原稿を書き始め、1976年からは音楽雑誌の『新譜ジャーナル』の編集にも関わるようになった。やっていることがとても似ている。でも5歳の年齢差がある。ちょっとした時代の差がある。だから何だか弟みたいだなと思ってしまう。

ぼくと下村誠さんとが初めて出会ったのは、1970年代の半ばというか後半、1976年か77年頃のことだったと記憶する。その頃彼が組んでいたももちゃんバンドの千葉でのライブにゲストで呼ばれて歌いに行った時だったと思う。それからぼくと下村さんはあちこちでしょっちゅう出会うようになった。ライブで一緒になることもあったし、海外のミュージシャンのコンサート会場で会うこともあった。それぞれ原稿を書いていたレコード会社で出会うこともあったし、ロック喫茶やバーのようなところで一緒に飲んだこともあったはずだ。

アメリカのフォーク・ソングを聞いて、日本のフォーク・シーンの中に飛び込み、さまざまな音楽の原稿を書き、雑誌の編集にも関わると、ぼくと下村さんは同じようなことをやっていた。まわりを見ると、歌を作って歌う人はそのことだけに集中している人が多かったし、音楽についての文章を書く人は自分で歌を作って歌ったりはほとんどしていなかった。そんな中でぼくと同じく、歌も歌うし、原稿も書くし、編集もする、「何でも屋さん」の下村誠さんは、親近感を抱かずにはいられない数少ない貴重な存在だった。そして同じ時代の中で同じことをしながらも、ぼくと下村さんには5歳の歳の差があった。そこでつい弟のような存在だ、弟分みたいだという感覚がぼくには生じてしまうのだが、この5年という歳の差がなかなか大きな意味を持っているようにぼくには思える。

１９７０年前後に5歳違っていたという年齢差がぼくにはとても興味深い。たった5年と言うべきか、5年もと言うべきか。同じような音楽をやろうとしていても、5歳違いではその状況は微妙に異なっていたはずだ。ぼくがアメリカのフォーク・ソングに興味を覚えて日本で同じようなことをやりたいと思った時には、日本のフォーク・ソングをやっている人はまだほとんどいなかった。下村誠さんが自分の歌をやろうとした時はすでに高田渡さんがいて、彼は渡さんを通してというか、渡さんと同時にというかたちでアメリカのフォーク・ソングにも耳を傾けている。

そして10年が過ぎ、時代が１９８０年前後になると、下村誠さんはレゲエと出会うことによって自分の音楽の新しい方向性を見つけ出し、その道へと進んでいった。１９８０年に登場してきた佐野元春さんの音楽にも彼は強く心を動かされ、１９８６年には佐野さんのことを綴った文章をまとめた『路上のイノセンス』という本も出版している。

ぼくもまた１９７０年代の後半にはレゲエに耳を傾け、同じ頃にロンドンやニューヨークなどから登場してきたパンクやニュー・ウェーブにも強く心を動かされていた。しかしそれらの新しい音楽の刺激を受けてそれまでとは違った道に進むことはなく、それどころか１９８０年代に入るとすぐに歌うことをやめてしまった。そして雑誌の編集をしたり、音楽の原稿を書いたりするだけになってしまった。ぼくが歌わない、と言うよりも歌えない時期は１９９０年代の後半まで20年近くも続くことになった。

もちろん歌えなくなったのは、歌わなくなったのは、ひとえにぼくの個人的な問題だと断言できる。

しかし１９８０年前後の音楽の大きな世界的変動を、そして台頭する新しいミュージシャンたちの歌をどう受けとめるのか、その時30歳だったぼくと25歳だった下村誠さんとでは、感受性の周波数も世代的に少し違っていたのかもしれない。そして鋭いアンテナで１９８０年代から１９９０年代へと突き進んでいった下村誠さんの豊かな音楽活動を、同じ時期歌の世界から身を引いていたぼくは直接知ることはなかった。

１９９０年代の終わりになると、ぼくはまたまがりなりにも自分の歌を歌えるようになり、日本のあちこちにも歌いに行き始めた。そして下村誠さんとも久しぶりにつながった。それは１９９９年に彼が発表したソロ・アルバム『BOUND FOR GLORY ～ホーボーズ・ソング 1935-1975 ～』のために短い文章を寄せることだった。

１９８０年代になってからラスタマン・ヴァイブレーションズやBANANA BLUE、ナチュラル・スピリッツやスナフキン、アイタルミーティングなど、いくつものバンドを結成しては解散し、さまざまなかたちで下村さんは音楽活動を展開し続けたが、１９９９年のアルバム『BOUND FOR GLORY』は、サブ・タイトルにもあるように１９３５年から１９７５年までのアメリカやカナダ、そして日本の「ホーボー」の歌を取り上げて歌っているアルバムだった。それは彼の音楽の原点である

『BOUND FOR GLORY ～ホーボーズ・ソング 1935-1975 ～』（NATTY）

フォーク・ソングに今一度立ち戻って作ったアルバムと言える。

「ホーボー」とは、渡り労働者、放浪者のことを意味する英語だ。自分の家を持つことなく、仕事があるところならどこへでも、貨車に乗ったり、ヒッチハイクをしたりしてさすらいの旅を続ける者たちをホーボーと呼ぶ。そうした流れ者のことを歌った名曲が古今東西たくさんあり、そのアルバムで下村さんはそうしたホーボーズ・ソングを自分の歌にして歌っていた。

「『うーん、やられたなあ』というのが、このアルバムを聴いたぼくの正直な感想。だって古今東西というか、昔から現在までのアメリカやカナダ、日本の『ホーボーズ・ソング』の名曲中の名曲を、下村誠さんはことごとく自分の歌にして歌っているんだから。これは実にくやしいではないか」

『BOUND FOR GLORY』の発売に合わせて作られたリーフレットに掲載された文章をぼくはそんなふうに書き始めていた。

アメリカでも日本でも、貨物列車に揺られてその日その日の仕事を求めてさすらうホーボーのような存在は現代ではほとんどいなくなってしまっている。しかしそのアルバムで下村さんは架空のホーボーの物語を歌ったり、かつてのホーボーを懐かしんで歌っているわけではなかった。彼はもはやいなくなってしまった過去のホーボーたちに自分の現在を重ね合わせていた。ぼくはその文章を次のように続けている。

「ほんとうは『ホーボー』の旅に出たかったものの、それはかなわず、今は融通の効かない仕事を持ってしまったり、家庭を築いてしまったりして落ち着いてはいるけれど、心はいつもさすらいに憧れ、どこかでそうした生き方を貫こうとしている、そんな『旅に出れない都会のホーボー』の複雑な思いが歌われている」

だからこそぼくは『BOUND FOR GLORY』の下村さんの歌を聞いて、「やられた」と思い、「くやしい」と思ったのだ。

『BOUND FOR GLORY』のために文章を書かせてもらい、２０００年代になってからは書くことから歌うことへと自分の活動の仕方を本気でシフトし、ぼくはさかんに歌うようになったが、それから下村誠さんと一緒にいろんなことができたかといえば、残念なことにその機会にはあまり恵まれなかった。

そして２００６年12月６日、長野に移り住んでいた下村誠さんは、住んでいた家が火事になって還らぬ人となってしまった。下村さんは燃える家からいったん逃げ出したが、大切なギターが家の中にあったので、それを取りに行こうとまた家の中に戻り、それで命を落としたと誰かから聞かされた。

下村さんとのお別れの集まりが東京の永福のお寺で営まれた。ぼくはそこに参加することができたものの、知っている人があまりいなくて、一人ぽつんとしていた。下村誠さんとぼくが長い間離れたままでいたからそうなってしまったのだと思い知らされた。歌の世界から長く離れていたからだ。

その時56歳になっていたぼくは歌の世界に戻り、いろんな歌を作ろう、いろんなところで歌おうとしていた。そしてその時51歳だった下村誠さんは、自分の世界を持ち続け、自分の歌を歌い続けていた。下村さんが急逝しなかったら、遅かれ早かれ、ぼくらはどこかで再会し、一緒に面白いことができていたと思う。

そう、やりたい人とのライブは、やりたいと思った時にすぐにやらなければだめだ。でもこれは74歳のぼくが今言うことではないのかもしれない。ぼくの弟たち、うんと下の世代の人たちにそう言ってもらえたら、そう言ってもらえる存在に自分が今なれていたとしたら、ぼくはたまらなく嬉しい。

**中川五郎**（なかがわ・ごろう）
１９４９年、大阪生まれ。10代の頃から、アメリカのフォーク・ソングの影響を受けて、曲を作り歌うようになる。１９６８年「受験生のブルース」で注目を集め、各地のコンサートに出演するも、70年代になると音楽に関する文章や歌詞の対訳などが活動の中心に。１９９０年代には小説の執筆や翻訳にも活動の場を広げた。その後、１９９０年代半ば頃から、活動の中心を歌うことに戻し、新しい曲を作りつつ、日本各地を飛び回り、ライブを行なっている。

主なアルバムに『終り はじまる』（ＵＲＣ、１９６９）、『25年目のおっぱい』（フィリップス、１９７６）、『そしてぼくはひとりになる』（シールズ・レコード、２００６）、『どうぞ裸になって下さい』（コモエスタ コスモスレコーズ、２０１７）。著書に『裁判長殿、愛って何?』（晶文社、１９８２）、『渋谷公園通り』（ＫＳＳ出版、１９９９）、『ぼくが歌う場所』（平凡社、２０２１）。訳書に、チャールズ・ブコウスキー『詩人と女たち』（河出書房新社、１９９２）、『ボブ・ディラン全詩集 １９６２―２００１』（ソフトバンククリエイティブ、２００５）などがある。

# ミスター・ボージャングル

詞曲 ジェリー・ジェフ・ウォーカー
訳 中川五郎・下村誠

ボロ靴はいて踊る爺さん 俺の友達
白髪ふさふさ シャツはよれよれ ぶかぶかズボンで
ピョンと高く飛び上り そっと降りる

爺さんに逢ったのはニューオーリンズで 俺がグレてた時
でも優しい瞳で 俺を見つめて話しかけてくれたんだ
彼が歩いた人生を…そして笑って踊りだすんだ

「わしの名前はボージャングル」 そう言ってひと踊り
擦れ落ちるズボンひっつかんで 舞いあがり かかと鳴らす
俺たちに笑い巻きおこし シャツをヒラヒラさせて

ミスターボージャングル ミスター・ボージャングル
ミスター ボージャングル 踊るよ

「南部中の見世物小屋やお祭りで わしは踊ったんだ」と
涙まじりに語る 15年の犬の二人っきりの旅
犬が死んで20年たった 今も爺さん嘆きどうし

一杯のバーボン飲みたくて 今でも踊るのさ
でもいつもは酒場の片隅で 空のグラスでにらめって
うなづき唸る爺さんに 誰かが叫ぶよ"ヘイ・ダンス!"

ミスターボージャングル ミスターボージャングル
ミスターボージャングル 踊って…

ミスターボージャングル ミスターボージャングル
ミスター ボージャングル Dance!

Dance . Dance .. Dance Dance ….

# 第三章

# 音楽ライター下村誠の仕事 2

下村誠が記事を書いたミュージシャン・グループの数は、70 を超える。下村が音楽ライターとして活動していたのは主に 1970 年代後半～ 1990 年代前半。名前で検索して記事が出てくるような時代ではないので、図書館で閲覧する際、『新譜ジャーナル（シンプジャーナル）』以外は『Guts』や『Vanda』などを数誌、ある程度、予測をつけて探した。音楽雑誌を網羅して閲覧できたわけではなく、実際にはもっとあるかもしれない。また、新譜ジャーナルの編集部員だった 1976 ～ 1979 年は書いた原稿に名前が記されていないため、探し出すのは不可能。1970 年代の音楽雑誌は、80 年代のそれよりも粗削りで、よりエネルギーにあふれており、ぜひ紹介したいところだが、わからないものは仕方がない。ともあれ、第一章と第三章で下村誠が書いた記事の一部を紹介する。第二章で掲載した『シンプジャーナル』元編集長・大越正実さんへのインタビューのなかで、「あの頃は（音楽）業界もまだ若かったから、（ミュージシャンも）音楽雑誌やラジオと一緒に育っていこう、ってところがあった」という話が出てくる。いまとは時代性がだいぶ違う。そんな時代の雰囲気も感じながら、読んでいただけたら――。

# ザ・ストリート・スライダーズ　THE STREET SLIDERS

## 裏通りを徘徊する酔いどれ天使たち

『シンプジャーナル』
1988 年 10 月号より
（自由国民社）

### 「情報×幻想」を吹き飛ばす突風

ハートに風穴
ハートにぶちこんでおくれよ
ハートに風穴
オマエを　はなしはしないさ
すべてが　消えうせても

「ハートに風穴」より 詞・Joy-Pops

この1年間、様々な〝情報の風《ウワサ》〟がストリート・スライダーズの周辺を吹きぬけた。実際、鈴木将雄負傷のため、'87年の秋から'88年の春にかけて50本あまりのツアーがキャンセルされ、4人でのライヴ活動が全く行なわれなかった半年の間にもスライダーズの〝情報〟はひっきりなしに吹き荒れた。

いま現在、この国で暮らす僕らにとって〝情報〟というものが実にやっかいなものになりつつある。特に都市に暮らす者にとって〝情報〟がないと生活のリズムが狂ってしまう位だから、余計に面倒臭い。〝情報〟が〝状況〟を変えてしまったり、〝情報〟が先行して、それに追いつくために後追いで〝状況〟を成立させてしまったりする場合だって度々あるからだ。「事実」や「真実」を伝える手段としてニュース・ペーパーやマガジンがあると考えるならば、音楽そのものではなく、音楽を取り巻く様々な〝情報〟を掲載している音楽雑誌とは一体何なのだろう。…とその当事者（送り手のひとり）でもある僕は時々考える。この半年間に沢山の音楽雑誌に載ったストリート・スライダーズの現状を伝える一方的な〝情報〟を読み続けて、いいかげんうんざりしていた頃、スライダーズはステージに戻ってきた。

4月10日。PIT『MUSIC WAVE』。〝俺たちの真実なんてこんなもんさ。てめえの幻想なんて知ったこっちゃねえ！〟と言ってるかのような冷淡でぶっきらぼうな村越弘明の歌声は、よけいな心配や勝手な想像を吹き飛ばしてくれた。（誰が作ったのか知らないけど）既製の情報がベッタリとへばりついた〝イメージの壁〟に囲まれた、幻想の中のストリート・スライダーズは一瞬のうちに消え去った。まさに僕の心の中にでっかい穴が開いたような気分だった。「ハートに風穴」とはこんな気持ちのことを指すのだろうか。

4月10日。この夜から僕は〝僕のスライダーズ〟を心の中で築き始めた。もう知ったかぶりはできないな、と思ったし、他人の言うことも鵜呑みにもしない。〝真実なんて言い方がダセーな〟と土屋は言うだろうけど、スライダーズは嘘を言ったためしがない。様々な勝手な思惑に背を向けて、生身の…等身大の彼ら自身をステージの上でさらけ出す。それを目のあたりにする瞬間、あまりの素朴さに言葉を失う。それは当然のことなのだ。8月9日のインタビューはこんな気持ちを抱えた僕をほぼ納得させた、ということを告白する。

## I　Joy-Popsとしての活動の影響力

——話はいきなり去年の『BAD INFLUENCE』発売直前の事になるのですが、鈴木さんが事故で怪我した時というのは、もうツアーのリハーサルが始まってたんですか？

**鈴木**　うん。もう演ってて、その帰り道にやっちゃったんですよ。

——リハーサルの帰り道？

**鈴木**　うん。もう何日もなかったんじゃないかな、ツアーの初日まで…。曲順とかも見えてて通しでリハやってたから。

——じゃあ事故の直後は、いつ頃から再びステージに上れるのか、という見通しみたいなものは全く立ってなかった…と。

**鈴木**　うーん、そうだね。最初の2か月位は、途方に暮れてましたね（笑）。でも去年の暮れ、12月に入ってから〝もしかしたらドラム叩けるかもしれない〟っていう希望みたいなものが。

――じゃあ雑誌なんかで伝えられていた程、重傷ではなかったんですか？

**鈴木**　でも、一応診断書は〝複雑骨折〟だったんだけどね。で、1月になってからリハビリみたいな事をやってもいい…と医者に言われたからドラム叩き始めちゃったんだよ。

――入院は2か月位してたんですか？

**鈴木**　いやだいたい1か月位で退院できたんですよ。そのあとは家で音楽聴いたりして、ギブス取れるまでが長かったから、やっぱ12月位までは不安だったよね。

――村越さんと土屋さんはその間にJoy-Popsで何回かステージに立たれたわけですけど、あれはどういうきっかけで〝演ろう〟ということになったんですか？

**土屋**　ハリーと2人で話してて、〝ギター2台でちょっと演ってみたいなぁ〟って言って、で、スタジオに入って演ってみたら、思った以上に良かったんで、盛りあがったという感じ…かな。

――「Angel Duster」とか、Joy-Popsでエレアコ2台で演ってたアコースティックなアレンジをそのまま生かして今回のツアーで演ったりしてましたよね。12月と1月にJoy-Popsでライブを演ったことが4人で再び始める時になんか役に立ったというか、Joy-Popsを演ったことで得た成果というのはありましたか？

**村越**　うん。2人で演ったのと同じ感じで割とスンナリ入っていたというのはあるね。ギターのスタイルとかも変えないで、そのまんま自然に4人で演れたんだよね。

**鈴木**　俺さ、Joy-Popsのライブをビデオで観た時にね、〝いいなぁ〟と思ってさ、あの感じのままバンドで演りたかったんだよね。それで、4人でリハに入った時に、「Angel Duster」とか「Baby, 途方に暮れているのさ」とかをね、〝あの感じでやってみないか〟って言ったわけ。そしたらスンナリと仕上ったというか…今、演ってる感じになってきたんだよね。

――市川さんはスライダーズが活動してなかった4か月

の間というのは何をして過してたんですか？

**市川**　まぁ普通の生活というか、家に居てレコード聴いたり、コンサートへ行ったり…。

――スタジオでセッションしたり、ベースを弾く機会はあったんですか？

**市川**　うん…2、3回は音を出しましたけど。

――それは土屋さんとか村越さんと？

**市川**　いや、別の…他の友達と一緒に演りました。メンバーとは全然やってませんね。でも1月位からズズと2人でスタジオに入って練習をしてましたけど…。

――休んでる3か月とか4か月の間に、「曲」や「詞」はけっこう出来た？

**村越**　1曲ベロンと出来たというのはあんまりないんだけど…、あ、いくつかあるか、でも割とちょっとしたフレーズとか、リフとか…そういうのは、けっこう出来たなあ。

――スライダーズってスタジオでジャムりながら曲を完成させていく、という話をよく聞くんですけど、詞もメロディも完成した状態でスタジオに入るということもあるんですか？

**村越**　ホントはそれでスタジオに入りたいんだけど、やっぱり…LPの録音なんかになると、1曲とか2曲位、詞が中途半端だったりすることは…ある。

――例えば9月に出る新しいシングルの「ありったけのコイン」なんかは作詞作曲とも村越さんですけど、詞も曲もひととおり完成してからスタジオに入ったんですか？

**村越**　うーんと…あれはだいたいのラインは出来てたんじゃないかな。それで、バンドでみんなで何回か通して演奏してるうちに、詞の細かい部分のニュアンスをちょっと変えたりとか…そういうプロっぽい事をやって（笑）、それでレコーディングしたという感じかな。

――Joy-Pops というクレジットは必ず〝作詞〟の場合のみですよね。あれは例えばある程度まで村越さんが基盤になる詞を作ってきて、それでそこに土屋さんが補作するというスタイルをとることが多いんでしょうか。それとも、もっと他の…メロディだけがあって2人でコンセプトとか考えて共作するという感じ？

**土屋**　うーん…なんかどうしても俺とハリーって一緒に居る時間が長いしさ、やっぱり話とかよくするんだよね。で、〝こんな感じのフレーズが出来たんだけど見てくんない？〟とかさ、ハリーが俺んとこに持ってきてね、その場で〝ああしよう、こうしよう〟って言って作る場合もあるね。

――じゃ、メロディがちゃんとあって詞だけが未完成のやつもあれば……。

**土屋**　メロディとか付いてるのもあるし、全くない場合もある……色々だよね。〝ちょっとメロディに乗らないからこの部分の言い回し変えようか〟とかね。で、〝それに合わせてメロを書き直そうか？〟とかね。

――じゃ、詞もメロディも含めて共作しているという感じなわけだ。

**土屋**　もちろんそういう場合もあるし、メロディだけとか、Aメロだけとかサビだけとか、ほんとにバラバラバラバラした部分的な曲を2人で整理していく、という時もあるし……。

**村越**　まあどっちかにテーマみたいなのがあればさ、それにくっついて何かこうスルスルと出てくるんだよね。だからラフに2人で話しながら作って、目処《めど》が立ったら〝そっから先は俺が作る〟って感じでさ。

## Ⅱ　「のら犬」と「ありったけ」の共通点

――スライダーズが復活して最初にスタジオに入ってレコーディングしたのはシングルになった「TOO BAD」なんですか？

**土屋**　そうだね、たぶん。

――それで、その時に『REPLAYS』に入ってる「のら犬にさえなれない」と「Blow The Night」のニュー・ヴァージョンを録ったという話ですが……。

**土屋**　そうそう。それとまた別に出来てた曲も録ったんだよね。全部で5曲位録ったから。

――「TOO BAD」のB面の「Daydreamer」じゃなくて他にも録ったんですか？

**土屋**　たぶん「ありったけのコイン」はその時一緒に録ったんだよね。あれはどこのスタジオだったっけ？

**市川**　アバコ・スタジオだよ。

**土屋**　そうだそうだ。

――「ありったけのコイン」のB面の「ハートに風穴」は？

**土屋**　あれは割と最近……。

**市川**　あれは六本木のCBSソニー・スタジオで録った。

──「EASY ACTION」とか「Hyena」とかって、作詞がJoy-Pops だけど、スライダーズの歌の中では極めて尖ってる方というか、物事をはっきりさせちゃうという点で、立場というか自分たちのスタンスをはっきりと打ち出した曲だと思うんだけど……。

**土屋**　まあ人間だから色々な気持ちがあるわけだしさ、それを全部1曲に入れようたって無理じゃない。その辺の気持ちをまとめなきゃだめだと思うしね。だから「Hyena」とか「EASY ACTION」って割とはっきり出ちゃった曲なんじゃないかな……いつも考えているような事がね……。

──新しい曲の「ハートに風穴」なんかもはっきりと言っちゃってるけど、同じような感じ？

**土屋**　うん。あれはあのままだよ。

──自分たちをとり囲む現状に対しての不満？　そういう事って結構考えるんだ。

**土屋**　そりゃ考えるけど、あるものはしょうがねえなあーと思う。

──「ありったけのコイン」は〝コインを集めて何を買ってやろう〟っていう詞が出てきますが、あれは「のら犬にさえなれない」の続篇なんですか？

**村越**　いや、別にそういうわけじゃないんだけど……。

──でも、けっこう似てますよね。「のら犬にさえなれない」の主人公の数年後というか……少しは金持ってる奴になったというか…〝最後のコイン〟が、〝ありったけのコイン〟になった。で、そのコインを集めて女の子に何か買ってやろう……という余裕さえ感じられるフレーズが出てくるし……。

**村越**　いやあ。〝なけなしのコイン〟だったら話になんねえだろ。だから〝ありったけ〟になっただけで、たいした深い意味はないんだけどね。ま、同じ人間が作ってるんだから雰囲気が似ちゃうのはしょうがない……と。

──アレンジも生ギターとエレキが入っててピアノも入ってる……という新録音の、「のら犬にさえなれない」と共通してる部分が多いんですけど……。

**村越**　アレンジはスタジオに入ってジャムりながら色々試したんだけど、結局ああいう感じに落ち着いた。最初はエレキ2本で演ってたりしたんだけど……

ね。まあ、詞なり曲なりからああいうニュアンスが一番しっくりくるかな、ということで……。

――次のアルバムはいつ頃完成しそうですか?

**村越** 年内には……出したいなと。

――方向性としてはどんな感じになりそうですか。前作の『BAD INFLUENCE』はアコースティックでソウルっぽい……というかR&Bの匂いが濃かったけど……。

**土屋** 今回は自分たちでプロデュースするか、できるだけシンプルな感じにしたいな……と思ってる。

――じゃあ特別ゲストも入れないで……。

**土屋** それもまだ考えてないけど、今のツアーが全部終わったら徐々に決めていこうと思ってる。今回は日本で時間かけて作るから、きっとそれなりにいいのができると思うよ。

## Ⅲ 積み重ねられていた反逆性

8月11日、12日と2日間に渡って日本武道館でのスライダーズのスペシャル・ギグ「ROCK'N'ROLL DEF.」を観た。今回のツアーのトレード・マークであるブッダの足型やブッダ像がデザインされた黒いカーテンの向こう側で村越のギブソンACのジャリーンという響きと共に「風が強い日」のイントロが始まり、その幕は左右にサーッと開かれる。幕が開いて最初に目を見張るのが、これまでのスライダーズのギグでは一度も組まれたことのなかった超豪華な造形セットだ。巨大な寺院（それはライトのかげんでアラビアの宮殿のようにも見える）を背にスライダーズの4人は並んでいる。そして左からキーボード上綱克彦とサックス鈴木明男（甲斐のプロジェクトKからお借りした2人）とおなじみのパーカッショニスト鈴木裕文というサポートの3人がその寺院（やっぱり宮殿かな?）のバルコニーというか見張り台の上で目立たないのだが、フロントの4人の刻むビートの隙間を縫うように確実なプレイを続けていく。

「今回のスペシャルはかなり整頓したし、キーボードもホーンも入ってるけど、きっとスッキリしたサウンドになってるから期待しててよ」と語った土屋公平の言葉が頭をよぎった。ライブ・アルバムにもなった'87年の1月30日のスペシャルでは、あたかも付け足しましたというホーン・セクションが妙にしっくりこなかったのだが、今回のは違う。4人のプレイを2歩位下がって後から支えているという感じの控え目でシンプルなフレーズ（間奏でソロをとるなんて事もない）を弾き出すキーボードとサックス。シンプルながら好アンサンブルである。

残念ながら初日（8／11）は村越の声が荒れぎみで、全体的なテンションも高くなかったように思う。高音が出ないために怒鳴り、シャウトを続けると堅くなり、力《りき》み過ぎになる。11日は特に後半の「TOO BAD」以後のスライダーズ流ダンス・ビート・ナンバーの時にバランスが崩れた。土屋と村越のギターの絡みが微妙なところでずれているのだ。

12日のプレイはビックリする程素晴しかった。それはあたまの「風が強い日」～「ダイアモンドをおくれよ」を聴いただけでわかった。村越の声にもゆとりがあるし、全体に余裕があり、いい意味でのレイドバックした柔らかい雰囲気がステージ全体を包んでいる。

このスペシャルのメニューは不思議と初期のナンバーが多かった。'81年、彼らがまだアマチュア時代、東福生の駅前の畑の真中に建つライブ・ハウスUZUでよくプレイしてた「サテンドール」「マンネリブギ」「So Heavy」「酔いどれダンサー」「Toa-Lit-Tone（踊ろよベイビー）」「Dancin' Doll」なんかが次々と演奏された。ドラムをセットしたら、あとの3人は立つのがやっとという3m四方の超狭いUZUのステージ（建物も30人位入ると満杯になる）でふてくされて怒鳴っていた連中が、その何十倍もの大きさのステージでプレイしている。妙な気分だった。懐かしさよりも新鮮さが先に襲ってきた。出てくる音や風貌はかなり変化したのに、何かがあの頃と全く変わってないのだ。それはやはり彼らの反逆性なのだろうか。「大人になったロックン・ローラーは〝反逆精神〟だけを持続しようとしている」と語ったのはアメリカの音楽評論家だったが、スライダーズの4人もただのガキじゃなくなった今、その積み重ねられた反逆精神を武器にいまいちど〝新生〟しようとしているのかもしれない。

「円熟という言葉は俺たちに最も似合わない言葉だよ」とかつて村越弘明は語った。練りあげられた4人のリズムを解体し、この秋、またちがう街角（ストリート）に彼らは移動（スライド）していく。

## 王道ゆえに孤高であり続ける THE STREET SLIDERS が迎えた新しい波 JOY-POPS

『シンプジャーナル』
1990年2月号より
（自由国民社）

### 内側からやってきた体験だから大切にしたかったんだよ

土屋公平《ランマル》と村越弘明《ハリー》が共作して書いた曲に関するペンネームとして使用されるようになったJOY-POPSという名義。彼らがこの名前でアコースティックのユニットとしてライヴを行なったのは、ズズがバイクで足を複雑骨折してスライダーズを休業していた87年の12月だった。今年『ROUTE S.S.』という3枚組のCDシングル集の発売をきっかけに、このJOY-POPSが復活。ライブの方も、「R&R BAND STAND」（福岡）などを含み数か所で行なう予定。今回はそんなふたりにJOY-POPSとして話を伺った。いつもながら沈黙の嵐！気の効いた軽いお喋りも一切なし。説明的な表現も少ない…がこれが土屋と村越独自のスタイルなのである。彼らの想いを行間から感じとってほしい。

### 今年は変則的なやり方でいいという気持ちが全員の中にあった

――JOY-POPSというユニットでハリーと蘭丸がステージに立つのはちょうど2年ぶりですよね。今回は3枚組CDの中の1枚がJOY-POPSのシングルだったりするわけだけど、スライダーズとはまた別のバンドという感じなのかな。JOY-POPSライヴとかをやる時ってどんな気持ち？

**土屋**　前にJOY-POPSでライヴをやった時は、ズズが足の怪我で出来ないというのは確かにあったんだけどね。やっぱアコースティックなサウンドというのがやってみたいなあ…という気持ちが先ず第一にあったんだよね。

――それはスライダーズの中でアコースティックな音を創ることとは違う感覚？

**土屋**　そうだね。俺から言わせればねえ、やっぱりアコースティック・ギターとハリーの声が混り合った時の響き方が新鮮だったという事が大きいと思う。それに気が付いたのは実際にスタジオに入って2人でジャカスカやりだしてからね…「いいなあ」という感じになってきたんだけどさ。

――今年はスライダーズとしての活動が地味だったというか、アルバムも出さないし、今年の夏のイベント以後は急に目立った活動がなくなっちゃったと思うんですが、自分たちの中には活動のスタンスの変化に向けて、目論見みたいなものはあったんですか？

**土屋**　夏以後というよりね、4月に『スクリュー・ドライバー』のツアーがおわってからかな…。そろそろ違う出し方しても面白いんじゃないかな…とかみんなで話してたりしたんだよね。

――その話し合いの中で〝今年はアルバムを出さない〟とか決めたりしたの？

**土屋**　いや…そういう事は決めたりはしてない。ただ刺激ってやっぱり必要じゃないのかなあと思ってさ。

――その〝刺激〟って言うのは具体的に言うとどういうこと⁉

**土屋**　……内側から出てくる新しい刺激と言うかさ。俺たちの中から出てきた、それまでとは違う…またもうひとつノッてやれるもの、というものがさ、欲しくなったというかね。

――それを探してたという感じなの？

**土屋**　自然と出てきたらやる、というのがいちばんいいんだよね。

――今のハリーはヒゲを生やしてますけど、夏のイベントを境にヒゲを生やし始めた理由というか、心境の変化というのはあったんですか？

**村越**　いや、最初はだからさ…イベントだからべつにヒゲがあってもいいかな…みたいな感じでさ。そんでなんかみんなも〝似合う〟って言うし…。まあそのまま生やしてもいいかな…という感じで（笑）。

――ホント？　みんな似合うって言った…？

**村越**　うーん。そうね友達は言ってた。

——そうか。でも〝似合わない〟って言う人もいたでしょ。

**村越**　そっちの方が多かったけどさ、本当は（笑）。

**一同**　（爆笑）！

——今年の秋というか9月から10月にかけては、これまで毎年出していたフル・アルバムの製作に入るわけではなく『ROUTE S.S.』というCDシングルを3枚パックにした企画レコードの制作に入ったわけですけど、その間にどんな確認というか、方針が立てられたわけですか？

**土屋**　そんな話をねメンバーの間でしたのはツアーが終わってからなんだよね。だから〝変則的なやり方も面白いなあ〟とかさ、話したのは5月頃なんじゃないの。そういう考えが進んでいってこのシングルという形になったという…さ。

——ハリーとしては3枚のシングルを同時に出すということに関してはどういう気持ちだったの？

**村越**　……まあ、いいんじゃないのかな、つう感じだったよね。曲が出来た段階でさ、この曲はJOY-POPSでやった方がいいかな…とかさ、あったしね。

——自分の中ではスライダーズの曲と、JOY-POPSの曲の分れ目というか、作る段階での意識の違いというのはあった？

**村越**　最初の「いい天気」と「BADな女」は当然スライダーズだな…という感じだったから、まあ…すぐバンドで音を出して仕上げたんだけど、JOY-POPSの2曲は…ああいう曲だったからさ。

——なんかさ、JOY-POPSの方がハリーの内面を素直にうたったというかね。スライダーズの2曲というのは外に向かう勢いがあるというか、かなりシニカルで前向きなんだけど、JOY-POPSの曲は等身大の村越弘明というか、内面的な部分を描写しているという気がしたんだけどさ。

**村越**　……そうね。そうでしょう、きっと。

——意識的に書き分けるという感じなのかなあ。

**土屋**　「いい天気」と「BADな女」というのはさ、1月から4月までのツアー中に半分位できたんじゃないかなあ。ハリーと俺とでギター弾きながら…やっぱ一緒に作ったんだよね。

**村越**　「GET OUT OF MY MIND」は、なんとなく昔から原形があったというかね。10年位前にスライダーズを作った頃から、なんとなくあったような気がするんだよね、なんとなくね（笑）。…で、今回そういうのを思い出しながらなんとなくひとりで作ってみたいというかんじでさ。

――曲が出来た時点で、あのアレンジはおもいついていたという感じ？ ふたりのアコースティック・ギターに溝口肇が編曲した弦がのっかっていくというあのサウンドは、ハリーのイメージの中にあった？

**村越** うーん。何となく（弦の方が）マッチしそうだなあ…という感じはあったんだよね。この曲にはそんなにタイコは入んないだろうな…とかさ。その曲に合わせて楽器を付けていった、つうかさ。そういう感じかな…。

## 次はやっぱりスライダーズとして早く音を出したい

――この３枚のＣＤシングルを通して聴くとさ、特にJOY-POPSと土屋公平のソロを聴くとさ、これまでのスライダーズのレコードで見えなかった側面というか、広がりとか深みという部分で、これまでやってきた事以外にもまだまだやり残した事というか…、試すことがこんなにいっぱい残ってたんだぞー…という印象を受けるんだけどさ、土屋ソロに関してはこれまでのスライダーズの中でヴォーカルをとる土屋公平とは全く違うスタンスがあったわけ？

**土屋** このころ、シングルのアイデアが出た時に、すごい面白そうだなぁ…と思ったわけね。俺の頭の中にはシンセ・ベースというのがあってね。シンセ・ベースを入れた上で、スライダーズと全然違う形でやるんなら…俺がやってみる価値があるんじゃないかな…と思ってさ。……トライしてみたいという感じだね。

――楽曲そのものは古い曲？ スライダーズのためにあたためていたものとかさ…。

**土屋** いや、そうじゃない。この2曲ってさ、スライダーズとは録音の仕方なんかが全然ちがうからね。それを考えた上で、作ったという感じ。それで断片的にできたものを持ってスタジオに行ってね…。

――じゃ、完成したオケを頭に浮かべて詞と曲を作ったという感じなんだ。

**土屋** うん…なんかサウンドのこう…肌ざわりみたいな感じ？ それと録音の仕方というのが最初に頭にあったよね。

――この土屋公平ソロの2曲というのはすごく異色とい

うか、JOY-POPSの音とは全く逆のセンスを持ってるという感じ？　つか……強烈にエレクトリックだし、ビートそのものが野太いよね。その辺のことは最初から狙ってやったという感じ？

**土屋**　どうせやるなら楽しみたかったし、ここまで凝るならやってみる価値あるだろうと思ってねえ。実際…面白かったよ。

――ハリーはどうでした？　この土屋公平のソロ作の2曲を聴いてみて…。

**村越**　うーん…。どうでしたって言われてもねえ(笑)。まあ、好きだね…俺は。曲もすごい良かったしね。ちょっとスライダーズじゃやれない事ができたんじゃないかな。

**土屋**　JOY-POPSの方も、ソロの2曲も、両方ともいい経験になったよね。

――今回たまたま3つの形式によってレコードをリリースしたわけだけど、今後のこの3つの流れというのは継続していくのかな…？　例えば来年はJOY-POPSでアルバム出すとか、土屋ソロのアルバムを制作するとか…。

**土屋**　それは全くわからない。でも次はやっぱりバンドで音を出したいな…という気持ちが強いんだよね。バンドで音を出すというのは8月のイベント以来だしさ。来年…年が明けてすぐにリハーサルをやるためにスタジオに入ろうと思ってるんだけどさ、今はそれが一番楽しみなんだよね。

――ハリーの中ではJOY-POPSというアコースティック・ユニットの位置というか、スライダーズというバンドとはまた別のものとしてJOY-POPSをとらえているという感じですか？

**村越**　いや…なんというか、やっぱスライダーズがあくまでもメインだからさ。でも、JOY-POPSを断ち切っちゃうというわけにもいかないしね…。その辺…俺の中ですごい気まぐれに出てくるからさ、またこの次にポッと出てきた時にJOY-POPSもやるかもしんないな……つう感じかな。

――今回の『ROUTE S.S.』という3枚組シングルはそういう観点から語ると、活動にゆとりができたから、遊び心的発想で作った別バージョンが入ってるという風に受けとめた方がいいかな？　もう一面の個性を掘り下げてみるというか…さ。

**土屋**　……というか、さっきも言ったけど〝刺激を受けたいなあ〟という気持ちが強かったんだよね。それにこういうのはスライダーズというバンドにもフィードバックしていくと思うよね…。ズズやジェームスも刺激されるんじゃないかな。

――ああ…そういう事が大きいというのはわかるな。

**土屋**　…でまたスライダーズで集まってセッションするわけだ。そこの反映されていくものって大きいんじゃないかなあ…。

――今年はインドに2週間位行って来たそうですがそういう〝旅〟における外的な刺激というのも影響してるの？

**土屋**　う〜ん…確かにインドはインドでよかったんだけど、まあ旅はちょっと別なんだけど…。外から入ってくる刺激とさ、俺たちの中から自然に出てきた刺激とさ、違うと思うんだよね、やっぱ。大事にしたいしさ、貴重なんだよね。

――ああ、自分達の中から出てくる刺激の方が？

**土屋**　うん。

――ハリーはどうですか。刺激という話になった時例えば土屋公平がひとりで作ったりした音とかを聴いて、刺激を受けたりした？

**村越**　うーん…やっぱりいい刺激になるよね。

――他に外的な刺激というのはあった？

**村越**　どうかな？　ちょこちょことはあった…と思うけどさ、なかなかドカーンというのはないからね(笑)。

――8月31日にローリング・ストーンズを観にフィラデルフィアに行ったわけだけどさ、ああいう事って大きな刺激になったりするの？

**村越**　まあ…単純に言っちゃうとさ、もう少し違うステージが見たかったなぁ…とか、そんな感じのことは思ったけどねえ。なんせ…俺なんかけっこうビデオなんかでさんざん観てきたからさぁ。あんまり新しいものを観たという気はなかった…よね。

## レコーディングは俺たちが「やれる!」と思った時じゃないとね

――ストーンズなんかもそうだけど、ツアーをやるというと必ずニュー・アルバムを発表し、そのアルバム・タイトルと同じタイトルを付けてツアーをやるでしょ。例えば『スクリュー・ドライバー』の時もそうだったけど、新作アルバムをひっさげてツアーに出るという感じじゃない。でも、90年の1月から始まるスライダーズのツアーってそういうのがないでしょ。だから新曲といえば「いい天気」と「BADな女」くらいだと思うしさ。その辺はどんな気持ちでいるのかなぁ。

**村越**　俺たち自身の中から出てくる気持ちっつうか。ツアーに…出なきゃなんないからね…出たいからさ。まあ…アルバムは今回出てないけどさ。今回はそういう自分達の中でツアーに出たい…という気持ちが大きい…つうかさ。そりゃアルバムが出てればね、色々な意味でさ、いちばんいいよね。いいんだけど…ツアーはツアーでやんなきゃなぁつう感じで…思ってるんだよね。

――いますぐに4人で音を出したい…とか、スライダーズとしてライヴをやりたいという事に対する願望が強いということなのかな?

**土屋**　うん…俺は佐久間（正英）さんとソロのレコードを作ったし、俺とハリーはJOY-POPSでライヴもやるし、ジェームスは2か月ロンドンに行ってたし…。ツアーの大枠なんかもこれから4人で集まって決めるんだけど、こういうそれぞれの活動を基盤にして確かめあうことも大きいんじゃないかな。で、それ（それぞれの刺激）をどう変化させていくか、ということもね、これから判ってくることだと思うし、俺たち自身もやっぱ、すごい楽しみにしてることだな。

――まあ、これはこじつけっぽいんだけど、ちょうど時期の変わり目だからさ、一応聞きたいなぁ…と思ったんですよ。もうすぐ80年代も終わり、1990年が始まるわけですけれども…、そういう自分達の中でのサイクルで言うとさ、ふたりとも30歳を越えて、いまなおバンド続けてて、ライヴも続けているという部分で言うと、この3枚のシングルをきっかけにして変化したものとか、意識の流れが変わったということはありますか?

**土屋**　とりあえず年末まではJOY-POPSでイベントいくつかやるしね。そういう刺激が来年…そのままスライダーズにフィードバックしていくということが沢山でてくると思うんだよね。……だから意識が変わるとか、そういうことは…ないと思うけどね。だけど……4人で集まって音を出した瞬間というのが大きいんだよな。いまはわからないけど、来年4人で集まってセッションをやった時に、色々な部分で見えてくるんじゃないかな……。

――もう来年のツアーのスケジュールは全部決まってるみたいだけど、レコーディングとかそういう部分でも先にどんどん決定してるものを消化していくという感じだったの？　これまでは…。スライダーズって比較的コンスタントにアルバム出してきた方だと思うんだけど…。

**土屋**　ツアーはスケジュールが先の方まで決まってて別にいいけどね。レコーディングに関しては…俺たちが「やれる！」と思ったときじゃないとさ。

――じゃ〝ツアーが終わった直後からレコーディングして…そうすると8月発表ですね〟とか周りのスタッフが勝手に決めても実現しない事の方が多い？

**土屋**　レコーディングの日程とか、発売日とか決まってても全部取っ払ってもらったりとか、何度もあったし(笑)…。決まってなくてもスタジオに入ってレコーディングした時もあったしね…。

――でも1年のサイクルの中でこの辺でアルバムを出して欲しい…というのはレコード会社とか事務所から提出されたりするんでしょ。

**土屋**　まあ、目やすとして憶えておくという感じかな…。その予定通りにいけばレコード会社も…やっぱりやり易いかもしんないけどね（笑）…我がままだからさ…。

――ハリーは今後もステージとかでヒゲを生やしたままで出る予定？　例えば12月だとJOY-POPSがあるけど…。

**村越**　わかんないけど、たぶんこのままでやるんじゃないかなぁ（笑）。

# ザ・ストリート・ビーツ　THE STREET BEATS

## 自己の弱さに対する反逆性

『シンプジャーナル』
1989年2月号より
（自由国民社）

心にあいた風穴を埋めてくれ
一番大切なもの
失くしてしまいそうさ

「NO CONTROL」より

心が軋む。胸が張り裂けそうだ。ストリート・ビーツの歌を聴く度にそういった感情にかき立てられる。

それはOKIが詞の中で〝傷み〟を尖らせているからでも、言葉が〝裸〟だからでもない。バンド全体で放つサウンドそのものがとてつもなく緊迫しているからでもない。空気なのだ。明日はもう生きてないかもしれない、だから〝いま〟を必死でうたう、という切迫した空気がそういう気持ちにさせるのだ。

ＯＫＩの作る歌はどの曲も他人を楽しませるために書かれたハッピーな感触を持つ曲ではない。どれも自身の現状をさらけ出した〝告白〟ばかりだ。それは誰かを傷つけるために書かれたものではなく、自分が傷ついた事を素直に形にしたものなので、一歩踏み込んで聴く人のみに特別な感慨を与えたりする。ＯＫＩの作る楽曲は他の多くの人がやっているように言葉をビートに乗せるという感じではない。メロディーとビートと絡まりながら心象を暴露していくという感じなのだ。

沖兄弟は、１９８８年の5月に広島から上京した。

彼らは新メンバーを探し、リハーサルを繰り返し、レコーディングを行なうわけだが、そのわずかな期間（3か月）に東京という街で生き残っていく為には何か大事なものを捨てなきゃならない、ということを痛感した。そういった精神状態は〝崩れてしまわぬように立ちつくしている、むきだしの心のままで〟とうたわれる「NAKED HEART」という作品に刻まれている。東京に対する彼らの感想は、OKIの弟でもあるギターのSEIZIの〝逃げ場も遊び場もなにもないところですよ〟という言葉と共にこの「NAKED HEART」という歌が明確にしている。

11月21日に発表された彼らのメジャーからのファースト・アルバム『NAKED HEART』はアマチュア時代のオリジナル曲のベスト・アルバムであるという側面を持ちながらも、「少年の日」「NAKED HEART」という東京に住む22歳のOKIの現実を吐露した作品もきっちりと記録することで、より鮮烈に〝いま〟を感じさせてくれるアルバムに仕上がった。

「もうすべてが個人レベルの話ですからね。だから、よく勘違いしてる人達にね…ようするに〝社会破滅型政治バンドである〟…とか〝若者の代弁者である〟…とか〝メッセージをうたうポリティカルなパンク・バンド〟とか言われちゃってね、そういう言い方する人が現時点ですでに沢山いるからさ、俺どうしようかなって思ってるんですけどね（笑）。広島でやりおった頃って、誰もそういうこと言わなかったわけ。ただ歌きいて、〝あぁ、そうだな、こういうのわかるなぁ〟って感じで普通の、本当に自然なレベルで歌が伝わっていたと思うんだけど。いまは雑誌とかがいろんなこと言うからね（笑）。俺の歌もそういう意味で個人的により切実なものとして、嘘はなくて飾りたてたりもしないで、ありのままうたってるわけだから…別に誰かに向けてうたってるわけでもないし…。そう、日記みたいなもんだし、記録であるし。まあ〝証《あかし》〟ですよね。それだけなんです」

1966年生まれのOKIは尾崎豊とは同学年である。世代が同じにもかかわらず、OKIが抱える〝反逆性〟と尾崎豊がかつて抱えていた〝反逆性〟はまるで異なっている。それは尾崎のイノセンスがOKIのイノセンスとまるで異なっているからと言ってもよいだろう。尾崎が自己のイノセンス（若さという名の無垢な魂）を守るために外部の圧力と闘ってきた…とするならば、ＯＫＩはそうではない。彼は自己の弱さと闘うべくうたい続けてきたのだ。だからＯＫＩの生み落す詞には、誰かを勇気づけるようなフレーズが少ない。〝負のファクター〟とでも言うべき、とても殺伐とした心情をありのまま語ることで逆転して〝前向き〟になっていこうとする、とても傷ましい作業がＯＫＩの作品には見え隠れしている。妥協してわかりあえたふりをするよりコミュニケーション・ギャップの傷々しさをそのままうたうことの方が、現時点ではカッコ悪いことかもしれない。「闘い続けよう」「ガンバロウ」「ひとつになろう」なんて言葉がメッセージなんて呼ばれているふやけた時代だからこそ、そういった言葉にあえて背を向けたＯＫＩのスタンスには真実味がある。

「このアルバムの〝NAKED HEART〟というタイトルは俺にとって決意表明なんです。むきだしの心のままでここに立っている。今はここに立ってるしかない…というぎりぎりのところでの意思表示なんです。」

〝ああ、またあてのビート・バンドね〟、と思ってる人がいるならば、絶対にライブを観て欲しい。ライブを体験すれば、僕の言わんとしてることがきっと少しは理解できると思うから。

## 早くも過渡期？ＯＫＩが抱える葛藤の行方

『シンプジャーナル』
1989年4月号より
（自由国民社）

僕が僕の顔をすれば
あなたは笑顔で踏みつける
子供でいたいわけじゃない
自分のままでいたいだけ

「ハッピーボックスをさがして」より

メジャー・デビューから3カ月。ストリート・ビーツの久しぶりのワンマン・ライブが1月21日にパワーステーションで行なわれた。B1ホールはもちろんオール・スタンディング。500人は軽く入っている様子。7時20分、ビーツ・コールが怒涛のようにこだまする中、彼らは登場した。1曲目はBEATS KIDSのテーマ曲「BOYS BE A HERO」。ＯＫＩが大きくジャンプする。そして鋭い目で会場をグルリと見渡す。芯の太いビートがグングン胸に迫ってくる。しばらく観ないうちにリズム隊はまた成長したようだ。

3曲目の「HUMAN DOLL」が終わると同時に、ＯＫＩが深々と頭を下げ、喋り始める。"ストリート・ビーツです。久しぶりの東京ワンマンです。考えてみれば11月21日に『NAKED HEART』でデビューしてから、（前回が11月15日だったので）最初のライブということになります"

相変らず誠実なＯＫＩのＭＣである。彼は写真で見ると恐そうなので、いざ喋り始めるとその言葉遣いの丁寧さに驚かされる時がある。演奏中の厳しい表情や歌詞に溢れる反逆精神とのギャップも大きいのでその展開に慣れるまで少し時間がかかるかもしれない。

だけど、演奏そのものは悪くないのだが、今日のストリート・ビーツはどこかが変だ。熱が前に向かって放たれてないのである。体調が悪いのか、それともステージ上の酸素が足りないのか、SEIZIを除く3人（OKI、KENJI、TSUYOSHI）は血の気の失せた青白い顔で歯をくいしばりプレイしている。OKIは歌っている間ずっとしかめっ面だ。かといって演奏が悪いわけでもなく、歌詞が聴きとれないわけでもない。逆にこのハンディ（とでもしておこう）を乗り越えようとすることで発生する異常な緊張感が恐い程のテンションを生みだしている。

11曲目の「NO CONTROL」が終わった直後、少し赤みを取り戻した頬のOKIが〝みんな元気ですか？…俺は元気じゃないけど…〟とポロリと本音を言う。でも彼らの不調など全く気づいてない様子の乗り乗りのオーディエンスにはその言葉がギャグにでも聞こえたのだろう。笑い声と共に大きな歓声。その瞬間、ほんとに一瞬だったがホッとしたようにOKIは微笑んだ。それはこの日最初の彼の笑顔だった。

憎みあって傷つけあって
ののしりあって終りたくない
どこまででも確かめたい
何か生まれるかもしれない
さよなら　からっぽの言葉達

「からっぽの言葉達」より

1月21日、この日のライブでストリート・ビーツは4つの新しい歌を披露した。それはここに詞を引用した「からっぽの言葉達」「ハッピーボックスをさがして」、そして「VOICE」「星降る夜に」の4曲だ。まだじっくり聴き込んでいないので断言できないのだが、「ハッピーボックスをさがして」が書かれた'88年の秋あたりからOKIが歌によって表出する〝意志〟が明らかに変わってきた。

〝世間とのギャップによって生じるやるせなさや悔しさを、そのザラザラとした空虚感のままさらす〟…これがかつてのストリート・ビーツのOKIのスタンスだった。それがある時期を境に〝やるせなさや悔しさを越えた、傷を癒した時点で詞にしよう〟…という態度に変わってきたのだ。内省的ながらもはっきりと自己を表明する態度は変わらないのだが、傷をさらすというやり方から傷を癒すというやり方に変わった、と言うべきだろうか。切実な想いを〝声〟に出す瞬間までのサイクルが長くなったというべきか。とにかくOKIの中で〝自己証明〟の方法が変わりつつあるのは確かである。

「そう、いままでの俺はけっこう武装していたかもしれない。両足ふんばって肩いからせてね。でも、このままだと自分しか信じられない奴になってしまう。どんどん孤立していっちゃうかもしれない…という恐怖感があったのね。ビーツの歌ひとつにしても〝怒り〟の部分ばかりをクローズ・アップされてとらえられてる感じだったしね。でも今はもっといい所を探していきたいんですよ。ハッピーな場所というか…。前はそんな余裕なんてなかったんだけど、今はもっと抱擁力が欲しいというか、広い愛を身につけたい」(OKI)

この発言の中に僕の語ろうとしている〝変化〟の要因が殆んど語られていると思うが、OKIは単に優しいホンワカとした〝愛の歌〟を歌っていきたい…と言っているわけではない。'88年までのスタンスをモチーフにしてさらに深いところで自己の証《あかし》を表明していく上で、新たなるスタンスでストリート・ビーツを転がしていこうとしているのだ、と僕は思う。OKI自身はもっとラフに構えているのかもしれないけど。

そうやって考えていくと1月21日のコンサート…そして2月25日、京都からスタートするツアーは〝第2期ストリート・ビーツ〟をスタートさせるにあたっての布石になることは間違いない。けれども僕個人としてはOKIにこれまでの楽曲に溢れていた反逆精神も忘れて欲しくはない。そういった部分でOKIは今後も大いに葛藤すべきである。絶対に〝人生の応援歌〟なんて歌わないでくれよな。

## 幻想をのり越えて

『シンプジャーナル』
1989年10月号より
（自由国民社）

1989年7月25日。6時35分。渋谷公会堂にはジョン・レノンの「平和を我らに」が鳴り響いていた。どういう意図があるのかわからないが、既に20分以上もこの曲が繰り返し繰り返し流れている。そういえばこの2カ月の間、僕は何度となく〝平和〟のことを考えた。いちばん考えたのが天安門の虐殺があった6月4日からの数日間だった。僕はこの時に口さきだけの〝平和〟なんてくそくらえだ…と思った。何か巨大な悪意にグサッと刺されたような気分を1週間位ひきずっていたのだ。TVは無感情に忙しく、一方的にNEWSをタレながすだけだから天安門の虐殺の悲劇は、2週間後には単にTV局で制作されたドラマのような悲劇で終わってしまおうとしていた。TVはその後も次々と悲劇を映し出していた。美空ひばりの悲劇、中森明菜の悲劇、総理大臣の悲劇…エトセトラ…。人々はそれらの悲劇を均等に受けとめ無感情に聞き流すだけである。それこそ、ストリート・ビーツの「Human Doll」だ。

〝許され続ける日々が続くなら
　人は誰も壊れた人形になっちまう〟

7月25日、渋谷公会堂で久しぶりに演奏されたこの曲を聴きながら僕はまた目をつぶり〝平和〟について考えていた。OKIが「世界一悲しい街」でうたった44年前の広島の悲劇は人々に一体何を残したのだろう。いま〝平和がいいに決まってる〟というキャッチに基づいて制作される、広島ピースコンサートは主催する側の誠意を正統化するためだけの慈善事業になってしまったけれど、OKIはその問題と遠い場所から重く深く関わろうとしているのだ。OKIは彼独自の切り口で、眠りこもうとする大人たちに、さらには実体のない若者たちに問いかける。「君に傷口をさらす勇気はあるか？」「裸の自己でさらに戦っていけるか？」…と。ＯＫＩは〝平和〟という重く息苦しい実体をもつ意識を表層的に、安易に捉えることを否定するために、声を、言葉をふりしぼる。

〝銃撃の中　荒野を進む　今日すら見えない兵士のように　右手で軽く十字（クロス）を切って
生まれた街を見つめる〟

僕はこの夜ＯＫＩの喉から発せられる痛みのシャワーに撃たれながら、再び天安門の虐殺のことを考え続けていた。６月４日。あの日から北京は「世界一悲しい都市《まち》」になった。

この夜「カオス」「ストレート・クライ」「約束できない」「ヒロシマ」「GO AHEAD」「VOICE」「空カラ爆弾気ヲツケロ」など…いくつもの想いが僕の心に像を映しては消えていった。でも、この夜ほどそれらの歌がひとつの想いで繋がっている…と感じたことはこれまで一度もなかった。

「目をつぶってみろよ、本当の事が見えてくるぜ。電流のような何かが流れ、真実がはっきりと見えてくるんだ。嘘だと思うなら100億年後に会おうぜ。その時はっきりするはずだ」（本書編集注：訳者不明）と言ったのはジャック・ケルアックだったけれども、僕らはいまこの言葉を真剣にくみとらなければいけない。

ＯＫＩはこれを無意識のうちにストリート・ビーツで実践している。「からっぽの言葉達」そして「予言者はいらない」といった歌は、まさに現実にあることをないように見せ、ないことをあるように見せる〝偽装からくり〟に溢れたマスメディアに対する挑戦である。自分の心（単なる眼球ではなく心の目なのだ）で確かめて欲しいというＯＫＩの願いがここには託されている。

１９８９年７月25日。この夜のストリート・ビーツは恐ろしい程凄まじい光を放っていた。ＯＫＩの切迫感のある言葉がよりソリッドに聴こえたし、ＳＥＩＺＩのギターもいつもよりさらに深いところに突っ込んできた。ビーツのコンサートでは何故か客席との関係においても共感であるとか同化という〝輪〟が生じることが殆んどない。にもかかわらず、ひとりひとりの想いがそそり立つように見えてくるし、空気がブルブル震えているのがわかるのだ。

なんか想いのままダーッと書いてきてしまった。コンサート・レビューにならなくて申しわけない。それでもこの日のライヴを体験した僕は心に映った〝本当の事〟を書きたかった、という気持ちもわかってほしい。いま僕の心は「明日が来るのがあたりまえだと笑い飛ばせやしないさ」という気持ちでいっぱいだから。

『日本のベスト・アルバム――フォーク＆ロックの25年――』あとがきより

（監修：田家秀樹／執筆：大越正実、下村誠、高橋竜一、田家秀樹、藤井徹貫、前田祥丈／シンコー・ミュージック／1992）


「音楽について書くということは、真実について書くということなのだ。真実に評価など無用だ」

ポール・ウィリアムズ（米在住の音楽評論家）が22歳の時に書いたこの言葉に打ちのめされたのは、やはり僕が22歳の時だった。僕は落ち込みそうになった時、必ずと言っていい程、ポール・ウィリアムズの『ニューヨーク・ブルース』という本を引っぱり出してきて目を皿のようにして読む。そして少し元気を取り戻す。

僕が音楽業界と呼ばれるところで仕事らしきものを始めたのは1977年（原文ママ）のことだから、22歳の時だ。フォーライフ・レコードの入社試験に面接で落ち（実は後藤由多加氏に“おまえはレコード会社に向いてない”と諭された）、その後、友人でもあったライターの大江田信に当時『新譜ジャーナル』の編集長をしていた塚原氏を紹介してもらい、編集部に入った。そのころは三橋一夫、田川律、北中正和といった諸先輩方がレギュラーで寄稿されており僕もこの御三方には、大変お世話になり、その上、“物書きとは一体何たるか”という姿勢のようなものを教わった気がする。

そんなわけで僕の“物書き”としての歴史（それ程大したもんじゃないが）はここから始まって現在に至っている。考えてみればあれから変わったところなんてどこもない。あれから15年過ぎ、僕は1980年を境にフリーとなって、結婚をし、子供も生まれた。…が精神的なところでは今も22歳の若輩者である。そう思って毎日せっせと“歌”を書くように文章を書いている。

今回この本で僕が担当することになったアーティストは何らかの必然性を感じる人ばかりである。で、ここで書いた30あまりのバンド及びアーティストとは何らかの形で実際に会い、話ができ、中にはわずかながら友情で結ばれている（僕が勝手にそう思い込んでいるだけかもしれないが）人もいる。とかく人間の縁なんて不思議なもので…。だからといって親しいからといえども「友達」とは呼べなかったりするからややこしい。ゆえに僕は彼らを「友達」とは呼ばない。それでも彼らの音楽を通じ、僕は沢山の事を学んだ。例えば友部正人やSIONからは生きていく事がいかに音楽（うた）と深く関わっているか、ということを教わったし、佐野元春や忌野清志郎からは、ロックには10代の少年少女の心を震わせるセンスのいい“歌詞”が不可欠だということを教わり、ブルーハーツの甲本ヒロトやジュン・スカイ・ウォーカーズの宮田カズキ、そしてユニコーンの奥田民生には、バンドの音を率いるヴォーカリストは“純真さ”と“したたかさ”をバランス良く保守していかなければならない…ということを教えてもらった。

思うに物書《ライター》きなるものができることと言えば、それらの優れた音楽に対する想いを文字にすること位だ。僕は情報にあまり関心がない方なので、僕の文章のほとんどがパーソナルな思い込みによって成り立っている。が、それは決して悪いことではないと思うのだ。極端な話、雑誌社とかレコード会社というメディアの意向に沿ってプロモーションの片棒を担ぐのではなく、自己表現として言葉を発するべきなのだ。…と僕はいま自分に向けて書いているのだが（笑）。だからこそ幸運にもミュージシャンもしくはアーティストという肩書きを手に入れた人間は何の見返りも期待せず、自己をふりしぼって、湧き出てきたイマジネーションを音楽に翻訳すればいい。それこそが“真の自己を伝達する作業”だと思うから。

なんか話が説教じみてきてしまって申しわけない。何故こんな話になってしまったかというと、今回この本の制作に関わって9カ月僕は繰り返し自問しながら原稿を書き続けてきたからだ。で、結果的に音楽そのものを書くことではなく、その音楽を創造したアーティストと僕自身の関わりの中で生まれたひとつの見解というものを文章化しようとした。音楽を言葉で説明しようとすればするほど、どうしても情報に成りさがってしまう。結局プロフィールしか書くことができなくて自分が情けなくなった時も多々あったが、その中にもなるべく僕らしさというものを注入しようと努力はしてみた。

1992年初夏。相変わらず街には音楽が溢れている。日本そのものが、いや地球そのものが様々なビートで揺れ動いているような気がする。それでも心から感動できる瞬間に出会うのは至難の業だ。最後に今回様々な理由からここに掲載されなかった若き天才アーティストたちに言っておきたい。この落としまえはいずれ必ずつけるから待っていてほしい。

# ザ・ブルーハーツ　THE BLUE HEARTS

## アルバム「THE BLUE HEARTS」

『日本のベスト・アルバム――フォーク＆ロックの25年――』（監修：田家秀樹／執筆：大越正実、下村誠、高橋竜一、田家秀樹、藤井徹貫、前田祥丈／シンコー・ミュージック／1992）

「わしらがバンドを組んだ頃はラフィン・ノーズとかのパンクがけっこう主流じゃったろ。だから『人にやさしく』とか『パンク・ロック』というのは、そういうパンクに対しての反抗のつもりじゃったんよ。逆パンクとしての〝やさしく〟じゃったから。『NO NO NO』と同じ。反発したかったんよ、みんなが賛成しよることに」（甲本ヒロト）

ザ・ブルーハーツの登場は衝撃的だった。「何が？」と問われても説明できない位にただひたすら衝撃だった。とにかくただのパンクでも、ただのロックでも、歌謡ポップスでもなかった。ブルーハーツの登場は、1987年という時代におけるひとつのエポックと言える程の画期的な出来事だったのだ。

〝僕、パンク・ロックが好きだ／ああ、やさしいから好きなんだ〟なんて……こんな宣伝の仕方はこれまでにあっただろうか？

僕はブルーハーツの〝純情〟に何度も打ちのめされた。けれどもブルーハーツの歌は暗く落ち込んでいる時に聞いても陽気にはなれない。等身大の自分自身が鏡のように映るだけである。ブルーハーツに何かを求めても跳ね返ってくるのは自分の心だけなのだ。だからブルーハーツを聞くのは元気な時がいい。つくづくそう思う。

これは吉本ばななさんと会った時にも話題にのぼったことなのだが、真島昌利と甲本ヒロトの視点の違いはブルーハーツを語る上で欠かせない重要なポイントである。ふたりの極端な違いを分析して最初に気になった事を誤解を承知の上で書いてしまうと、真島昌利がメンタルな反面、甲本ヒロトはフィジカルなのだ。つまり、現実と自己の内における真実との狭間を漂い、思考を繰り返し最終的にはラディカルな姿勢でうたを吐き出すのが真島昌利ならば、甲本ヒロトは思考をほぼストップさせ、感情のみで自己に内在する原素を追求し、突然の閃きをうたにしているような気がする。

このふたりは実に上手く噛み合いながら楽曲を盛りあげていく、という術を体で知っているようだ。真島昌利の書いた歌を甲本ヒロトが歌唱することにより、さらにその楽曲が光り輝くという現象が起きるのだろう。特に、「終らない歌」「青空」「Train-Train」「TOO MUCH PAIN」…といった楽曲は、甲本ヒロトのヴォーカリストとしての才能によって見事なまでに開花していると思うのだ。たぶん、カラーとかムードといった直接、言葉によって分析できない微妙なニュアンスをこのふたりの関係が自然に生み出している、というわけだ。

『THE BLUE HEARTS』1987年5月
トライエム／メルダック

① 未来は僕等の手の中
② 終わらない歌
③ NO NO NO
④ パンク・ロック
⑤ 街
⑥ 少年の詩
⑦ 爆弾が落っこちる時
⑧ 世界のまん中
⑨ 裸の王様
⑩ ダンス・ナンバー
⑪ 君のため
⑫ リンダリンダ

そうやって考えていくとコンプレックスが歌を書く基礎になっているのは、まさしく真島昌利のほうで、甲本ヒロト場合はたまたま……気がつくと背中にコンプレックスがへばりついていたという感じなのではないだろうか。１９９１年12月に発表された彼らの５作目のアルバム『HIGH KICKS』は〝ポップになった〟という評判だが、僕はブルーハーツは1作目からポップだったと思うので、どこも変わっていないような気がしている。真島昌利と甲本ヒロトの絶妙なる関係も相変わらず健在だ。

## 篠原太郎　Taro Shinohara

### Grooveが欲しかった

『シンプジャーナル』
1989年5月号より
(自由国民社)

僕は篠原太郎のセカンド・アルバムを聴いて、いたく感動してしまった。なんか、佐野元春が「ガラスのジェネレーション」「SOMEDAY」といった楽曲をリリースした前後（'81～'83年）に沢山のことをやり残したままNYに行って、突然〝個〟に目覚め、方向を変えてしまったとするならば、篠原太郎は渡米前に佐野がやり残した様々なこと（現代のスピードの早さにとり残されているモラトリアム人間が抱えるコミュニケーション・ギャップであるとか、10代の少年少女の関心事をいかに鮮烈なポップ・ミュージックとして描きあげるといった作業）を、このアルバムのなかで、彼なりにしっかりと再現している。もちろん僕は佐野元春の代用品として篠原太郎の音楽を捉えているわけではないし、佐野と似ていると言っているわけでもない。表現者としてのイディオム…というか、手段とか方法論みたいなものに共通点を見いだした上でこんな文章を書いてしまったのだ（僕は篠原が佐野の表層的な部分のみを真似したフォロワーとして受けとめられるんじゃないか…と正直言って心配している）。

彼が'88年に発表したデビュー・アルバム『CRYING YOUTH』はリズム・ボックスやコンピューター・プログラミングを駆使し、サックス等のゲストの他は殆んどひとりで演奏したものだったので妙に硬質でデジタルな印象を受けたのだが、今回のアルバムでは'88年までライブでもバックを務めていたバンドのメンバーを起用し、非常にヒューマンな音作りになっている。歌詞も否定的な表現のものが多く、自己の中の〝負のファクター〟を吐露した作品が多いのだが、メロディやサウンドがポップなので決して暗くはない。

「1枚目の時にかっちりと作ることを目指して気をつかってかなり神経質にレコーディングしたので、今回はその反動で、ラフでもドカンとカッコイイものを作りたかったんです」

今回のアルバムのキーワードはそういうところから自然に〝Grooveが欲しい〟になったようで、その気持ちをそのまま作品化した「Grooveが欲しい」という曲も7曲目に収録されている。

「あれはその自分の中で（1枚目を作る時に）足りなかったものをひとことで言いたかったんです。前のアルバムは音楽的な完成度で言えばそれなりに高かったかもしれないけど、人間味に欠けてしまったから。だから今回はそういう、これまでになかったバンドのノ・リ・一・発とかグルーブ感を大切に演ったんです。ライヴを体験したということが、そういう結果に結びついたというのは確かにあります」

篠原太郎は他にも〝骨組みだけで完成している曲が多いので、イメージを明確にするため、できるだけシンプルなサウンドにした〟とも語ってくれた。彼の音楽は痛みをうたうことで希望を予感させる逆探知ポジティヴ・ロックだと思う。それはまさに彼の〝涙は喜びのためにあるよ〟（「Misunderstanding」）という発想が物語っていると思う。

# シバ　SHIVA

## アルバム「夜のこちら」

『日本のベスト・アルバム――フォーク＆ロックの25年――』（監修：田家秀樹／執筆：大越正実、下村誠、高橋竜一、田家秀樹、藤井徹貫、前田祥丈／シンコー・ミュージック／1992）

漫画家・三橋乙揶として現在も『月刊ガロ』等で活躍しているシバ。歌い手としての仕事の方も月に3〜4度のペースでこなしている模様で、村上律らと組んでいる月ノ下懸垂倶楽部、そして八王子のミュージシャンと組んでいる闇のヘルペスというふたつのバンド活動の他、ソロでも全国をまわっている。

70年代の初頭、シバはその頭角を突然現した。'70年に京都に住んでいた高田渡との出会いがきっかけとなり、1年後には武蔵野タンポポ団結成に至るわけだが、そのタンポポというのは当時のシバのあだ名からきている。当時、売れない漫画家だったシバは3畳のボロアパートに住み、極貧のあまり河原のタンポポを食べて空腹をまぎらわせていた…という逸話が元で彼はタンポポと呼ばれるようになり、それがそのままバンド名につながったのだ。ここで現在までのシバの経歴を振り返りながら書き進めていくことにしよう。

シバは1949年、八王子に生まれた。本名は三橋誠。中学を出たあと漫画家を志し、雑誌『COM』の入選をきっかけに、『フーテン』等の名作で知られる永島慎二のもとでアシスタントとして住み込む。約1年の阿佐ヶ谷での住み込みから独立した後は吉祥寺で生活を始める。その頃、ラジオで聞いたライトニン・ホプキンス、スリーピー・ジョン・エステス、ロバート・ジョンスン、エルモア・ジェイムス等のブルースシンガーの唱法とギター奏法を真似てギターを弾き始める。最初のうちはむこうのシンガーの楽曲に詞を付けて歌っていたようだが、徐々にオリジナルを書くようになっていった。シバが18歳の時のことだ。その後、いったん実家に帰り、また吉祥寺に戻るのだが、それも束の間、居られない理由が出来て、次に東伏見へと引っ越しをする。シバの放浪はこれに留まらず、今度はヒッチハイクで新潟、長野、金沢、そして当時、高田渡が住んでいた京都へと流れ着く。ここでの渡との電撃的な出会いが〝稀代のブルースシンガー〟を生むことになるのだ。高田渡の紹介で'71年には武蔵野タンポポ団の創立メンバーとなり、第3回全日本フォーク・ジャンボリーに出演。ベルウッドにも2枚のライヴ・アルバムを残すことになる。そして、'72年にはURCから『青い空の日』という名唱アルバムを発表。「淋しい気持ちで」「もしも」「夜汽車に乗って」といったシバの初期の代表曲が網羅されたこのアルバムは、MOJO-CLUBの三宅伸治や、ブルーハーツの真島昌利などに多大な影響を与えている。その後、'73年にはCBSソニーからセカンド・アルバム『コスモスによせる』を発表。

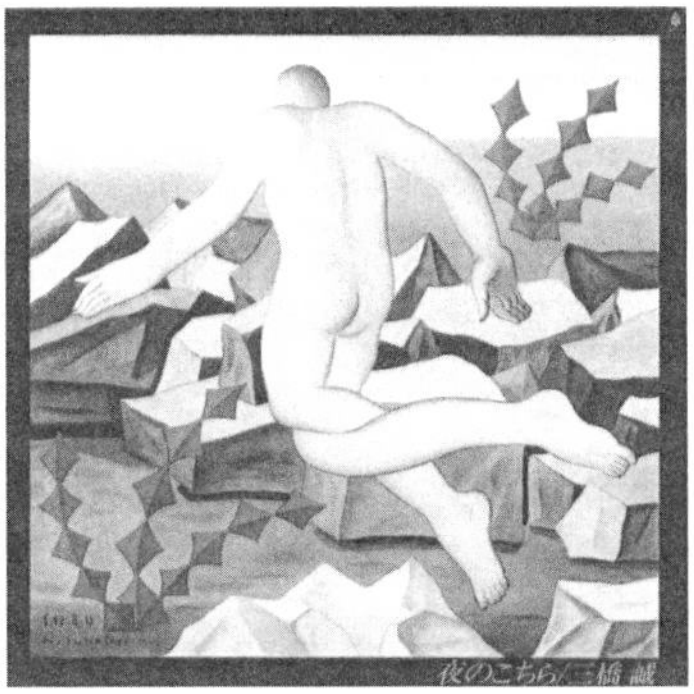

『夜のこちら』1977年11月
キングレコード

①スターダストソング
②いつでもブルース
③家路
④グッドナイトブルース
⑤武蔵野回想
⑥埃風
⑦星の明日
⑧深い夜
⑨バイバイブルース
⑩古典古典
⑪四日目に見た夢
⑫思い出

ここに紹介する『夜のこちら』は'77年にベルウッドから発表されたシバの3作目のアルバム。現在、マンドリン・ブラザーズで活躍する珍太こと大場昌浩がウッド・ベースで参加している本作は、シバの重要なレパートリーとなっている「バイバイブルース」「埃風」なども収録。このアルバム発表後、しばらくの間、本業の漫画家としての活動が主だったようだが、冒頭にも書いた通り、最近は歌の活動も精力的に行なっており、'92年の5月25日には15年ぶりの新作『帰還』が発表された。

## 白鳥英美子　Emiko Shiratori

### アルバム「ヴォイス・オブ・マイン」

『日本のベスト・アルバム——フォーク＆ロックの25年——』（監修：田家秀樹／執筆：大越正実、下村誠、高橋竜一、田家秀樹、藤井徹貫、前田祥丈／シンコー・ミュージック／1992）

１９６９年。トワ・エ・モアが「ある日突然」によって〝突然〟ポップ・スターになった時、僕は中学３年生だった。清楚で瑞々しい声を持った山室英美子と、長身でほのぼのとしたヴォーカルが印象的な芥川澄夫（彼はのちに東芝ＥＭＩのディレクターとなる）のデュオ。僕はそれこそトワ・エ・モアの音楽に魅了され、すぐさまファンになり、何を思ったか、渡辺プロダクションに所属するトワ・エ・モアのファンクラブに加入し、授業中にせっせとファンレターを書き、返事をもらってはウハウハとクラスの友人達に見せびらかしていた。

時代で言えばザ・フォーク・クルセダーズが解散し、ザ・リガニーズやはしだのりひことシューベルツやフォーセインツなどが活躍していた第２期フォーク・ブームの時期で、カレッジ・ポップスが東京を中心にブームになりつつあった。先日、家のレコード棚を整理していたらトワ・エ・モアのオリジナル・アルバムと共に、『カレッジ・ポップス・コンサート（実況録音盤）』というレアなアルバムが出てきた。出演はトワ・エ・モアの他、ザ・リガニーズ、谷村新司がいたロック・キャンディーズ、遠藤賢司、加藤和彦、シューベルツ、そして高校生バンドのＲＣサクセションが「泥だらけの海」をうたっていた。司会は北山修。この１９６９年８月29日、渋谷公会堂におけるライヴはそれこそ日本のロック黎明期における歴史的なコンサートだったのではないか、と今さらながらに思う。

トワ・エ・モアはオリジナル・アルバムを3枚（中でも『ユートピア』は傑作だ）発表したあと、精神的にも肉体的にも限界を感じ'71年の秋に解散した。その後、トワ・エ・モアのベーシストでもあった作曲家の白鳥健二（＝白鳥澄夫）と結婚した山室英美子は約1年間のアメリカ生活のあと帰国し、夫と共に「鴉鷺《アロ》」を結成。日本人特有の音楽性を再認識し、ポップスからクラシックに至るまで様々な音楽を吸収し、2枚の名盤を残し4年後に解散。白鳥英美子はその後、フォークソングの匂いを大切にしたポップスをうたうという活動を続けていく中で『LADY』というアルバムを制作。生活の糧としてずっと続けていたCMソングのひとつとして引き受けた「アメイジング・グレース」が予想外に反響を呼び、'87年にキングレコードから6年ぶりのアルバム『アメイジング・グレース』を発表。このアルバムは積極的にクラシックの名曲にチャレンジした画期的なものとなった。

白鳥英美子の音楽はジャンルという壁を越えたグローバル・ポップスである。単にクラシックや民謡をカバーするだけでなく、様々なポピュラー音楽のセンスが組み込まれているからだ。ここに紹介する『ヴォイス・オブ・マイン』（'90年）ではバッハの「G線上のアリア」からプリンスの「ナッシング・コムペアーズ・2U」まで極端な選曲がされているが、全く違和感がない。それは白鳥英美子の寛容なるその〝声〟がジャンルの壁さえも通り抜けてしまうからだろう。今やこの声は何よりも彼女のオリジナリティになりつつある。どんな歌をうたっても白鳥英美子のオリジナルになってしまう…そんなマジックがここにあるのだ。

『ヴォイス・オブ・マイン』1990年9月
キングレコード

① ポートレイト・オブ・マイ・ライフ
② ホエン・ウィル・ヒー・カム・フォー・ミー
③ クワイエット・ウェイズ
④ 1月の白い日々
⑤ カリソラ
⑥ コルデコットの森
⑦ ディス・ソング・フォー・ユー
⑧ 空はやさしい母のように
⑨ ドリーム・ラヴァー
⑩ ナッシング・コムペアーズ・2U
⑪ レット・ザ・リヴァー・ラン

# ジュン・スカイ・ウォーカーズ　JUN SKY WALKER (S)

## アイドル・ビート・パンクからの脱皮

『シンプジャーナル』
1990年3月号より
（自由国民社）

その昔、ジュン・スカイ・ウォーカーズはグラム・ロックや、ストーンズのようなヨコノリのR&Rも演奏しちゃうパンクスだった。ほんとにあの頃のジュン・スカはルックスからして過激だった。全員が黒の革ジャンで、ジュンタなんかブリーチのバッチリ行き届いた金髪で、カズヤは清志郎みたいな派手なメイクをして、なんかツッパってた。

「HEAVY DRINKER」「偉大なティーチャー」「CHI・GA・U」「キライな奴ら」といったある意味で否定的な表現の歌が主だったこともあり、ステージングも今よりもずっと不良っぽかった。現在のツアーで演奏されている過去のナンバーがその片鱗をしっかりと伝えているが、ジュン・スカの音楽のルーツには、様々な、そして奥深いR&Rが根づいていた。今年の夏の〝歩いていこうスペシャル〟以後の彼らのライヴを観続ける中で、僕は改めて確信した。『全部このままで』、『ひとつ抱きしめて』、そして『歩いていこう』というアルバムを発表する中で定着してしまったジュン・スカイ・ウォーカーズの〝爆発青春野郎〟というイメージを彼らは自らの手で壊そうとしているのだ。

「ほら、ファーストからセカンド、そしてサードとくる中でね、俺たちの音楽って何の危険性もない……というかさ。そういう風に見られがちだったじゃない。でも、考えてみれば、昔のジュン・スカイ・ウォーカーズってさ、なんかどこか危険な匂いがあったじゃないですか。トゲみたいなものがね。それがデビュー前に無くなっていたからね。なんか清潔感というのが強調されてね。でも、それがある意味で若者の心に刺さったわけだしさ、それが原因で沢山のファンの子たちがコンサートに来てくれるようになったわけなんだけど、いまの俺たちって、そこからまた新しい世界に向うためにね、グニャっと曲がってみたり、ストレートの棒玉（原文ママ）だけじゃなくて、グニャっと曲がってみたり、変化球みたいなものが必要だったんだよね」（カズヤ）

最初の〝変化球〟になり得たのが〝歩いていこうツアー〟で発表した「HEAVY DRINKER」だった。1989年の4月、多くのファンが想像するところのジュン・スカイ・ウォーカーズという枠の外側に一歩踏み出すための第1歩として、「HEAVY DRINKER」という歌の存在感が大きな意味を持ちはじめたのだ。ジュン・スカのオリジナル・ソングとして定番となりつつあった、「MY GENERATION」「全部このままで」「いつもここにいるよ」といった楽曲の存在を、よりいっそう意味深いものにするためにも、まるで異なった意識に目覚めることがその頃の彼らには必要だった。メジャー・デビュー後1年半の間に定着してしまった〝ジュン・スカらしさ〟からの脱皮である。しかもそれを彼らは鋭敏かつ慎重にやり続けていく。そういう意味で10月からスタートし、今なお続いている〝HEAVY DRINKER TOUR〟は、新生面を切り開き、最新モードのオリジナリティを確立するための実験的なツアーだと言えるかもしれない。

「狙ってウケるというのはもうやめよう……と思ったんですよ。当然〝これとあれとこれを全部やればファンは喜ぶだろうなぁ〟というのは、いまだからわかるんですけど、そういうことばっかり考えてステージをやるというのもね……考えもんですよ。いままでは割合的に3枚のアルバムに入ってる曲ばっかりやってたし、ジューク・ボックス的なステージが多かったと思うんだけど、今回は9月の20日間のオフの間にやりたい事とか伝えたい事とかすごく増えましたからね。新曲も昔の曲もカヴァー曲も全部含めて、新たな気持ちでゼロから伝えていこうかなと思ったんです」（ジュンタ）

考えてみればジュン・スカイ・ウォーカーズが多くのファンを獲得した〝全部このままでツアー〟や〝ひとつ抱きしめてツアー〟、そして〝歩いていこうツアー〟は、確かにプレイヤーとしての成長期だったと言えるかもしれない。

正直なところ'88年は無我夢中だったのだろう。細かい事など考えるヒマなどない位に、忙しく……必死に走り続けていたのだから。けれども'89年の8月、〝歩いていこうツアー〟が終わろうとしていた矢先、彼らは熱狂するファンを前にして、コンサートそのものが〝ジューク・ボックス現象〟を起こしている状況に初めて気付く。それまでの彼らのライヴは、盛りあがっているのだがあまりに温厚すぎて、何の危機感もなかった。それこそジュン・スカの歌を自己の代弁だと信じ込んでいるファンという名の〝若い聴衆〟のために、どうしてもサービスを強いられてしまう部分があったのかもしれない。けれども、彼らは（ジュンタの言葉からもわかるように）9月の充電期間で、新しい自己を探し求めていく〝きっかけ〟を見つけたのだ。

10月。〝HEAVY DRINKER TOUR〟が始まった時、未発表曲や、新曲やカヴァー曲を折り込みながら、彼らは実にいい状態でファンの距離を計るようになっていった。カズヤはもちろん、ジュンタもヨヒトもマサユキも、それぞれが自分に素直に、自分たちだけのステージをやるようになったのだ。ライヴというものの行き場をコミュニケーション（共存）というものに求めず、常に一方的なアプローチとしてぎりぎりの自己を放出していく。贅肉の無い背筋がシャキっと伸びたライヴだ。

「今回のツアーでは、俺たちの中でも新たに挑戦する部分を増やしたかったんだよね。メニューもキッチリ決めるんじゃなくて、その日の気分で話し合って変えていこうと思ってさ。もっと自由に、人間的な遊びもやってみるのもいいなと思ってね」（カズヤ）

そして現在、ジュン・スカイ・ウォーカーズは毎日毎日メニューを入れ替えながら新たなる自己を探索し続けている。

最近のライヴで特に際立っているのが、ジュンタとカズヤが5年前に書いたという、「偉大なティーチャー」という曲である。この曲は学校の教師と不良少年との関係を〝毒〟とも言えそうな強烈な皮肉を込めて描いた傑作である。主人公が〝少年〟ではなく、学校の老教師の方で、音楽室でバンドの練習をしている不良少年に向けて〝あー、あいつら消えちまった方がいい、奴らのおかげでインポになっちまった〟と叫ぶ……ブラックなユーモアがピリリと効いた辛口のR&Rだ。中学生の女の子のファンにはこういう逆説的な皮肉が込められたナンバーがどのように映っているのだろう。僕はとても興味がある。

「僕らは単にほんの一部のわかってくれるだろう……と思われる人のために『偉大なティーチャー』と『HEAVY DRINKER』をやってるんです。大勢のファンのニーズに合わせて選曲してたら、わけのわかんない…つまらないコンサートになっちゃうんですよ。これまでのツアーのように王道のパターンをポンポンやってるよりは、今の選曲の方が断然、刺激的だし面白いと思うんですよね」（ヨヒト）

今回のツアーはジュンタやカズヤやヨヒトが語るように、〝うた〟をきちんと伝えるという事、そして完成ではなく、実験を繰り返す中で、過去のイメージから離脱するというふたつのテーマが行なわれている。1990年に入り、ジュン・スカの〝新生面〟に向けての実験は、当然のように「ニュー・アルバム」へと繋がっていくのだろう。どこまでぶっ壊れたR&Rが飛びだしてくるのか、今から楽しみである。

## 高田渡　Wataru Takada

### アルバム「ごあいさつ」

『日本のベスト・アルバム――フォーク＆ロックの25年――』（監修：田家秀樹／執筆：大越正実、下村誠、高橋竜一、田家秀樹、藤井徹貫、前田祥丈／シンコー・ミュージック／1992）

本物は永遠に本物だ。吉祥寺の飲み屋で、深夜、鼻の頭を赤くしてグチグチ人に絡むヒゲヅラのオヤジ高田渡に会う度にそう思う。高田渡のフォークはとてもヒップでイカシていた。僕が中学2年の時、20歳の高田渡が書いたアイロニカルに風刺したポリティカル・ソング「自衛隊に入ろう」を聞いてぶっとんだ。彼はその頃からラディカルで、シンプルな視点で物事を掴まえ「フォークソング」に変えていく…という才能を持っていた。

高田渡がURCレコードからデビューした1969年当時は反戦・反体制フォークの最盛期で、楽器演奏上のテクニックや音楽的なノウハウはそれほど重要視されなかったが、高田渡は味わい深いギター・テクニックの持ち主であったばかりではく、アメリカン・フォークの伝統を独自の方法で継承していた数少ないシンガーのひとりだった。初期の高田渡はほとんど作詞なるものをしていないが、彼が〝歌詞〟に選んだものは政治的な直接性のある言葉ではなく、シンプルで深みのある言葉だった。URCにおける初のオリジナル・アルバム『汽車が田舎を通るその時』に収録されている楽曲は〝高田渡作詞・作曲〟という名義になっていても、そのほとんどがアメリカン・フォークソングを焼き直したものだった。「この世に住む家とてなく」「新・わからない節」「銭がなけりゃ」、さらには『ごあいさつ』に収録された「しらみの旅」はウディ・

ガスリーの代表曲を彼なりの解釈で訳し歌ったものだし、「朝日楼」「ブルース」「鉱夫の祈り」「あきらめ節」なんて歌も原曲はアメリカの古いフォークである。そういったアメリカの伝承を研究し自作の糧にしていくという作業を経て、彼は自己を確立していった。

'71年にキングレコードに移籍。そこで制作されたのが傑作アルバム『ごあいさつ』である。この時点ではまだベルウッドレコードはスタートしていなかったが、三浦光紀ディレクションという点で、実質的にはベルウッド創世期の作品と言えそうだ。高田渡の作品には現代詩を中心にした〝詩人〟の作品に曲を付けたものが多いが、この『ごあいさつ』でも谷川俊太郎、山之口獏、有馬敲、吉野弘、そして演歌師として活躍した添田亜蝉坊などの作品をピート・シーガーやアーロ・ガスリー等に通じる正統なフォークソングの手法を用いて、質の高い作品に仕上げている。とくに本作を語る時に忘れてはいけないのが、はっぴぃえんど(大滝詠一、細野晴臣、鈴木茂、松本隆)をバックに起用していることで、彼らは「失業手当」「自転車にのって」「銭がなけりゃ」「しらみの旅」の4曲でツボを得たユーモラスなアレンジ&演奏を披露している。高田渡はバンドを率いてうたうのが苦手らしいが、本作の4曲では実に伸び伸びと歌っていて微笑ましくもある。この後、次々と好アルバムを発表するが、1枚だけを選ぶならばやはり'71年の意欲作『ごあいさつ』になってしまう。70年代の初めにここまで完成度の高いものを作れたのだから、ぜひ90年代にも1枚名盤を作ってくださいよ…渡さん。

『ごあいさつ』1971年6月
キングレコード

① ごあいさつ
② 失業手当
③ 年齢・歯車
④ 鮪に鰯
⑤ 結婚
⑥ アイスクリーム
⑦ 自転車にのって
⑧ ブルース
⑨ おなじみの短い手紙
⑩ コーヒーブルース
⑪ 値上げ
⑫ 夕焼け
⑬ 銭がなけりゃ
⑭ 日曜日
⑮ しらみの旅
⑯ 生活の柄

## 豊田勇造　Yuzo Toyoda

### アルバム「血を越えて愛し合えたら」

『日本のベスト・アルバム――フォーク＆ロックの25年――』（監修：田家秀樹／執筆：大越正実、下村誠、高橋竜一、田家秀樹、藤井徹貫、前田祥丈／シンコー・ミュージック／1992）

僕が豊田勇造の歌に初めて触れたのは1973年の夏のことだ。和歌山県田辺市にある紀南文化会館で行なわれたサウス・コースト主催の〝フォーク・コンサート〟のゲストとして勇造は京都からやってきた。僕はこのサウス・コーストという（いわばフォーク村のような）サークルに所属していて、アマチュアでは最後にうたった。勇造も当時まだレコード・デビューしておらず風貌もヒゲもじゃで汚く、プロらしからぬ恰好だったが、歌は良かった。その時うたった「行方不知」「大文字」「東へ西へ」「ブルースをやろうぜ」「今年の夏もどうにか越せて」は胸に滲みた。勇造自身、普段よく聞いている音楽が50年代あたりのシカゴ・ブルースだったり、ジェフ・ベックなどだったから、そのギター・プレイを含め、非常にビートが意識されたロックだった。そして、僕は彼が発する〝想い〟そのものに圧倒された。その時のギャラは確か交通費込みで1万円だった。京都から田辺まで往復5千円だったと思うから、勇造の〝歌〟に払われたのは5千円。でもあの夜、勇造はその金額を優に超えたプレイをした。

1975年、クリエイティブ・アクションズ発見の会と出会った勇造は自費でレコーディングを開始。'76年の3月にファースト・アルバム『さあ、もういっぺん』を発表。そのアルバムをひっさげ200回ものライヴを行ない、'77年の4月には京都の〝拾得〟にてライヴ録音を行ない、7月に『走れアルマジロ』というアルバムとして発表。このアルバムには当時の勇造のライヴには欠かせなかった「ジェフ・ベックが来なかった雨の円山音楽堂」「雨のブルーズ」「憧れのジャマイカ」「走れアルマジロ」といった曲が収められている。

そして、ここに紹介する『血を越えて愛し合えたら』はそれこそ勇造がずっと憧れていたジャマイカで録音された初の海外録音盤である。それまでは全くひとりで弾き語っていた勇造がここではジャマイカの一流ミュージシャンをバックにレゲエを演っている。いや、彼はレゲエを演るためにジャマイカに行ったわけではない。'79年の夏にジミー・クリフのバックメンバーとして来日したアール・チナ・スミス（Gt.）らとセッションを繰り返すうちに〝彼らなら俺とやれる〟と考えた勇造がジャマイカのミュージシャンと火花を散らしたのが本作なのだ。勇造は決してレゲエに媚びることはしなかった。自分の歌の中から溢れ出てくるビートをタフ・ゴング・スタジオに集まってきた連中と共に音楽化していったというわけだ。録音は'80年の2月。レゲエというものに執着している人に本作がどう届くのか予想はつかないのだが、このアルバムはこれまでの勇造のアルバムの中でも最も傑出している、と断言できる。豊田勇造はその後、'85年の夏にタイをツアー（共演はカラワン、友部正人、中山ラビ、そして筆者）したあと、タイが大いに気に入り、'88年からタイに移住。現在は年に2回のペースで来日ツアーをしている。現在入手できる勇造の作品は本アルバムの他、『センシミーナ』（カセット）、『チャオプラヤ河に抱かれて』（カセット）、『満月』（CD）の3作のみ。

『血を越えて愛し合えたら』1980年6月
ビレッジプレス

① 大きな自由
② 台湾
③ 越えて行け優しさを
④ 北海道の朝
⑤ 殺そうと思うだけで良かったのに
⑥ 憧れのジャマイカ
⑦ ジャナイカ ジャマイカ

# 友部正人　Masato Tomobe

## アルバム「大阪へやって来た」

『日本のベスト・アルバム——フォーク＆ロックの25年——』（監修：田家秀樹／執筆：大越正実、下村誠、高橋竜一、田家秀樹、藤井徹貫、前田祥丈／シンコー・ミュージック／1992）

僕が友部正人の音楽と出会ったのは1972年の2月のことです。当時、和歌山県新宮市に住む高校生だった僕は、吉田拓郎と六文銭が出演するコンサートが見たくて見たくて5千円をポケットにねじ込んで夜汽車に乗りました。ちょうど学年末テスト（卒業試験というんですか?）の最中で、次の日の数学と古典ですべて終了だ…という前の日に親にも友達にも黙って、突然家出をしたのです。

会場は確か難波高島屋の中にあったキャパ500人程度のホールでした。エレベーターで8階まで昇り、ホールの入り口にデカデカと貼ってある〝急告〟という貼り紙を見た僕は愕然としてしまいました。〝吉田拓郎は急病のため本日は出演しません〟そう書かれてあったのです。それでも僕は1500円を払ってコンサートを見ました。吉田拓郎の代わりに無名の若いシンガーとディランⅡが出演したのですが、僕が初めて耳にしたその若いシンガーの歌声はミサイルのような勢いで僕の心に飛び込んできたのです。ガァーンと殴られたようなショックでした。それが友部正人でした。もちろんディランⅡの歌も素晴らしく、最後に出た六文銭は完全に霞んでしまいました。

その時友部は、「もしもし」「まるで正直者のように」「公園のベンチで」「大阪へやって来た」といった曲をたったひとりで演奏しました。僕はギブソンのギターを掻き鳴らしながら遠い空に叫ぶ一匹狼のような彼の風貌にも感動したのですが、友部の存在そのものに狂気を感じていたのは確かです。なんか今でいうすごくパンキッシュなものに初めて触れた気がしたのです。

あれから20年。１９９２年に友部正人はデビュー20周年を迎えました。彼がこの20年に書いた歌は５００曲を超え、アルバムも'92年の５月に出た『遠い国の日時計』を含めると13枚を数えます。僕は18歳の時から友部正人のうたを聞いているわけですが、彼の〝詩〟の在り方に対する態度にとても影響を受けました。たぶんそれは日本語で書かれる口語体の詩が大半を占めているからかもしれませんが、ボブ・ディラン以上にディラン的な手法を持った歌を友部正人が沢山書いてきたような気がしてなりません。友部の詩はそのほとんどがリアルな日常をスケッチしたものです。ただ彼がそこに在る漠然としたイメージを言葉にする瞬間（彼は〝言葉をつかまえる〟という表現をしました）に、友部正人だけが持っている特殊なリミッターがかかるのです。そのエフェクトのかかり具合が近年増幅してきてはいるものの、彼は相変わらず〝生活〟が好きなんだと思います。最近の彼の詩には息子や妻の存在が大きく関与してきています。そういう意味で僕が18歳の時に衝撃を受けた『大阪へやって来た』と、'92年作の『遠い国の日時計』は似てないようでそっくりな〝親子〟のようなものかもしれません。

『大阪へやって来た』1972年1月

① 大阪へやって来た
② 酔っぱらい
③ もしもし
④ まるで正直者のように
⑤ 真知子ちゃんに
⑥ 梅雨どきのブルース
⑦ まちは裸ですわりこんでる
⑧ 公園のベンチで

## トモの作品《うた》は限りなく音楽に近いアートである

『シンプジャーナル』
1984年7月号より
(自由国民社)

### 〝歌人・友部〟の簡単な足跡……

友部正人（以下トモ）といつ頃から親しくなったか忘れてしまった。

存在だけは14年前（1970年）のフォーク・ジャンボリーの頃から知っていたのだが、お酒を飲んだりするようになったのは8年位前からだと思う。

彼は8年前に『どうして旅に出なかったんだ』というレコードをCBSソニーから発売した。僕がちょうど新譜ジャーナルの編集をやっていた頃だ。

でも、僕は彼にインタビューしたという記憶はない。けれど、彼のそのアルバムでバックをやっていた佐久間順平くんと共に、僕の企画した自主コンサートに出てもらった。

その後、発売してすぐに「びっこのポーの最後」という作品が差別用語使用という理由で発売中止になる。すでに出回ってるレコードも回収である。そして、彼はレコード会社不信に落ち入り、以後6年間メジャーのレコード会社からアルバムを出していない。

僕たちが親しくなったのはちょうどその頃である。彼は奥さんでもあり、マネージャーでもあるユミ（これがいい相棒なのである）と組んで色々な自主企画を始める。

アピアでの「ぼくの献立表」というコンサート（1978年）、自主製作アルバム『なんでもない日には』の制作と発表（1979年）、'76年に発禁になった『どうして旅に出なかったんだ』の改訂盤『友部正人1976』の自主製作（「びっこのポー」は伊藤銀次のアレンジで新録音された。この時のメンバーはベースに小野田清文、ドラムスに上原裕、ピアノに板倉雅一、ハモンドに佐野元春という豪華メンバーだ。1981年)、そして下北沢スズナリホールで自主コンサートを開き、10年間のオリジナル曲150曲をアレンジし、5日間で全曲歌う…という画期的な企画を決行。この時のゲストも、宇崎竜童、小室等、井上陽水、佐野元春などとけっこう派手でありました(1981年)。

彼の場合、コンサート活動も、レコーディングも自主の場合が多かった。ゆえにマスメディアには登場しない。だから、この数年間の彼の活動を知らない人が沢山いるのはあたりまえだ。だって雑誌にもTVにもラジオにもほとんど登場しないからね。

それに、彼のことを本気で、たまに歌もやる「詩人」だと思ってる人が多いのだ。

確かに思潮社から『おっとせいは中央線に乗って』(1977年)と『名前のない商店街』(1980年)という詩集を刊行しているけれど彼は詩人ではない。

むしろ彼は「ラクガキ・ペインター」であると僕は思う。NEW YORK の地下鉄はどの電車もすごい芸術的な(そう、キース・ヘイリングやスズキ・コージの絵のような)ラクガキがされている。そのペインターの数は100人以上いるらしい。

僕はトモの作品は音楽的な絵であると思う。だから、とても抽象的で、意味があるようでないものが多いのだ。

## 絵をながめるように聴いてほしいね…

このあいだ下北沢でお酒を飲んでいる時、ちょうどそんな話になった。

僕が「トモのうたは特別なメッセージみたいなものがあまりないんだね」と言うと、

「だからあんまり騒がれないんだね。このあいだ10年位前の古い新譜ジャーナルを見てたら、岡林とかディランⅡとか、加川良とか出てくるのに、僕の名前が出てこないんだよね。そういえば昔から僕の歌は反戦歌でもないし、派手な内容でもないし…なんか話題になったことなんかないもんね」

「うーん。『乾杯』とかは過激だと思ったけどね。でもトモの歌は自分はあんまり熱くなんなくて、風景とか、情景とかをこっち側からスケッチしてるという感じがするけどね」

「それはそうかもしれないね。絵を描くように詩を書いてるから」

「じゃ、ひとつひとつの言葉には重要な意味はないわけ？」

「そうだね。自分でも何故そこにそういう言葉が来ているのか…とか、うたの説明できない…。だから、聴く人も絵をながめるように聴いてほしいね」

「詩は1番とか2番とか一応つながってるわけでしょう」

「1番の詩が浮かんだら、それをもとにして2番と3番を書くのだけれど、1番と2番と3番が同じ意味でつながっていくのかというと、そうじゃなくて、全然独立したものだったりするんだ」

昔、そう、まだ出会って間もない頃、ちょうどその月に発売された詩集『おっとせいは中央線に乗って』をユミから買って、そばにいたトモにサインをしてもらったことがあるのだが、サインなんてしたことがないというトモは、僕の名前と似顔絵をすごく大きく描いて、自分の名前を隅の方に小さく小さく書いた。

そんな、少しばかり変な感性をもったトモくんが僕は好きである。彼の詩も音楽も絵も、そんな「変な」世界があって、とても面白い。1度レコードを聴いてみるといい。不思議なインパクトがあなたを刺激するだろう。

4月に発売された最新アルバム『CANTE GRANDE』（徳間レコード・ジャパン）に続いて、今年の秋には思潮社から3冊目の詩集が刊行される予定だ。

## 3年ぶりのアルバムが完成！
## 愛についての素描《スケッチ》

no image

『シンプジャーナル』
1987年4月号より
（自由国民社）

昔（10年位前）、友部正人は「素朴で鋭いフォーク・シンガー」だった。実際、何人かの批評家たちはそのつもりで彼の詩《うた》のことについて語っていたりした。

確かに何年か前まで友部正人はそんな歌い手だったかもしれない。けれども現在《いま》はそんな肩書きは彼に似合わない。僕がこの数年、友部と接してきて想ったのは、友部正人は「繊細で陽気な夢想家《ドリーマー》」である、ということだ。そうなのだ。友部は〝現実〟をくまなく書きとめる鋭い詩人なんかではない。

彼は自分の心に映った〝現象〟に着色し、さらに空想を加え、どんどん勝手な（それが自分から離れてひとり歩きしてしまう程の）〝物語〟を書きあげてしまう。

J・D・サリンジャーが随分と勝手な夢想家だったように、友部正人も曖昧な理解を許さないほどの大変な夢想家である、と僕は思う。

「たぶん、『びっこのポーの最後』を作ったあとから詩《うた》の書き方が変わったんだね。自分の内面を書くことにうんざりしちゃったんだよ。だから、そのあとは自分自身から離れて、わざと他人のことをうたったり、内面ではなくて外側にヒントを得て詩《うた》を作るようになったんだ。例えば「僕は…」とうたうのではなく「彼女は…」とか、「君は…」という表現もその頃から増えたみたい。でも'80年を過ぎてインドとか色々なところに出掛けて、自分の見たままをそのまま素直に書いた〝旅行シリーズ〟があってやっと新しい詩《うた》の書き方というのが身についたという感じかな」

近年の友部正人の歌は、まさに風景をスケッチするかのように、彼が見かけた人間模様を自分なりに加工しながら描いているようだ。

2月25日に発表される3年ぶりの9枚目のアルバム『6月の雨の夜、チルチルミチルは』の中でも友部正人は彼が見かけたちょっと痛々しく、やるせなく、それでいて美しい〝情景〟や〝人間模様〟を、あの素朴に輝く声でうたっている。

そしてこのアルバムでは、動物園に通って編曲のアイデアを練るというアレンジャー矢野誠が友部の〝声〟を全面的にバックアップしている。矢野はこのアルバムで、友部正人の優しい顔と厳しい顔をその動物的臭覚で嗅ぎ分け、見事にまとめあげた。

バック・ミュージシャンもアフリカ人のハムザ・エル・ディンや、タイ人のモンコン・ウトック（カラワン楽団）などを含め総勢20余名のインターナショナルで豪華な顔ぶれが揃っている。

アルバム・タイトル曲「6月の雨の夜……」は、2人の子供のお父さんのチルチルに誘われて若いミチルが〝かけおち〟をし、死の国に旅立つ、という痛々しく切ない愛の歌。友部は「いたたまれない気分を解消するために作った」と語った。

「38万キロ」はNHKの「みんなのうた」で使用されそうな〝お月さんまでの距離〟をうたった童歌のような歌。

「ジョージア・ジョージア・オン・マイ・マインド」は昨年ツアー中にホテルで首吊り自殺をしたザ・バンドのリチャード・マニュエルのことをうたった歌。（コーラスに上田正樹が参加）

「ふあ先生」はお医者さんのふあ先生と、温泉で出会った猿との友情の物語。

「空の下の海」は沖縄で海岸に寝そべっている時にした〝空想〟をそのまままとめた歌。（この歌だけ作曲が小室等だ）

「愛について」は離婚した女性とその子供が自転車に乗ってゴム鞠のように挑ねながら夜道を走っていく姿を描いた歌。母も子も、星のように遠く離れた男（別れた夫）も愛について考え続けているというリフレインが切なく美しい愛の歌である。

と…まあ僕の身勝手な解説はこのくらいにしておこう。そう、先日僕が友部に会った際、彼に「このアルバムはどんな人達に聴いて欲しい?」と尋ねてみた。すると友部はしばらく考えてから、「普段レコードなんか聴かない人に聴いて欲しい」と答えたのだった。
そういえば友部のこの新しいレコードは〝聴く人〟を限定しない。彼が〝無邪気な笑顔〟で両手を広げているようなレコードのような気がしてきた。

## 友部正人 with SION
## その夜、トモとSIONは
## 同じ〝海〟を見ていた

『シンプジャーナル』
1987年7月号より
（自由国民社）

ボブ・ディランなんて知らない
ボブ・ディランなんて知らない
知っているのは音楽好きの
若いアメリカ人
ぼくはその若さだけを信じてた
「ぼくは海になんてなりたくない」より

4月17日。渋谷LIVE-INN。友部正人のニュー・アルバム『6月の雨の夜、チルチルミチルは』の発売記念コンサートのオープニング・ナンバーはこの歌だった。

この夜、久しぶりに演奏されたこの「ぼくは海になんてなりたくない」を聴いていると、僕の心にいくつもの想いがフラッシュ・バックしてきた。ジョン・レノンが〝ビートルズは信じない〟〝神は信じない〟と歌った、アルバム『ジョンの魂』の中の「神」のこと。ビデオ『DON'T LOOK BACK』の中で〝僕はあらゆる宗教を信じない。信じていたのは自分だけさ〟と語る23歳のボブ・ディランのこと。そして、4日前の4月13日にモニターのトラブルと闘いながら、陽気に〝なんとか立ってるあいつらと、俺の為に乾杯〟と歌っていたSIONのことがクルクルと回転しながら僕の脳裏のスクリーンに映っては消えたのだ。

友部正人はこの夜、黒いサングラスをかけて、まるでボブ・ディランのように歌った。それが僕には妙に微笑ましかった。友部が高校生の時にディランの歌を自分で訳して歌っていた時も、彼は〝ボブ・ディランになりたい〟とは一度も思ったことはなかった。友部は〝自分自身〟になりたかったのだ。

友部正人はデビューして以来15年の間、いたるところで〝ボブ・ディランみたいだね〟と言われ続けた。最近もアフリカ人のハムザ・エル・ディンさんに〝ディランのようだ〟と言われた。それは誉め言葉の時もあれば、逆の時もあった。しかし。友部正人はそう言われることで気を悪くしたことは、きっと一度もなかった筈だ。彼はディランの歌が好きだから。

SIONの歌を聴いて友部正人みたいだなあ…と思ったことが、正直言って何度かあった。でも僕はその事を直接SIONに言ったことはない。でも今日は誤解を覚悟で言ってしまうことにする。渋谷公会堂での「風来坊」を歌うSIONは友部正人のようだった。

ねえぴっこのポー
あんたのやってる事は嘘ばっかりだ
あんたはただ死んだメキシコ人達の
手首をかわかして売っているだけだ

「ぴっこのポーの最後」より

コンサートの中盤、〝今日のゲストです〟と言って友部はSIONを紹介した。SIONは照れ笑いしながら〝今日はあがってます〟と言う。すると友部は〝僕はいつも人前でうたっているから平気だよ〟ときり返す。〝俺はいつも部屋でひとりで歌ってますから…〟と、SION。

1曲目は、「春夏秋冬」。ご存じ、泉谷しげるの初期の作品だ（SIONは去年の12月、この歌でシングルを出した）。バックの楽器は友部の弾くギターだけ。彼は凄い勢いでギターをかき鳴らす。SIONはいつものように淡々と歌い出す。ギタリスト友部はがんばる。コーラス部分できっちりハモらないところがこの2人らしい。友部があまりに強く弾きすぎたのだろう、ギターの弦がプチン！と音をたてて切れた。

次なる曲は友部正人の'75年の作品「びっこのポーの最後」だ。以前SIONと話した時、〝俺が他人《ひと》の歌でうたいたいと思うのは、泉谷さんの「春夏秋冬」とトモさんの「びっこのポー」ぐらいかな〟…と言っていたのを想いだす。初めて聴いた時はけっこうショックだったらしい。

ギターを持ち替えた友部は〝この歌はむずかしいのでSIONには部分的に参加してもらいます〟と言ってから、また荒々しくギターを弾き始めた。〝ねえびっこのポー！〟というリフレインをSIONが歌うのだが、これがやたら凄かった。驚くほどリアルに心に響いてくるのだ。あの言葉にあの声である。まさに刃物ですよ。危ない、危ない！

後半のコーラス（…というより掛け合いと言うべきか）はまたもやバトルロイヤルの世界。圧巻！という表現でもまだ物足りない。このとんでもないデュエットには完全にやられました。はっきり言って負けました。

後半の友部正人&BANDの演奏について書くスペースがなくなってしまった。この日は矢野誠団長の率いる〝矢野大サーカス団〟をバックに伸び伸びと歌う友部がいつになく嬉しそうで印象的だった。

それでも最後の最後にひとりで演った「大阪へやって来た」が圧倒的に心に焼きついているということは、友部はやっぱりひとりで演るほうが燃えるのだろうか。特にこの夜の友部はSIONというゲストがいたから燃えたようだ。

## 新しい方向性を見い出すために破壊的な音楽を作っておく必要性があった

『シンプジャーナル』
1989年9月号より
（自由国民社）

長渕剛、SION、遠藤ミチロウ、真島昌利等が口をそろえ〝影響〟を認め、日本のロック・シーンのカルト的な存在になりつつある友部正人が2年ぶり11作目の新作『夕日は昇る』を発表した。ここには時代も現実をも超えた友部正人独自の〝心象風景〟がある。けれども誰もが自己を投影できる窓口の広い爽やかな空間である。〝移動する視線〟を持つ友部のエネルギッシュな歌を聴きながら旅に出るという新しい自分が見つかるかもしれない。

――2年前に出た『6月の雨の夜チルチルミチルは』と比べると、今回の『夕日は昇る』というアルバムは随分変わったという印象を受けるんですよね。以前は〝ほのぼのとした〟とか〝あったかい〟という形容詞がぴったりくる楽曲もあったんですけど、今回のはもっと削ぎ落とされた、尖った感じの印象を受けるんですけど、この2年間に友部さんの歌作りに対する姿勢みたいなものが変わったりしましたか？

**友部**　以前よりはちょっとだけ言葉寄りになったというか、言葉で伝えたいと思う部分が増えたのかもしれない。前はもっと雰囲気というか、音色とかサウンドとか漠然としたものも含めて〝うた〟という感じだったんだけど、今回はもっともっと狭めていて、言葉の中に歌というものを求めていったという感じかな。…というかもう少し文章的というか、自分の特徴みたいなものがね、〝言葉〟なのかな、という気持ちがあって、それを意識してみた。だからあえてメロディのない曲も入ってるし…。

──「戦死」とか「幕」といったメロディのない曲というのはずい分前からライヴでも演ってましたよね。

**友部**　うん。ライヴでああいう〝語り〟の曲を増やしたんだよ、一時期。去年（'88年）の4月に8曲位一気に作って、それでマンダラⅡでライヴを演ったんだよね、新曲のお披露目という感じで。結局あの時のライヴでやった曲が今回の『夕日は昇る』というレコードの元になってるんだよ。「リンゴキッド」「独裁者」「雨」という曲は最終的に入らなくなったんだけど、あの時やった「戦死」と「古い切符」と「女は男である」と「水門」といった曲が基礎になって今回のアルバムができたと言ってもいいんじゃないかな。

──それにしても友部正人のアルバムの中では異色なんじゃないですか。持ってる視点も空気感も、歌の描き方もアレンジも『6月の雨の夜──』の時とはずい分違うでしょ。

**友部**　それは水谷紹というアレンジャーの力が大きいと思うな。『6月の雨の夜チルチルミチルは』の時は、成熟した、なおかつ前進を続けている矢野誠がアレンジをしたでしょ。だから矢野誠なりの実験も含まれてるけれど、今回はまっさらの、若々しくて経験もない水谷くんを使ったわけです。まあバンドのメンバーとしてはしばらく一緒にやってたわけだけど彼のアイデアはすごく新鮮だし、自分の中でもアレンジを練る上ではかなり意識的に変えようとしたかもしれない。例えばキーボードを一切使わない…とか、まあ1曲「水門」で矢野さんがピアノを弾いてるけど、できるだけキーボード関係の音を使わずにギター・サウンドでやりたい…という所に視点を置いてやったから…。

──あぁ、だから前のアルバムに比べてロック色が強くなった印象を受けるんだ。

**友部**　だと思うな。今回は最初からそういう方向に持っていこうとしてたから。〝ジミヘンぽくやろう〟とか…なんかそんなのが合言葉で出てたし（笑）。もちろんそうはならなかったけどね。前のアルバムはまとまっていく方向にサウンドがいってたから、そこから1回脱け出たいなぁ…という気持ちはすごく強かったのね。だからあえて新鮮味が欲しくて水谷紹くんに頼んだんだよ。

──うん。そうだね…何かに向かって収束していくサウンドじゃないよね。なんか飛び散っている音だもんね。

**友部**　だから今回のアルバムの中から、次へ向かう材料というか、次への足掛かりになるようなものを自分で探して、またそこから新たに始めようかな、と思ってるんだ。だからそれだけ自分も触発されるような新しい展開が生まれたと思う。もう去年あたりから『6月の雨の夜――』のままではいけないなぁ、あのまま先へ進めないなあ…というね、危機感はけっこうあったから…。一応意識的に色々な方向に散りばめて、その中から自分でもう1回選ぶ機会を作りたいなと思ってたから、このアルバムはすごくいいきっかけになった。

――あぁ、なるほど。友部正人ってそういう事をこれまで何回か繰り返してきたのかもしれないよね。『大阪へやって来た』で飛び散った意識をかき集めるようにしてアルバムを何枚か作って、結局『誰もぼくの絵を描けないだろう』で収束して、次の飛び散る瞬間というのが『どうして旅に出なかったんだ』(『友部正人1976』)なんじゃないの？ある意味で原点というか、ファースト・アルバムっぽい。

**友部**　そうかもしれない。でもあの時は自分が作った歌の中から次に行くべきポイントを見つけることができなかったんだよ。だからそのあと色々探してみるんだけどね、色々なところへ旅行したりしてさ…。

――そういえば旅の歌が多くなるのってあの前後ですね。

**友部**　インド旅行とかは確かにきっかけになってるかもしれない。『カンテグランテ』はそういえば『どうして旅に出なかったんだ』とつながっているかもしれないね。考えてみれば自分の歌作りが危機的な状況に陥った時に、〝旅の歌〟を作ると打開されるの（笑）。割とそういうのが多いね。だから次に何やったらいいのかな…とか、どんな歌を作ればいいのかな…とわからなくなった時、旅をして〝旅の歌〟を作ったらなんとなく次へ行けそうな気になってくるから不思議なんだよね。

1982年9月27日。東京・吉祥寺のライブハウス「のろ」で開催されたライブイベントの様子を、音楽雑誌『ミュージック・ステディ』(1983年3月号／ステディ出版）が伝えている。
タイトルは**【〈意志〉のあるイヴェント　パンキー・レゲエ・パーティ】**。このイベントを立ち上げたのは27歳の下村誠。出演したミュージシャンたちも同世代。若き日の彼らはどんな思いで、このイベントに出演したのだろうか。『ミュージック・ステディ』の記事をひもといてみよう。＊巻末「1954-2006 下村誠と彼が生きた時代の音楽シーンと世相年表」p 288-289 参照

現在は〈思惑〉のあるイヴェントは数多いが、〈意志〉のあるイヴェントは極くわずかだ。ジョイント・コンサートにしても、今、あのミュージシャンと、このミュージシャンが注目を集めているから一緒にやらせて、派手な話題を作ろうというような〈思惑〉が見え隠れするものばかりだ。そこに、はたしてミュージシャンが本当にやりたい人と本当にやりたいことが具現化されているかといったら、甚だ疑問である。

〈ジャンル分け〉というものがある。音楽にジャンル分けはいらないという人もいるが、僕は反対だ。その存在を認識するためには言葉が必要であり、選別することによって、それがどこに帰属しているのかが明確になってくる。ただ、問題なのは、そのジャンル分けがあまりにも表層的な部分だけで行なわれているということである。だから、混乱を招くのだ。

一部の雑誌にしか報道されなかったので知らない人も多いと思うけれど、9月27日、吉祥寺〝のろ〟で「パンキー・レゲエ・パーティ」というイヴェントがあった。フリー・ライターの下村誠率いるバナナ・ブルーの東京での初の演奏会をメインに、友部正人、伊藤銀次、佐野元春、コールド・スウェット、スペシャル・サンクスなどが参加して行われた。

下村誠は「最近は、ミュージシャンが主導のコンサートがあまりないし、自分達で何かを作り上げていくというものがなくなってきた」と語っている。ミュージシャンが本当にやりたい人とジョイントするというミュージシャンの〈意志〉を反映し、かつ、それをマスを対象にするのではなく、ストリート・レベルでのコミュニケーションを展開するための実験がこのイヴェントである。

この日、佐野元春はアコースティック・ギターで「Rock & Roll Night」を歌った。佐野元春が〝たどりつきたい〟という地にほんのわずかだが近づいたような気がする。ステージに立ったメンバーは、表層的にはまったくジャンルの違う顔合わせであり、既成のイヴェンターならこんなラインナップでのコンサートはやらないだろう。だけど彼等は“同じ幻をみつめていた”。だからこそ、一緒のステージにいるのだ。人は彼等を夢想家というかもしれない。しかし、こんな時代だからこそ〈夢〉を抱きながら生きることが大切だ。〔＊当時の記事には、ここに「イマジン」（ジョン・レノン）の訳詞の一部あり〕

そして、12月8日、同じく吉祥寺のろで永遠の夢想家、ジョン・レノンの命日に「スターティング・オーヴァー」とタイトルされたイヴェントがバナナ・ブルーや友部正人、中川五郎、斉藤哲夫などが参加して行なわれた。

この〈意志〉のあるイヴェントはこれからも継続的に行なわれていく予定だ。そして、次は君もその仲間入りをしないか!?

# 西岡恭蔵　Kyozo Nishioka

## やっぱり憧れている世界を歌っていきたいね！

『新譜ジャーナル』
1980年1月号より
（自由国民社）

西岡恭蔵は三重県の志摩半島出身である。彼は高校を卒業と同時に大阪に出てきた。そして、ちょうどその頃流行《はや》りはじめたフォーク・ソングに魅了され、ギターを持って唄を作ることをはじめる。フォーク・スクールなるものに入会し、そこで大塚まさじや永井ようと出会い、彼の音楽活動は幅が広がる。そして、その2人と、喫茶ディランが開店すると同時に、「ザ・ディラン」なるバンドを結成し、活動を開始する。その頃の彼は「女」のことと「サーカス」のことばかり考えていたらしい。

僕の場合、毎日歌作りのことばかり考えていた…という感じやねん。もちろん女の娘《こ》のこととか、芝居とか映画とか…色々と考えることはあったけど、すべて歌作りに関係させてたみたいやね。

今考えると、あの頃は「男と女」「サーカスのピエロ」というものをテーマにしたものが多かったんだけど、僕はやっぱり「人生」なんていう言葉を使うより、「サーカス」って言った方が素直にとり組めたみたいなところがあったんやね。

サーカスのイメージというのはやっぱりすごくて、「人生」を語ってるような気もするわけ。今は、それが「ジプシー」に変わったわけだけど、割とさすらう…とか、自由に旅する…とかいうことが好きなんだよね、相変わらず。

今、僕とKURO（奥さん）がやってる歌作りは、自分達の旅を歌にしていく作業で、3年前の『南米旅行』、そして今回の『ヨーソロ』になったスペインとモロッコ旅行…そして来春行こうと思うニューヨークのことを歌にしていくことが多くなってるみたいね。

僕はとにかくスタンダードになる名曲を作りたいね。だからといってプロテストやメッセージ・ソングをやるんじゃなくて、憧れている街や人間《ひと》のことを歌っていきたいんだ。

恭蔵はボソボソと語ってくれる。彼は奥さんとは友達みたいである。そして子供たちにとってよき父親である。そんな彼らの想いは「俺たちの子守歌」という作品《うた》にこめられているのだ。

## アルバム『南米旅行』

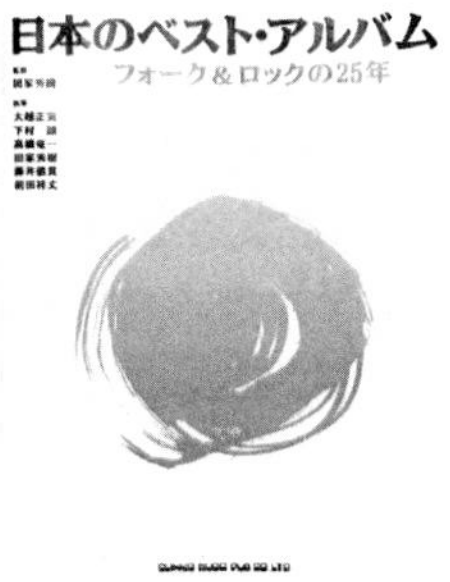

『日本のベスト・アルバム――フォーク＆ロックの25年――』（監修：田家秀樹／執筆：大越正実、下村誠、高橋竜一、田家秀樹、藤井徹貫、前田祥丈／シンコー・ミュージック／1992）

オリジナル・ザ・ディランのメンバーでもあり、初期のディランⅡの楽曲の8割を書いていた象狂象こと西岡恭蔵がソロ・アルバムを録音するのは1972年の春のことである。ディランⅡも歌っていた「サーカスにはピエロ」「君の窓から」「プカプカ」「裸の女王様」などを含むファースト・アルバム『ディランにて』はベルウッド・レコードから7月25日にリリースされる。当時高校3年生だった僕はこのアルバムを発売日に購入したのだが、針を落として少しがっかりした。……というのも大塚まさじのあのヒョロ～とした、胸がキュンとなる鼻にかかった歌い方が好きだったので恭蔵のヌボーと突き離すような独特なヴォーカル・スタイルに最初のうちは全くなじめなかったのだ。ところが翌々年（'74年）の1月にリリースされた『街行き村行き』を聞いて一転、僕は西岡恭蔵の大ファンになってしまった。

このアルバムは『HOSONO HOUSE』を発表したばかりの細野晴臣とがっぷり組んだ素晴らしいアルバムだった。細野がフォーク系のアーティストのバックを務めたアルバムは数多く残っているが、ここまで積極的にコラボレーションに参加したのは、この『街行き村行き』が最初ではないだろうか。それに西岡恭蔵と細野晴臣の友情はこのアルバムで終わったわけではなかった。翌'75年には『ろっかばいまいべいびぃ』をふたりで制作。このアルバムのA面は、ジャマイカやニューオリンズといった恭蔵が憧れ続けているアメリカの街をテーマに詞と曲を書いたファンキーなナンバーがずらりと並ぶエキゾチックなロック・サイド。そしてB面が愛妻KUROとの間に誕生した長男のために用意されたかのような子守歌が5曲続くファンタジックなフォーク・サイドになっている。

さて、2作続いた細野晴臣との共演盤の次は、'76年の5月1日から1カ月にわたりニューメキシコ、マイアミ、ナッソー、ニューオリンズなどの〝南米〟を旅したあと、LAでソー・バッド・レビューのメンバーをバックに配し録音された初の海外録音盤『南米旅行』である。このアルバムは続く『Yoh-Sollo』（'79年）、『NEW YORK TO JAMICA』（'81年）といった海外旅行シリーズの序章にあたり、そういった意味で西岡恭蔵自身にとって重要なターニング・ポイントとなったアルバムだと言える。

旅の最中に行きあたりばったりに作った曲がほとんどなのに、彼がその後もずっと愛唱していく名曲がずらりと並んでいる。石田長生、国府輝幸、永本忠らによって奏でられたそのサウンドは〝無国籍爽快音楽〟とでも呼べそうな不思議なエネルギーに満ちている。

この旅から帰国後、『南米旅行』（'77年）を機に洪栄龍や難波正司、そして国府輝幸らとのバンド〝カリブの嵐〟を結成した西岡恭蔵は精力的なライブ活動を行ない、'77年の暮れには京都磔磔での演奏を就労したライヴ盤『西岡恭蔵とカリブの嵐』を発表する。

80年代に入り恭蔵は気ままに旅をして曲作りをしていたが、'85年に岡島ブン（Ba.）と〝KYOZO & BUN〟を結成し全国をツアーしてまわる。が、このユニットも'91年に解散。現在は大塚まさじと共に旅をすることが多いようだ。

『南米旅行』1977年6月
テイチクミュージック

| | |
|---|---|
| ① GYPSY SONG | ⑥ KURO'S SAMBA |
| ② 南米旅行 | ⑦ DOMINICA HOLIDAY |
| ③ NEVER LAND | ⑧ GLORIA |
| ④ アフリカの月 | ⑨ PORT MERRY SUE |
| ⑤ 今日はまるで日曜日 | ⑩ GOOD NIGHT |

## 中川イサト　Isato Nakagawa

### アルバム『お茶の時間』

『日本のベスト・アルバム──フォーク＆ロックの25年──』（監修：田家秀樹／執筆：大越正実、下村誠、高橋竜一、田家秀樹、藤井徹貫、前田祥丈／シンコー・ミュージック／1992）

中川イサトといえば今でこそアコースティック・ギターの名手として教則本をはじめ、教則ビデオやCDなどを何種類も出し、ギター演奏によるライヴやギター・クリニックの形式をとった講演などで多忙を極めているが、彼が実に優しい歌声を持つシンガーでもあるという事は意外と知られていない。

中川イサトのキャリアは1965年に大阪で結成されたPPMスタイルのフォーク・グループ「ザ・ウィンストンズ」からスタートする。結成時は藤原秀子、中川砂人（※本書編集注＝中川イサト）、中川裕、小河信一、喜田年亮の5人編成だったが、その1年後に藤原秀子の友人の画家、西岡たかしの家にメンバー全員で出入りするようになったことがきっかけとなり、ウィンストンズはいつのまにか「五つの赤い風船」というグループに生まれ変わる。その後2度のメンバー・チェンジがあり、'69年にリリースされた五つの赤い風船の初レコーディング・アルバム『高田渡／五つの赤い風船』発表時のメンバーは、西岡たかし、藤原秀子、中川砂人（＝中川イサト）、長野隆の4人となった。中川は'69年の8月に発表されたセカンド・アルバム『おとぎばなし』のレコーディング終了後、風船を脱退し金延幸子、松田幸一、瀬尾一三と共に「愚」を結成する。愚はURCからシングルを1枚発表したきりで、約1年の活動の末、解散。「中川イサト」となった彼は西岡たかしの自宅のスタジオ（千里四畳半スタジオ）に通いつめ、全11曲分の録音を済ませるが、それは'73年まで発表されることなく西岡の四畳半スタジオで眠っていた。

中川イサトは'71年の暮れに村上律と一緒に活動を始め、彼らのステージに感動した前田仁（CBSソニーのディレクター）がすぐさまレコーディングを決定。'72年の2月からほぼ1カ月でアルバム『村上律と中川イサト』が完成した。バックには瀬尾一三、駒沢裕城、松田幸一、渡辺勝、福岡風太、高田渡、シバなどが参加し、今は廃盤だが、このアルバムこそ再発を希望したい名盤である。ザ・バンドの曲の粋な邦訳があったりしてサービス精神旺盛な本作は、ちなみに当時は1000枚も売れなかったらしいが…。

そして'73年には中川イサト初のソロ・アルバム『お茶の時間』が発表される。こちらの方は細野晴臣、林立夫、駒沢裕城、木田高介らが全面的にバック・アップ。'92年の現在聴いてもその完成度の高さには目を見張るものがある。そして、同じく'73年には3年間オクラになっていた『中川イサト１９７０』がURCより発表され、彼のソロシンガー&ギタリストとしての活動も活性化してくる。'75年にはやはり細野晴臣、松田幸一、小斉喜弘（加川良）、西岡たかし、松任谷愛介らの協力を得て『黄昏気分』を発表。絶好調のように思えたが、中川イサトはこのアルバムを最後に歌を辞め、ギター・インストゥルメントに専念するようになってしまう。その後彼は、現在までに6枚のアルバムを発表しているがすべてがギターのインスト・アルバムである。僕個人はそれこそムーミンパパのようなほのぼのとした暖かさがある中川イサトの歌が好きなので、いずれ近いうちにまた『お茶の時間』のようなヴォーカル&インストゥルメンタル・アルバムをぜひ出してもらいたい。

『お茶の時間』1973年5月
ソニー・ミュージックレーベルズ

① 陽気な日曜日
② その気になれば
③ 夕立ち
④ アイスクリーム屋
⑤ かすていらのかをり
⑥ 夜更けの水道道路
⑦ ゆきしぐれ
⑧ プロペラ市さえ町あれば通り1の2の3
⑨ 春の日
⑩ 750cc ラグ～空翔ける田中氏
⑪ 花火

## 浜田省吾　Shogo Hamada

### 僕はステージで歌う瞬間のパワーよりも作品を創るパワーの方を信じているんだ！

『新譜ジャーナル』
1980年2月号より
（自由国民社）

### ●ルーツ
### 音楽は小学生の時から好きだったけど歌を書ける才能なんて自分にはないと思ってた

ギターを初めて手にしたのは、小学校の5年生の時だね。姉きが買ってもらったガット・ギターをぶん取ってポロンポロン弾いていたんだ。当時5000円のギターだったんだけど僕はすごく気に入ってたんだ。

それで中学校に入った頃、呉市に住んでたんだけど、隣りに東京大学に行ってる男の人が住んでてね。その人がすごいリスナーだったわけ。ビートルズとか、ビーチボーイズとかね。当時、僕がすごい魅力を感じていたアーティストは殆んど持ってたから、よく遊びに行って勝手にステレオを聴かせてもらったなあ。ほら、夏休みとか冬休み以外はその人、殆んど東京に行ってるから、それ以外は誰も使う人がいないじゃない。だから、僕が専用に使用させてもらっていたって感じ…。だから、その頃、聴いたビートルズやビーチボーイズや、ラスカルズや、ラヴィンスプンフルなんかが僕の音楽のルーツになってるといえるんだ。

曲を書き始めたのは高校卒業して、東京に来てからなんだよね。

拓郎のバックとして愛奴のドラマーを演り始めた

頃、それまで書いてた詞に初めて曲を付けたのが「二人の夏」なんだ。それを恐る恐るメンバーに聴かせたら、すごく気に入ってくれてね。結局その曲が、愛奴のデビューシングルになったってわけ。

それまでは僕の中にそんな才能は絶対にない…と思っていたんだ。けれど、それからは調子に乗って色々な曲が書けるようになったんだ。やっぱり、人間は自信が出るとすごく変わるみたいね。

## ●ステージ
## ステージの上ではいつも自然でナチュラルでありたい

愛奴のやりたかったことと、自分のやりたい音楽が完全にくい違ってきたことで、僕はあのバンドを脱けるんです。当時はちょうど16ビートが流行しはじめた頃で、愛奴もサウンド的に飛躍しなきゃいけない時期だったんだけど、8ビートの一番好きだった僕は、ドラマーとして彼らと同じ方向に行くのは嫌だったし、一人でだったら自分の好きな音楽をやろうと思って、一人で歌い始めたんだ。

その頃は食えなくて、色々なバイトをしながら創った歌が入ってるのがあの1枚目のアルバムなわけ。だから内容がすごくハードなんだよね。あのアルバムは自分がどんなことをやりたいのか…とか、どんなものを歌いたいのか…ということより先に辛さとか苦しさとか、そんなものが出ていたと思うんだ。

僕が一番いいと思っている音楽はビートルズとかビーチボーイズなんだけど、当時から一番気を使っていたのが、詞にリアリティがあり真実であり、なおかつメロディー・ラインがポップでいいもの…というのが僕にとって最高のものなわけ。

1枚目というのも僕にとってその一つだと思ってるし、今から思うと、メロディー・ラインとサウンドが今一歩という感じがするけど確かな手ごたえがあったんだよね。

そして、2枚目の『ラブ・トレイン』では1枚目で出したハードな精神を、今度はもう一つの面…スィートでナチュラルなムードを出したかったんだ。

だから、そうやって考えると、僕のデビュー・アルバムは、1枚目の『生まれたところを遠く離れて』と2枚目の『ラブ・トレイン』の2つのアルバムを合わせたものだと考えてほしいね。

これらのアルバムの中に現在の僕の歌に対する意識が別れて入っているんだよね。だから僕の作品づくりの原点はそこにあるみたい。

そして、3枚目、4枚目、5枚目と一つのラインで結ばれたアルバムが完成していると思うんだよね。

これからもこのラインは全く同じで、その時代の動きを意識しつつ、現実を冷静にとらえた感覚を常に前面に出した作品《うた》を生み出していきたいんだ。

## ●作品《うた》づくり
## いつもその時代を意識しつつ
## 現実を冷静にとらえた作品《うた》をうたいたい

昔、生ギターだけでステージを演っている頃は焦燥感があったと思うね。

あの頃はすごく貪欲だったわけ。PAシステムはもちろんのこと、スタイルをもっと広がりを持つものにしたかったし、バンドで演ることばかり考えてたみたいで、それがいい意味で暮らしと密着してたから、逆にスリルのあるものができたと思うわけ。

その頃に比べると現在は一番ベストな状況の中でプレイしていると思うよ。バンドも自分が一番やりたかったスタイルだし、雰囲気も非常にいいし、連帯感もあると思うし、僕が一番やりやすい状態でプレイできるから、いつも自然な感じでプレイができるんだ。

ステージでは雑念とか欲望的思考を完全になくして、ナチュラルな精神状態を保ちつづけていたいね。

そういう意味で今年が僕の理想のステージのスタートラインなわけ。今後は長いツアーに出てくる甘えをなくして、いい感じのバイブレーションを形成したいと思うんだ。

## ●NEWアルバム
## 僕が今一番やりたい作品《うた》が
## どこまでポピュラリティーを持つか…への
## 挑戦

今回どういうアルバムを創ろうと思ったかというと、タイトルが『君が人生の時…』でしょう。つまりは「THE BEST TIME YOUR LIFE」という意味があるわけ。僕のこのアルバムのテーマがその〝今が君の人生で一番素敵な一瞬なんだ〟…という意味なわけですよ。

「A TIME YOUR LIFE」という詩があるのね、アメリカに…。その訳は普通なら「君の人生の時」なんだけど、僕の知ってるやつですごい名訳があってね、それが「君が人生の時」なわけ。そのニュアンスの違いはすごく大きくて、僕はすごく印象に残ってたわけ。それで今度自分のアルバムの中で、どこかにその言葉を使えないかな〜と思って、今回すごくその意味とピッタリきた作品《うた》ができたんでタイトルにしたわけ。

君の人生の一番いい時…というのは現在《いま》しかないわけよね。人生のいい時なんて過去でもなきゃ、未来でもなくて、結局は僕らがこういうふうに考えながら生きてる「現在《いま》」しかないんだから、このアルバムでそういった一つの緊張感みたいなものを伝えたかったんだ。

それで内容は僕の色々な人生の時、一コマ一コマを作品にしていったんだよね。だから僕の大切な一瞬を集めたんだ、このアルバムに。

「さよならにくちづけ」は大学を辞めてドラムをたたき始める時の歌だし、「いつかもうすぐ」は浪人時代に恋した女の娘《こ》の歌だし、そして今、ツアーをやってる自分が「青春のヴィジョン」だったり、楽屋に降りてきた時に出会った一コマの恋歌が「ミス・ロンリー・ハート」だったりするわけで、僕の人生の一番好きな一瞬を切りぬいて、9曲収めたのがこのアルバムなんだ。

このアルバムは僕が今一番感じている事を集約したことを『君が人生の時…』という作品にまとめて、僕自身とまわりの愛すべき人達にきいてほしいんだ。

最近、特に考えるのは僕が一番やりたい音楽がどこまでポピュラリティーを持つかということで、自分の思ったとおりのことをやり通すことと、まわりの状況とのバランスを保ちつつ納得できるいい音楽を創りつづけていくという意識への挑戦のことばかりなんだ。

僕はこれをどこまでやれるかわからないけれど、自分のテーマが消えない限り常に出てくる問題だと思うから、試行錯誤しながらも戦い続けていきたいと思う。

## ●人生へのヴィジョン 僕は「ドリーム」ではなく自分だけの「ヴィジョン」を追い続けていきたい！

僕は常にリアルなものを歌いたいわけ。それは「メッセージ」とか「プロテスト」なんかじゃなくて、僕が今、直面している現実と、これからのヴィジョンを歌っていきたいわけ。

僕が思うに、眠って見る夢が〝ドリーム〟で、目覚めている時に見る夢は〝ヴィジョン〟なんだ。

僕はこれからも「ヴィジョンの世界」で生き続けていきたいし、だからこそ現実の中で自分の歌がどこまで通用するか勝負したいわけなんだ。

僕はアルバムを創る時、〝話題作〟や〝問題作〟を創ろうと思ってるんじゃない。ただ単に「いい作品《うた》」を創りたいだけなんだ。

確かに〝話題作〟の方が、マスコミや評論家には都合がいいかもしれないけど、そんなことやるより自分が納得できる良質のアルバムを創っていきたいと思っているんだ。

それが多くの人に好まれることで初めてポピュラリティーを持つと思うんだ。かといって枚数をめざすんじゃなくて、自分のマインドを広げて、現在《いま》の意識を続けていくことが一番重大だと思う。

精神的にも経済的にもバランスをとり、自分の気持ちを忠実に作品《うた》にしていくんだ。

確かに色々な現実が自分の中にある。だから哀しい時にはマイナーなフレーズや言葉しか浮かばないのはあたりまえだ思うんだ。

僕は常に正直なままを作品《うた》にしていきたい。だから、ハッピーなものは、自分が明るい気分の時にしか生まれないし、とにかく自然に出てくるのを待つしかないみたい。

きっとメロディーは自分の中にあるメロディーが、一つのインスピレーションでつながって出てくるものだから、一種の神がかり的要素はあるみたいね。だから、何かにインスパイヤーされて、突然メロディーが飛び出してくるなんてことはざらだしね。

僕が音楽を演ってる限りこれだけはやり続けたいと思ってること…。

それは「心のある音楽」をやりたいね。僕が創った歌はすべて僕の心が見えるはずだし、だからこそ人の心の中に入っていけると思うし、感激させることができると思うんだ。

だから、僕はその「心」を出すために、一生懸命悩んで歌を創るんだ。

僕は歌を創る瞬間が勝負だと思っている。その瞬間に僕の魂が注入されるからだ。

それをステージでそのままの想いで演るからこそ、その歌は輝いて見えるんだ。

僕はあくまでもスタイルよりも内容を重視したい。

僕の作品が良質でポピュラリティーを持っていれば、それだけ、僕自身の存在感も大きく伝わると思っているから。

## ふきのとう（山木康世・細坪基佳）

### ふきのとうの〝自然賛歌〟が単なる「やすらぎ」ではなく「対抗文化」になる日は遠くない

『シンプジャーナル』
1985年4月号より
（自由国民社）

### 〝原点のコンサート〟に改めて想う

「男35にもなってまだ、満足に自分の唄を歌ってないような気がするわけ…」

山木康世は10年間ふきのとうを続けながら、根本的には10年前と何も変わらない自分の姿勢を、そんな風な言葉で僕に伝えてくれた。

1985年1月15日。成人の日。日本青年館大ホールでの〝謹賀新年コンサート〟では、ふきのとうの10年間なんもかわらん姿があった。

バック・バンドの加わった「サウンド」を含むふきのとうの世界が「現在《いま》」ならば、生ギター2本、又はマンドリンとギターの…たった2人っきりのふきのとうは「原点《むかし》」なのだろうか。

その日ふたりだけで演った「もの憂げな10月」や「白い冬」や、「空を飛ぶ鳥」「夕暮れの街」「銀色の世界」など、とにかく生々しくて、飾りがなくて、まさに〝裸のうた〟だった。特に山木のボーカルはリアル過ぎる位で、気迫さえ感じられた。

そして、この日…僕が11年目にして改めて気づいてしまったのは、山木が吐いた〝想い〟を、あの万年ボーイ・ソプラノの細坪が清らかに歌いあげてしまうことで、現実的《リアル》なものが消え、とてもロマンティックで、スウィート&ドリーミーな雰囲気が不思議と出来上がってしまうという「不思議な関係」だ。
だから、山木がもしソロで「山のロープウェイ」とか、「銀色の世界」を歌うと、その極端なイメージの落差に誰もがきっと驚くだろう。

11年前「白い冬」でデビューする前は、カントリーっぽい明るい曲ばかりハモっていたという山木と細坪の〝本音〟がじっくりと楽しめた3時間だった。（3時間のうち1時間以上は喋っていたような気がする）

2人の間に置かれたテーブルのワインが進むにつれ、山木が段々と饒舌になり、1月14日に放送された「11PM」に登場した岡林信康の不人気ぶり（公開録画に来ていた若者は完全に無関心だったらしい）を嘆き、「昔はフォークの神様と呼ばれた岡林だったのに…」と口を噤んだ山木。

その言葉の裏には自分がフォークというものを続けられるか？…という彼のとても純真な迷いが語られているようだった。

正直すぎておいてきぼりさ
もうひとつ　うまく生きてゆけない

山木が「奴凧」の中で歌いたかった素朴なこの気持ちが、その時の僕には痛いほどよくわかった。

## 〝文明〟ではなく〝人の心〟を伝え続ける…

アメリカ人に言わせると「爽やか」とか「さりげない」という表現がなんとも気持ち悪いという。彼らにとってそのどちらとも言い切れないような表現は、変なコピーばかり作る日本人にしか通用しない…と言いたいのだろう。つまり、中途半端な「やさしさ」を嫌っているのである。けれど、ポジティブな、自然を愛する気持ちとか、反核などへの積極性は日本人などよりもアメリカ人の方が大きいのは何故だろう。

僕はそういった意味でふきのとうの世界を「爽やか」とか「さりげない」等…と表現することが嫌いだ。

山木が創る歌には、しっかりとしたコンセプトと、彼なりの重さがある。それを細坪が歌うことで生じる〝時空間〟の不思議に僕は注目したいのだ。「現実」が「夢」になるような…そうすることでより深く、幅広くオーディエンスに浸透していくような…そんな世界が2人の間を包んでいるのだ。

作家《アーティスト》としての山木の才能と、歌手《ボーカリスト》としての細坪の才能が見事に噛み合うことで、ふきのとうは強力な光を放つ。

山木が北海道を愛し、自然に囲まれた中で作品《うた》を創り続けたいという意志《ポリシー》は、都市が〝文化《カルチャー》〟を創造するというシステムに見切りをつけて脱したのではなく、「いつか逆転するぞ！」という、ひとつのライフスタイルとしての〝対抗文化《カウンターカルチャー》〟であると僕は思う。

彼はゲイリー・スナイダーのように、大自然の摂理を伝えることで、テクノロジー優先の機械文明に新しく（そして素朴《アコースティック》な）エネルギーを注ごうとしているのかもしれない。

〝シルバー・ランド・レーベル〟はその第一歩なのだろう。僕が山木と接して、すぐゲイリー・スナイダーを思い浮かべた理由は、彼が次の世代に伝えたい事が文明とか、情報ではなくて「人間の心」なのだということを知ったからだ。

ゲイリー・スナイダーの作品の中に、まさに山木康世と共通する世界を持つ詩があるので、この文の最後に記しておくことにする（本書編集注：訳者不明）。

（文明と称する全てのものを）
わたしの子供たちに伝えはしないぞ
そのかわり
わたしは子供たちに　聖ヨセフ
野生の群れ　イシ　ハイタカ
モミの木　仏陀
彼ら自身のはだかの肉体
そして　泳ぐこと　踊ること
歌うことを与えたい

山木＋細坪のふきのとうの「唄」が、機械文明に対する大いなる〝対抗文化《カウンターカルチャー》〟になることを願っています。

（※雑誌発行時の下村誠による「注」）
ゲイリー・スナイダー：ビート派の詩人。アメリカではいま、アレン・ギンズバーグ以上に評判の高い、しかもとりわけ若者に信頼されている詩人である。日本にも度々禅の勉強の為に訪れている。詩集には『割りぐり』（１９５９年）、『おわりなき山々と川』（１９６５年）、『僻地』（１９６７年）などがある。奥さんは日本人である。

## GET BACK TO THE COUNTRY
## ——根源模索への旅立ち——
## 9月26日・札幌共済ホール

『シンプジャーナル』
1985年12月号より
(自由国民社)

### I　大地の感触

この夏、8月もそろそろ終わりに近づいていた頃、東京から北海道まで各駅停車の列車で旅をした。上野から黒磯、福島、仙台、一ノ関、盛岡、青森、青函連絡船で函館、そして、長万部、札幌と、乗り継ぎを繰り返し、約30時間かけて札幌まで着いた時は、オシリの皮が少し厚くなったような気がした。

飛行機だとたった1時間のところを30時間もかけて旅するのだから、それなりに良いところは沢山あるはずで、実際、函館の朝市で買った毛ガニを口にほおばり、長万部の「カニメシ」をつつきながら飲んだビールの味は格別だった。

そして、何といっても感動的だったのが、函館から札幌までの列車（8時間かかる）の窓から見える景色である。青森までの本州の風景とはまるで違うのだ。

濃い緑の山の裾野に広がる大原野。まさに大地という言葉がぴったりの、だだっ広い原野が続く。緑が目に痛いほど色濃く輝き、鼻の中が冷たくなる位の清浄な空気は、体全体を浄化してくれるようだった。空が青く広い。そして、限りなく遠い。

ここが北海道なのだ。いつもは飛行機で、都市から都市へ行くばかりだったので気付かなかった。

ここが、星が天から大地に降る北海道なのである。山木康世が、何度も何度も歌の中で具現してくれるあの懐かしい大地なのである。

けれど、札幌はもうあの北海道ではない。都会《まち》である。銀座と新宿と、渋谷と丸の内が全て一緒になったような都会である。札幌には大地の感触はなく、星が天から大地に降る北海道のイメージはない。

それは東京に日本の感触がないのと同じで、土着した文化が、外部とのあわただしい交流によって消えかかっているからではないだろうか。

ふきのとうが歌う〝ふる里〟というイメージは、札幌ではないとしたら何処なのだろう？　それは北海道の各地に点在しているまだ田舎を想わせる場所なのだろうか？

山木が、細坪の歌の中で描く〝懐かしい大地〟は、現象として存在する田舎なのだろうか？

ニール・ヤングが歌うように、それは特定の場所ではないのかもしれない。彼は「すべてが始まったところ」と歌った。

そう、もしかしたら、母の胎内かもしれないし、生まれ堕ちた家かもしれない。それは誰にも解らない。切ないイメージが漠然とあるだけだ。

## II　自分なりのやり方

札幌の共済ホールでふたりきりのふきのとうの演奏を聴いた。それは演奏というより〝うた〟に近かった。2人のギターは演奏と呼ぶには、こそばゆいくらい素朴だった。イントロも間奏もエンディングも、形になって奏でられたのは少なく、安心して聴いてられない、危なっかしい曲も何曲かあった。

普段はボーカルばかりが強調される細坪も必死でギターを弾いているし、山木もマンドリン、ハーモニカ、リード・ギターと忙しい。ゆえに、そこにはこれまでにはない特殊な緊張感があった。ギター2本とコーラスだけで創り出すふたりきりのサウンドが妙に嬉しく、山木と細坪も変に手慣れてなくて、時々する失敗が逆に新鮮だったりした。

「こうやって2人でギターを抱えてやってると、大学時代に教室の片隅で最初に2人でハモった時の気持ちに戻っちゃって、なんか練習を見せてるみたいで、お金をとってやるのはなんかお客さんに悪いような気がするんだよな」と語る山木康世は、そう言いながらも、原点を見い出してさらにやる気になっているという感じだった。

この日、ゲストとして出演した新人の小元兵太と、デビュー3年目の蓑谷雅彦（2人とも山木がプロデュースしたアルバムを出す）といった後輩達は、あがってしまってメロメロで、学園祭のアマチュアの演奏を見てるみたいで不思議な気分になった。

バック・バンドが解散し、２人だけになったふきのとう。11年目にして、彼らにいよいよ大きな転機が訪れたようだ。

今年は、秋のツアーの約半分をたった２人だけで廻る彼らは、もう一度自分なりのやり方、本来のうた作り、演奏の原点などを確認し、新たな気持ちで出発しようとしている。

事実、この8年間、彼らの音楽のテーマは「自然回帰」であり、「自己確認」であり、「根源探索」であったはずだ。

ところが、彼らの中にも迷いや、焦りが発生した。ふきのとうのコンサート・ツアーの体制は随分と小さいはずだが、そんな小さな体制にも問題はどうしても生まれる。山木は自分の作品を具現するステージでのサウンドについて先ず疑問を抱いている。自分の弾くギター、そして細坪の弾くギターと、ボーカルの絡み合う最小限の音像、そして、それに似合った音の出る極めてアコースティックな楽器、さらには、そこに最低限必要なメロディーが奏でられる理解力とテクニックを持ち合わせたバッキング・ミュージシャンの選定について頭を悩ませているのだ。

本来ならば２人だけでやるところを、５人とか６人でやるのだから、すべてが満足いく形に整うのは難しい。しかし、今回だけは、今度のバック・メンバーだけは、そういう不満をなくし、できるだけ２人のふきのとうの創る最小限のサウンドを生かした音作りにしたいと山木は考えているようだ。

そういった考えを前提とした上でのメンバー探しは大変だ。そうそう簡単に決まらない。そういった事が重なって、今年の秋のツアーは前半の９本が２人だけで行なわれることになった。そして、この２人だけのまさに「根源模索」のステージにおいて、彼らは新生ふきのとうの基本形を作りあげるための実験を繰り返している。彼らはニール・ヤングが歌うように「昔ながらの自分なりのやり方」を、もう一度試してみようとしている。

９月26日、札幌共済ホールでのコンサートは、そういった意味で〝出発コンサート〟だったのかもしれない。そして、このコンサートの最後に歌われた「シンプル・ソング」がそんな彼らの心境をとてもよくあらわしていたような気がする。

この歌はまさに〝自分自身を見つけるために旅に出よう〟という内容の歌だったからだ。

ふきのとうの新しいアプローチが、どういう形で開花するのか、今から楽しみである。

## 山木康世〝突然ライブ〟with 岡崎倫典

『シンプジャーナル』
1984年5月号より
（自由国民社）

### 山木さんの歌はシルバー・ランドの風景が

僕は東京に住んで今年で11年になる。そういえば最近、ホッ！とする風景に出会っていない。というより自分のまわりの風景とかにまるで興味を持たなくなったようなのだ。都市の景色というものがあまりにも殺伐としたものが多いせいなのかもしれないが、僕は自分が暮らしている街の持っている顔についてあまり考えようとしなかった。

もっと自分の足で歩いて探せば、美しい風景に出会えたのかもしれないが、僕は仕事が忙しいなんていうつまらない理由を口実に、どこにも探しに出かけなかった。休日は部屋で、ブラウン管の中の風景を見つめていたようなのである。

昨年、山木康世という北海道に住む「歌うたい」と話していた際、彼はなにげなく、本当にひょうひょうとした顔でこんなことを言ったのだ。

「俺はただ自分の家の窓から見える景色を歌っているだけなんだよ」

僕はちょっと驚いてしまった。そして、僕の家から見える景色は果たして歌になるのだろうか?…と考えてしまった。

そして、僕は彼の作った数々の作品を思い出しながらこんな風にも考えた。山木さんは自分の家と言ったけれど、自分の心の窓から見える風景を歌っているのだ…きっと。

山木さんの「うた」の素材は身のまわりで起きる、とてもささやかな出来事が中心となっているのである。彼が歩いたり、立ち止まったり、電車に乗ったり、ホテルの窓から外を見たり…とにかく出会ったことが、彼らしい洞察力で掘り下げられて、できるだけありのままに筆のタッチも荒々しく（もしくはコードは少なめに単調に）描かれていくのだ。

彼は風景画を描くように「うた」を書いていく。普通だと平凡な素材は貧弱なイメージに終わることが多いけれど、山木さんの手にかかると、とても独創的なリアリティに溢れ出すのだ。これが山木流の風景画の独特のタッチなにかもしれない。

そんな山木さんが、あのひょうきん大酒飲み倫典と共に「突然ライブ」をやるというので、僕は渋谷ライブ・インまで行ってきた。いやはや満杯立見行列の凄い人、それも90％若い女の娘《こ》…もうムンムンの雰囲気の中で、あのボケーとしたキャラクターの山木さんが、あの語り口で一曲一曲ていねいに作品解説しながらゆったりとのんびりと歌ってくれた。今回初めてコンビを組む倫典は決して上手くはないが山木さんの牧歌的なボーカルにピッタリはまるハーモニーを付けていて、1部でやった「端午の節句」が実に良いムードだった。

今回は2部形式で、僕の勝手な想像ですが、1部は「夢を追いかける山木さん」と「現実を見つめる山木さん」が居て、2部は「回想する山木さん」と「明日を考える山木さん」が居たようでした。もっと簡単に言うと、1部は「山木少年のうた」で、2部は「山木おじさんのうた」という感じかな…。

僕が一番印象的だったのは「向こう岸」。そして、ジーンときちゃったのが「山のロープウェイ」。やっぱり山木さんにしか出せない「隠し味」がこのコンサートにはあったね。

僕が出会った数々の歌い手の中で、こんなに素敵な風景画を描ける人はいない。上手な人は沢山いるけど、ここまで人の心を「ホッ！」とさせるような風景画を描けるのは山木さんだけだよ。

ふきのとう 細坪基佳 ソロインタビュー

## 「時代」と「自然」の両方を見つめて歌をうたうことが僕らにできるすべてだと思う

『シンプジャーナル』1985年10月号より（自由国民社）

つい最近まで、ツボさんといえば、〝万年ボーイ・ソプラノ〟とか、〝好青年〟というイメージがつきまとい、ステージでの印象のように清潔でいて誠実な男性だとばかり思っていたのだが、一度お酒を飲んで話すと、それまでのイメージはガラガラと音を立てて崩れ去ったのである。

ツボさんも山木さんに負けじ劣らず、自分本位で過激な人だった。こう文章にすると、ずい分印象が悪いが、僕としてはいい意味でずい分リラックスした会話のできる悪友として、とても素敵な関係になれると信じ込んでしまったのである。

彼の屈託のない正直な言葉と、他人をまるで信用しているような安堵感の溢れる笑顔には、凄いものがある。(そう、その奥にはトゲがあるからだ)

細坪基佳。この人の心の根底に流れる〝熱いもの〟は山木康世とはまた違ったパワーを感じさせる独断的な意志《メッセージ》が息づいているのである。

## 杉田二郎がカンツォーネからフォークへの橋渡しをしてくれた

MAKOTO（以下、MAKO）　ツボさんは、やっぱり中学時代からフォーク少年だったわけ？

TSUBO　俺が音楽というものにね感動したというのは、ボブ・ディランとかビートルズといった感じのフォークとかロックじゃなかったんだよ。あれなんだよ「サンレモ音楽祭」！

MAKO　じゃ、カンツォーネの世界!?

TSUBO　そうなんだよ。あれって人間の持ってる声を出しきってハアー！って歌うじゃない。言葉なんか全然わかんないんだけどさ、人間の限界まで声を出しきるという世界に感動したわけよ。

MAKO　あれって朗々と歌いあげるという感じだもんね。感情をめいっぱい込めてさ。日本人でいうと誰に感動したの？

TSUBO　日本人だとさ岸恵子の、あんまり朗々と歌うんじゃなくて、シンプル切々と歌うのあるじゃない、永遠と歌い続けるというような感じの…。

MAKO　シャンソンだねー。

TSUBO　ああいうボーカルって胸のところにダイレクトにくるものってあるでしょう。あれにすごい入れ込んじゃったわけよ。

MAKO　それいつ頃なの？　中学生の時…。

TSUBO　中学1年の頃かな。ビートルズが凄い人気で日本にも来たばかりの頃かな。それでね、俺の従兄が「サンレモ音楽祭」が好きでね、家にサンレモのライブのレコードいっぱい持ってきてさ、それ聴いてもう虜ですよ（笑）。

MAKO　その頃好きだったアーティストをひとり挙げるならば誰？

TSUBO　そうだね、その頃はボビー・ソロが一番好きだったかな、やっぱり。

MAKO　あれってスペイン語じゃないの？

TSUBO　イタリア語でしょう。でも、スペインの音楽に近いところもあるんだよ、カンツォーネって…。

MAKO　じゃ、サンレモっていうのはイタリアの街なんだ。

TSUBO　そう…だからサンレモ市で開かれる音楽祭だからさ、「サンレモ音楽祭」って名称が付いてるんじゃないのかな。

MAKO　東京音楽祭みたいなものなのかなあ？

TSUBO　世界中からカンツォーネやってる人が集まってくる大会だから、世界歌謡祭みたいなものなんだろうね。優賞する人がいたりするからね。

MAKO　ツボさんはそのライブのレコード聴いて一生懸命歌ってたわけ？

TSUBO　そう。イタリア語ってローマ字で書けるわけさ、だからすぐに自分で書いて覚えることができたしね。

MAKO　そうやって音楽の虜になった細坪基佳がどうして、フォークをやることになっていくわけ？

TSUBO　やっぱり同じ中学の友達にね、ビートルズ好きな奴もいれば、フォークを好きな奴もいるわけさ、そしてある時、そのフォーク好きの友達が、勉強しがてら俺の家に遊びにきて、レコード聴かせてくれてね、"この歌、ハモろうや"と言うわけよ。それで俺が主旋律をとって歌ったり、そいつが主旋で俺が上をハモったりしてね、遊んだんだけど、一人で朗々と歌うのもいいけど、他の人間と一緒に歌うということとか、ハーモニーに対して凄く興味が湧いたんだよね。

MAKO　その時、誰の歌をやったの？

TSUBO　一番最初によくやったのは、ジローズ。

MAKO　じゃ、「戦争を知らない子供たち」とかやったわけ？

TSUBO　いや、そんなのはやんなかった。ＬＰの中に入っているメロディーのきれいなバラードの曲とか、好きでね、よく2人でハモったんだよ。

MAKO　例えばどんな曲？

TSUBO　「何も言わずに」とかさ…。ねえ、杉田二郎も、どっちかって言うとカンツォーネしてると思わない？　歌い方が、朗々と歌いあげるタイプだし。

MAKO　そうだね…。そう言われればそういう感じするね。あの人のラブ・ソングはいいもんね。メロディーもいいメロディー書くし。

TSUBO　あの当時、はしだのりひことか加藤和彦とかさ、北山修とかさ、色々いたけど、俺はやっぱり杉田二郎が好きだったんだ。それは何故かというと、感情がはっきりと出てるメロディーがあったからだと思うんだ。それは今でも同じなんだけど、その歌手の感情が上手くメロディーに乗っかってると素直に心の中に入ってくるでしょう。つまり、歌い手が１００％の力を出して、自分のイメージしたものを伝えようとする意志があるものだね。レコードを聴く時も、こっちから入っていこうとしなくても、充分に聴く者を圧倒するような説得力を持っているボーカルに魅せられるんだよね。

MAKO　なるほど、ツボさんのボーカル・スタイルの基盤というか、ひとつの信念というのは、そこいら辺からきてるから、歌い上げる情熱的なものが多いんだね。すごくよくわかるよ。

## ふきのとうに課せられた　大きな使命

MAKO　以前、山木さんにも話したんだけど、僕は和歌山の田舎から東京に出てきて、今年で13年になるんだけど、東京近郊にずっと住んでてね、ふきのとうの山木さんとか、ツボさんの書く歌に出てくる風景とか、そういう驚きに出会ったケースがあまりにも少ないと思うんですよ。家を出て道を歩いてる時に、あまりにも夕焼けがきれいで立ち止まって見てたり、星がきれいだからベランダでずっとながめたとか、一度もないし、そういう目に映る現象にいちいち感動したりしてたことはないんですよ。つまり、自分の感性が鈍いとか、風景が汚れているとか言ってるんじゃなくて、そのものに対する関わり方があまりにも浅いような気がするんです。だから、歌を書こうとすると、都市が放つＢＡＤなエネルギーに対する否定的な歌だったりするわけなんだよね。

TSUBO　それは東京に住んでると見つめるものが違ってきちゃうからだよ。東京で見るものというのは自然じゃなくてね、時代だと思うんだ。だから時代を見つめる目というかね、例えば俺らで言えば音楽を生業《なりわい》としてるわけだから、歌のことだけ考えればいいわけじゃない。だからそれなりの視点で時代も自然も見てると思うんだけど、下村くんの場合は自分の立っている場所とか生業にしている仕事を成り立たせながら、歌っているわけだから、またその時代とか自然に対する接し方が違ってると思うんだよね。

MAKO　そうだね。

TSUBO　だからさ、俺らのコンサートを聴きに来る人だってそれぞれがまた全然違ったりすると思うわけね。彼らというのは僕らと同業者じゃなくて、別の生業があるわけだよ。そして、その人達というのはそれぞれが仕事をやっていて、その仕事の余暇でとか、合間に俺らの音楽を聴いてくれるわけじゃない。そうすると、その人達には毎日やっている仕事という現実があって、そんな中で、見忘れているものがあると思うわけね。さっき、下村くんが言ってた風景やなんかでも、誰もが一度は美しい風景を見たことがあると思うし、子供の頃遊んだ場所の景色とかさ、きっと心のどこかに大事に持っていると思うんだよ。だから子供の頃見た青空はみんな知ってるんだけど、東京で暮らして仕事に没頭していると、それをいつのまにか忘れちゃってるわけだよ。そんな時に、レコードを聴いたりなんかすると、ふっと思い出せる…とかね。俺らみたいな音楽やってるとそういう役割にいるような気がするわけね。

MAKO　ふきのとうの音楽がそういう部分で活用されているというわけね。だとすると、やすらぎとかさ、優しさというような、典型的な〝ふる里紀行〟みたいな世界やらないとダメじゃないの？

TSUBO　それは極めてメッセージの濃いうたでも同じようにできることだと思うよ。はっきり言って俺たちはサラリーマンじゃないから、後ろめたさがあるんだよな、常に。楽して金もらってるみたいなさ。でも、その後ろめたさを、何で解消するかと言えば、そういう忙しいビジネスをこなしている人達が、仕事に没頭していると見えなくなる部分を俺たちが、なるべく沢山抱えてきてさ、それを見せてあげるのが、俺たちの使命だと思ってるわけさ。

**MAKO**　なるほど、僕らが関わっている範囲で純真さを失わずに表現していくことって難しいけど、ふきのとうに課せられている役目も大変なものなんだね。

# 真島昌利　Masatoshi Mashima

## 初のソロ・アルバム『夏のぬけがら』に寄せて
## 「真の自由」と「ブタの自由」

『シンプジャーナル』
1990年1月号より
（自由国民社）

### 〝代弁者になり得ないＲＯＣＫ〟

真島昌利のソロ・アルバムを初めて聴いた時、僕はそう思った。そういえば今年の2月、真島とジョイント・コンサートをやった友部正人は「僕やＳＩＯＮの歌は不特定多数の人に向かってないから、自己中心的だし幅が狭いのかもしれない」…というようなことを語っていたが、真島昌利の音楽もまさにその部類に属している。

真島昌利という人は（たぶん18の時にバンドを結成したあたりから）どうしようもなく〝個人〟に向かっている人である。そんな彼がザ・ブルーハーツというバンドのギタリストとして活動する中で「終わらない歌」や「ハンマー」や「ダンスナンバー」や「チューインガムをかみながら」といった歌を書きあげる。これらの歌は甲本ヒロトという〝根本的晴れ男〟に歌唱されることによって特殊な（明るく前向きな）エネルギーを放っていたが、同じ曲を真島がうたった場合、きっともっともっと〝負〟がむきだしになって痛い歌になったと思う。現に真島がうたった「青空」を聴いたけれども、全く違う歌のように聴こえた。歌の焦点が変わるのだ。真島の「青空」は痛みに溢れた愛の歌である。この「青空」もそうだが、「TRAIN-TRAIN」など、まさに真島の心情暴露だと思う。彼の書いた短いエッセイ（ウディ・ガスリーの「BOUND FOR GLORY」を主題に書かれた）が元になっているこの曲は、やっぱり痛ましくも純真な思いで「自由」を求める歌だ。栄光に向かって走る貨物列車に飛び乗ったのは50年前のウディ・ガスリーその人。見えない〝自由〟がほしくて、見えない銃を撃ちまくるのは真島昌利その人なのだ。

＊　＊　＊

真島昌利は何年も前から〝ブタの自由〟と〝真の自由〟…その両方を見据え、歌を書き続けてきた。「夏が来て僕等」に始まり、「ルーレット」で終わるこの『夏のぬけがら』というアルバムは、真の自由を夢見る無垢な魂が描かれた作品集という気がする。

中でもいちばん象徴的な歌が「クレヨン」である、と僕は思う。この歌は詞の展開が抽象的なので直接伝わりにくいと思うが、〝無垢な心（けがれのないという意味）〟というものを観念の中で捉えようとした鋭いナンバーである。子供がクレヨンを手にラクガキをはじめる瞬間のトキメキ。そして思考せずにグングンと押し進めていくありのままの状態。そういうことがいつのまにかできなくなってしまい、何度も何度も手を加え、完成を目指す大人の技巧的《テクニカル》なアプローチとのギャップを、とても簡単な言葉でさらっと描いた傑作である。ジャック・ケルアックの名言「手直しをするな。思考をストップして勢いだけで書いたものだけが真実」が、この歌の中に脈々と流れている。

真島はこのアルバムの演奏をすべて一発録りで行なった。ミュージシャンを全員スタジオに集め、〝せーの〟で演奏し、2テイクか3テイクを録った時点でだいたいOKにしてしまったという。あとからの手直しは一切なし。ヴォーカルがうわずっていようが、フルートがひっくり返っていようが、友部正人がもう一度やり直したい…と主張しようが、彼は断固としてやり直しをさせなかったらしい。彼はその日そこにあるミュージシャンの〝気〟を録りたかったのだろう。

「とにかくザラッとした音を録りたかった。いま巷《ちまた》にあふれているツルツルとしたキレイな音は嫌だったんだ。ディランのレコードとかそうだと思うけど、肉迫してくる音ってやっぱり一発でスタジオ・ライヴを録るしかないんだよ」…とは真島本人の弁。

このアルバムの音は確かに生々しい。それに、そういった行為が、ちゃんと詩《うた》と絡まっていっているところが彼らしい。「クレヨン」という歌のテーマがまさに〝はじめの瞬間〟なのだ。そしてこの歌には他のすべての歌の発起点となっている〝自由〟という願望もちゃんと描かれているのである。

アルバムのもうひとつの顔になっている「ルーレット」そして「さよなら ビリー・ザ・キッド」の2曲は結局スクエアな〝現実〟に呑み込まれ、〝真の自由〟を手に入れることができずに行き場を失ない傷ついている〝友人〟のことをうたった歌である。今になってみれば真島昌利は彼らを救うことができなかった（やらなかった）自己を責めているような感じに仕上がっているのだが、彼はただ悲しんでいるわけではない。真島は〝彼ら〟を救ったり勇気づけたりすることはできなかったけれども、そこにある〝想い〟をひとつの傷として背負っていこう、と決意している。痛ましい最後を遂げる孤独なギャングが主人公の「アンダルシアに憧れて」もそうだが、真島はこれらの痛ましくもあり切なくもある作品《うた》によって〝ブタの自由に慣れちゃいけねえ、真の自由を掴むんだ〟と告げているようだ。

個人的には、〝明日がないかもしれないからギリギリのキスをしよう〟とうたう刹那的なラヴ・ソング「風のオートバイ」。そして、誰にも縛られず、自由に羽ばたいていく…という心の象徴としてオートバイを登場させた「オートバイ」が好きなのだが、ちょっと感傷的《センチメンタル》な意見だろうか。

＊　＊　＊

この『夏のぬけがら』を通して聴いてみると、彼がザ・ブルーハーツというフィルターを通して発表し続けてきた作品《うた》とは、色《カラー》が違うということがわかる。けれども語るべき〝核〟はどこも違わない、と僕は思う。ティーンエイジャーの代弁者になったことが大きく影響して、スターダムにのしあがったかのように見えるザ・ブルーハーツ。その裏側（内側）で真島昌利はどんどん自己中心的になっていった。〝みんなの〟から〝たったひとりの〟になるまで、彼は身を削り、心を奮い立たせ、どうしようもなく個人に向かっていった。この『夏のぬけがら』は贅肉のない、とても瑞々しい感性がむきだしになった真島昌利の〝孤立《ソロ》アルバム〟なのだ。

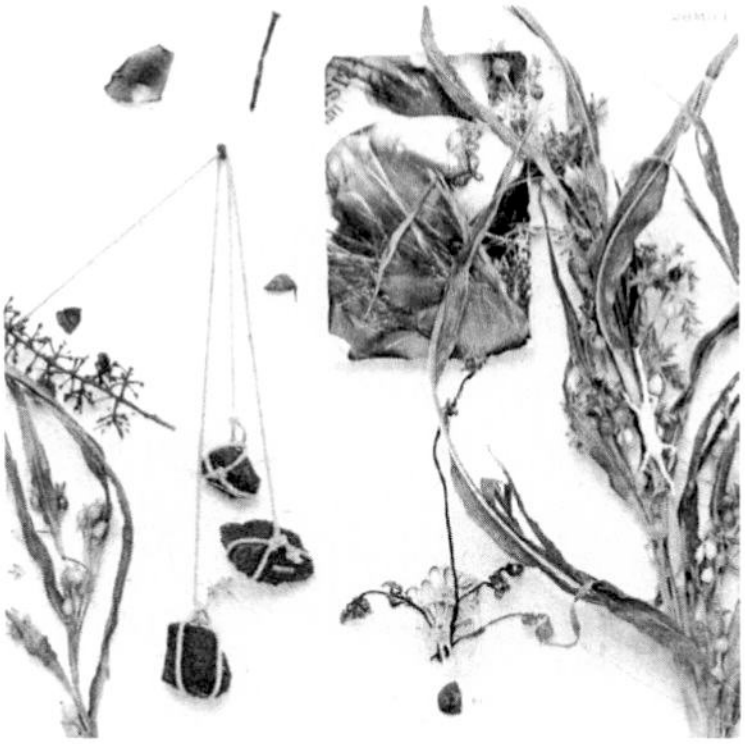

『夏のぬけがら』1989年11月
トライエム／メルダック

# ニール・ヤング憧れのトパンガ・キャニオン

『Vanda』1993年 vol.10
(MOON FLOWER Vanda編集部)

何故カリフォルニアだったのだろう。どうしてロスアンジェルスじゃないとダメだったのだろうか。ニール・ヤングを筆頭に60～70年代のウエスト・コースト・シーン（俗にカリフォルニア・ミュージックとも呼ばれた）を席巻していたミュージシャン及びグループはその殆んどがカリフォルニアの出身ではない。連中は30年代に様々な田舎の町からヒッチハイクや貨物列車にタダ乗りして《夢のカリフォルニア》を目指してやってきたホーボーのように、'60年を境にカナダやイギリスやニューヨークを中心にしたイースト・コーストのあちこちの街から、それこそ《夢のカリフォルニア》を目指してやって来たのだった。

ジョニ・ミッチェルは'66年にカナダのトロントからやって来て、郊外にあるローレル・キャニオンに居を構え、フォーク・ソングを歌ったり絵を描いたりしていた。ニール・ヤングはカナダ在住時代に組んでいたザ・スクワイヤーズを解散させたあと、ウイニペグで一度だけ共演したことがあるオー・ゴー・ゴー・シンガーズのスティヴン・スティルスとの再会を願って65年にポンティアックの霊柩車でロスにやってきた。

ロジャー・マッギンが初めてロスにやって来たのは'60年のことだったという。彼はライムスターズと一緒に共演してくれないか？という依頼を受けてシカゴからやってきたのだった。ロジャーがロスに来た時、彼はまだ18歳だった。彼がデヴィット・クロスビーと共にザ・バースを結成するまでまだ2年を待たなければならなかった。

メキシコやハワイに近接しているということもあって、ドラッグが手に入り易かったということは60年代のカリフォルニアの生活様式《ライフスタイル》に多大な影響を及ぼした。おおっぴらにマリファナが吸えるということが多くの人々、特にミュージシャンたちの精神を開放的にしたのだ。ミュージシャンが集まって孤立した小さなコミューンを築いたのはキャニオンと呼ばれる小高い山の上だった。とりわけローレル・キャニオンとトパンガ・キャニオンに多くのミュージシャンが自分（たち）の住居を築き、恋人や友人と共に暮らしていた。

「その頂《いただき》にさしかかると実際に道路の舗装もなくなり、全く世間から隔絶された感じがした」…とニール・ヤングが語っていたが、それは本当のようで、サボテンやエキゾチックな草木に囲まれた中でマリファナの一本でも吸っていれば、どんな創造力でも湧いてくるような気分になったという。

ヴァン・ダイク・パークスが彼のファースト・アルバム『ソング・サイクル』でローレル・キャニオンのことを《ビート族の仕事場》と名付けたのも、ミュージシャンたちがそのキャニオンの岩壁を自然の防音装置として利用し、曲を作ったり、練習したりしていたからだ。グレン・フライがロスに来て、まだ間もないころ、緑のケープをはおり、木造の階段に腰かけているデヴィット・クロスビーに出会ったのもローレル・キャニオンで、彼はこの出会いこそ運命の出会いだ！と信じたのだった。またローレル・キャニオンでのライフ・スタイルに霊感を得て、ジョニ・ミッチェルは『レディス・オブ・ザ・キャニオン』というアルバムを作ってるし、グラハム・ナッシュはそこでの生活を「アワー・ハウス」という歌に書いている。

トパンガ・キャニオンはローレル以上に辺鄙《へんぴ》なところで、ハリウッドやその界隈から20マイルほど離れたところにあった。リンダ・ロンシュタットや彼女のバックを務めていたストーン・ポニーズはここを根城にしていたし、後年（'70年）ニール・ヤングはこのトパンガ・キャニオンが見渡せる高台にある自宅のスタジオで傑作『アフター・ザ・ゴールドラッシュ』を完成させるのだ。ニール自身もあるインタビューでこう告白している。

「この『アフター・ザ・ゴールドラッシュ』はまさに

トパンガ・キャニオンのスピリットなんだ」

僕は'75年にロスに行ったのだが、憧れのトパンガ・キャニオンには辿り着くことができなかった。ロスで買った地図にはそんな名前の場所なんて載ってなかった。トルバドールにマリア・マルダーとランディ・ニューマンのショウを観に行った時、お店の人にトパンガ・キャニオンのことを聞いたのだが、《そんなところ知らない》と言う。ミュージシャンや芸術家のコミューンゆえ、一般の人は行けない場所だったのか。20年近く過ぎた今もそのことをウダウダと考えあぐねている僕なのだ。いつかまたアメリカを旅し、ロスに行く機会に恵まれたら、今度こそトパンガ・キャニオンに行ってみたい。

ニール・ヤングは'68年の5月にバッファロー・スプリングフィールドが解散した直後からソロ・アルバムを出すまでの間、それこそひっそりとトパンガ・キャニオンで暮らしていた。スティヴン・スティルスはアル・クーパーやマイク・ブルームフィールドと共にスーパー・セッション・ジャム・アルバムを出し、ガール・フレンドのジュディ・コリンズのアルバム『フー・ノウズ・ホエア・ザ・タイム・ゴーズ』でギターを弾き、ジョニ・ミッチェルのファースト・アルバムではベースも弾いたのだった。このころ（'68年ごろ）スティルスはなんとジミ・ヘンドリックスからギターのレッスンを受けていたという。これは嘘のような本当の話だ。スティルスとデヴィット・クロスビーが英国人のグラハム・ナッシュと初めて一緒に歌ったのはローレル・キャニオンにあるジョニ・ミッチェルの家だった。ナッシュはイギリスの人気バンドホリーズの一員としてロスで演奏していたが3人はすぐに意気投合して、'68年の12月にトレードが成立したあとグループを組もう、と決めた。ナッシュはコロンビア・レコードとの契約から解放されてアトランティックへと移った。スティルスはすでにアトランティックと契約していて、クロスビーは当時フリーだったので同じアトランティックに行くことはたやすかった。デヴィット・ゲフィンはその新しいグループのマネージャーになるため、アシッシュレイ・フェイマス・エージェンシーを辞めた。

ニール・ヤングが'69年の1月にみんなの前にもう一度姿を現わしたとき、それはソロ・アルバム『ニール・

ヤング』を発表するためだった。このアルバムのバック・ミュージシャンの中にはジャック・ニッチェとライ・クーダーの名前もあった。その記念すべきファースト・ソロ作は評論家からも、ニールのファンからもそれほど評価されなかったものの、非常に力強い強靭なスピリットに支えられたアルバムだった。なぜなら《これが僕、ニール・ヤングなんだ》というメッセージがはっきりと伝わってくるからだ。これを機にニールの孤独な旅は始まる。彼の澄んだ瞳には20年後も同じワーク・シャツを着てマーチンを掻き鳴らす自分の姿が見えていたのかもしれない。

## 『Vanda』連載エッセイ「Rock'n'Roll UNIVERSE」③より

### ロックの宇宙に未来を探して③より

『Vanda』1993年 vol.12
（MOON FLOWER Vanda編集部）

レイス・ミュージック、リズム&ブルース、ソウル・ミュージックなど、50年代から70年代にかけて黒人音楽は様々な呼ばれ方をしてきた。ジャズではなく、生活に根ざした教会音楽としてのゴスペルではなく、経済と密接な関係を持っているポップスとしてのブラック・ミュージック。例えばマイケル・ジャクソンやプリンスの音楽のことをリズム&ブルースと誰が呼ぶだろう。ヒップ・ホップのシーンで活動するラッパーたちのことも決してソウル・シンガーなどと呼ばないし、だからといってスティービー・ワンダーがR&Bのスタイルを保持しているかといえば全く違うと言わざるを得ない。…(中略)…。ソウルという言葉を「魂」という日本語に置きかえるとするならば、嘉納昌吉こそが真のソウル・シンガーであるに違いない。彼が今回「政治」「経済」「文化」といった表層的な(だからといって音楽業界は深く関わっているのだが)概念から遠く離れ、本当に自分の内なる魂(嘉納はそれをグレート・スピリッツと呼ぶ)に導かれるようにして作ったアルバムが『RAINBOW MOVEMENT』だ。本作には彼を敬愛する若いミュージシャンがたくさん参加している。作品を2曲も提供した上コーラスでも参加しているザ・ブームの宮沢和史。4曲のアレンジとコ・プロデュースを担当したのが高野寛。ほか、ボ・ガンボスのどんと&KYON、ソウル・フラワー・ユニオンの面々、ZELDAの佐代子とさちほがコーラスなどで参加しているのだ。ウチナーグチではなく標準語で「オレは思う」なんて歌う嘉納昌吉の声を聴いた時、最初はびっくりしたが、今回はこれまで以上に自分の世界をヤマトの人々に伝えたいという気持ちの強さを感じた。楽曲の素晴らしさもさることながら、それぞれの歌のパワーが凄い。特にヒートウェイブの山口洋が8時間を超える演奏(ギターとハーモニカ)をしたという「地球の涙に虹がかかるまで」は感動もんだ。そして、この嘉納昌吉のアルバムに収録されている「騒乱節」に全員が参加しているソウル・フラワー・ユニオン。彼らの新作「カムイ・イピリマ」も実に鮮烈なスピリチュアル・ソウル・ミュージックである。中川敬と伊丹英子によるアイヌ民族ほか…先住民族に対する隣人愛。緊迫する皇室問題。彼らは言葉ではさりげなくも激しいサウンドでメッセージする。6月10日(原文ママ)に皇室に嫁がれたMさまの心境を皮肉った「霊柩車の窓から」。さらには「無垢な魂」に向けて贈られる賛歌「世界市民はすべての旗を降ろす」は強烈だ。この曲をシングルで出してしまうキューン・ソニーの気骨も見上げたものである。

『Vanda』掲載のエッセイより　Vanda essay

# 10万人のホームレス
## ――アイタルミーティング 兵庫・阪神ツアー――

『Vanda』1995年 vol.18
（MOON FLOWER Vanda編集部）

僕たち「アイタルミーティング」の3人（下村誠、吉田健吾、紅葉谷佳代）が灘区の御影公園にあるボランティア集団「神戸元気村」に向かうためにJR住吉駅に降り立ったのは5月1日の午後1時だった。かなりの激しい雨が降っていたので雨やどりするためにプレハブの「お好み焼き屋」に入る。ドアのガラスのところに貼り紙。〝本日新装開店特別割引で全品半額！〟と書いてある。そこのオヤジの話によると、1月17日の地震で店舗と家は全壊。避難所で3カ月暮らしたあと、抽選にやっと当たることで他の人よりも早く店舗（プレハブ建て）を再建することができたという。娘さんも含む家族3人で切り盛りするこの「お好み焼き屋」の名物はモダン焼のようで、この日隣の席に座ったオジサンがおごってくれた。ビールも飲んだのに3人で850円だった。なんだかいきなりあったかい場面に出逢うことができてホッとしたのもつかの間。道を歩けばグチャッと倒壊したビルや屋根瓦が全て落ち、窓が歪んでしまった民家などがこれでもか！という勢いで目に刺さってくる。写真ではなく、目の前に広がる光景として目の当たりにすると、とてつもない痛みに襲われる。瓦礫の山の片隅に沢山供えられたぬいぐるみやお菓子やジュースや子供服。「あぁ、この場所で子供が沢山亡くなったんだね…」と喋りながら、声をつまらせた吉田健吾。とにかく目の前に広がる現実にしばらく驚愕の連続だった。15分位歩くと右手に公会堂が見えてくる。「がんばれ！　神戸元気村」のステッカーが貼られた立て看板の奥に入っていくと本部テントがあった。僕らを笑顔で迎えてくれたのは元気村の代表者のバウさんこと山田和尚と、スターンこと草島進一のふたりだった。

「1月や2月に比べてボランティアの数は減ったし、僕らが直接いまやるべき事が見えにくくなってるのは確かです。だからこそ現状が最悪になっていくんやろね。家族を全員失ったお爺さんにいま必要なのは、お金でも家でもなくて、愛情なんだ。それには1対1で親身になって付き合うという強い忍耐が必要で、僕らみたいに長いこと、ここで活動してる…やっていける人間にしかできないことなんやね。3日とか1週間だけ自分の仕事が休みのときに手伝いにくるボランティアにはできない事だから。これからが正念場やね。夏に向けての3カ月が大変や。すでに行き場（生きていくあて）がなくなって自殺する老人が90人を超えてる。マスメディアでは全く放送されへんけど、焼け跡で一日中ボーッと立ってるかと思えば、次の日に体育館の片隅で首を吊ってたとか…。とにかくその人たちを助けるためにはもう物資だけではダメなんやね。話相手になってくれる、本当に親身になって自分のことを考えてくれる人間が必要なんや。人間の愛がね」

バウさんの話は強烈だった。確かに「元気村」からは一時の熱気やパワーが消え失せてきている。それは膨大なエネルギーを投じた救援活動をしなくともよくなったことが要因となっているのだが、行政が全く力を貸してくれない…という悪循環が彼らの勢いを喪失させているのである。

「このあいだ、東京の日本赤十字の本社に行ってお願いはしてきたんですが、かなり冷たくあしらわれましたね。やっぱり行政は当てになりませんわ」と笑うのはスターン。

あんなに元気だった彼らの現在の悩みの種は活動資金不足なのだ。そして、義援金をプールするだけプールして1銭も、1円も避難民に還元しない行政と、テント暮らしや体育館や公会堂のノン・プライベートな避難所の生活が長びくことでどんどん精神が荒んできている被災者たち。それこそ「元気村」のバウさんでさえも、その板挟みになり意気阻喪しかけているのだ。

5月1日の時点で神戸市役所及び神戸ＹＭＣＡ本部、そして兵庫県庁に集まった義援金の一部を使って神戸市内に約2万戸の仮設住宅（全てプレハブ）が建設されたが、御影公園にテントを張り暮らす人々に抽選の権利が与えられるのは何カ月先になることやら、さっぱり見当がつかないという。そしてやはり、僕らが灘区にいた5月1日の時点で4千億円を超えている と言われている義援金が被災者のために配分されるという気配は全くない。日本赤十字社兵庫県支部に問い合わせても「義援金の配分には時間がかかります」という答えしか返ってこないので、神戸市の対策本部に対し〝説明会〟を開いてくれと何度か要求し、会場を手配するが、地元の政治家や大手新聞社から圧力がかかり、阻止されるということが続いたという。『Vanda』17号で佐野邦彦氏が〝まずはみんなで義援金を送ろう〟と書いていたが、行政（日本赤十字社）に金を送るのはやめてほしい。彼らは今後の事件や事故に備えて〝医療器具〟を充実させる事にしか金を使わないかもしれないよ。とにかくその4千億円の一部、50万円とか100万円たりとも現場で奔走するボランティア団体に渡す気配は全くない。だから安易な善行をする感覚で義援金を送るのだけはやめてほしい。その思いは、その同情は、物質化されると同時に無駄になるのだから。

そこで僕の提案なのだけれど、今後は現地に働くボランティアの活動を支援するために直接「元気村」に送金してほしい。現金ではなく物資でもかまわない。一度「元気村」のバウさんかスターンに連絡を入れて、〝何が必要か〟という事を尋ねてから送るのもいいかもしれない。彼らの資金繰りはもう限界を超え、かなり深刻です。（※本書編集注：当時の記事には、神戸元気村の連絡先が出ていましたが、本書では不掲載といたします）

5月1日の夜、僕達アイタルミーティングは「元気村」の本部テントの中で、ボランティアの若者たち（オジサンも2名ほどいた）10人の前でライブを演った。2カ月ぐらい前までは毎日焚き火をして行われていたらしいが、最近は全く〝音楽〟が鳴ってなかったその「元気村」にナイアビンギのビートがこだまし、「No Woman No Cry」が響いた。

〝久々にええ歌きいたわ〟とバウさん。僕らはその日、キラキラした彼らの顔に励まされ、すごく元気になった。外では優しい雨が降り続いていた。

## 下村誠全仕事アーティスト一覧

RC サクセション／赤い鳥／ UP-BEAT ／ THE ALFEE ／ ANGIE ／泉谷しげる／伊勢正三／伊丹哲也／伊藤銀次／忌野清志郎／上田正樹と有山じゅんじ／ ECHOES ／エレファントカシマシ／大塚まさじ／大貫妙子／岡林信康／小田原豊／甲斐バンド／柿島伸次／加藤和彦／川村かおり／吉川晃司／鬼頭径五／くじら（QUJILA）／窪田晴男／ KENZI ／ GO-BANG'S ／小坂忠／ THE GROOVERS ／ THE SHAKES ／ THE STREET BEATS ／ THE STREET SLIDERS ／佐藤奈々子／斉藤哲夫／佐野元春／ザ・ビートニクス（鈴木慶一＆高橋幸宏）／ THE BLUE HEARTS ／ SION ／篠原太郎／シバ／ SHADY DOLLS ／じゃがたら／ザ・シャムロック／ JUN SKY WALKER(S) ／白井貴子／白鳥英美子／鈴木さえ子／高石ともやとザ・ナターシャ・セブン／高田渡／田中一郎／チャクラ／ TEAR DROPS（村八分）／ DEVILS ／ TOM ★ CAT ／友川かずき／友部正人／豊田勇造／中川イサト／西岡恭蔵／ NEWEST MODEL ／はちみつぱい／浜田省吾／ハルメンズ／ふきのとう（山木康世・細坪基佳）／真島昌利／松藤英男／憂歌団／遊佐未来／ユニコーン／ラフィン・ノーズ／リクオ／ LINDBERG ／レベッカ

※ あいうえお順・敬称略／ここにあげたアーティスト名は筆者が図書館等で見つけることのできた記事でチェックした名前・グループ名です。もしかしたら不完全かもしれませんが、こうして一覧にしてみました。それでも、1980 年代～ 1990 年代前半の期間で、70 を超えるアーティストを取材・記事にしていたことになります。

# 第四章

# アーティストからの言葉

**西本 明**

ロングインタビュー

「音楽の道に進みたいという夢の背中を押してくれた下村誠という生き方

**スズキコージ**

インタビュー

「ぐゎらん堂にずらっと集っていた超個性的な連中の中で、ももちゃんは甘えん坊で、調子がよくて、一番下の弟のような存在だった」

**佐藤奈々子**

メッセージ

**アルバムのライナーノーツから**

ロングインタビュー
西本明、音楽人生を語る！

# 音楽の道に進みたいという夢の背中を押してくれた下村誠という生き方

取材・文　大泉洋子

**西本明**（にしもと・あきら）
１９５７年、千葉県生まれ。１９７０年代の終わり頃から、キーボードプレイヤーとして、甲斐バンドや浜田省吾のツアー、後藤次利のスタジオセッションなどに参加。佐野元春のセカンドアルバム『Heart Beat』（１９８１）のレコーディングを経て、１９８２年、佐野元春 with THE HEARTLANDに加入。同時期に尾崎豊の作品の編曲も担当することになり、ファーストアルバム『十七歳の地図』（１９８３）から、『回帰線』『壊れた扉から』（いずれも１９８５）と初期の３作にアレンジャーとしてたずさわり、尾崎豊の名曲を支えた。この超多忙な頃、下村誠のバンド「BANANA BLUE」などでも活動。その後、稲垣潤一、白井貴子、渡辺美里など多くのミュージシャンへの楽曲提供、編曲、レコーディングに参加。現在も、キーボードプレイヤー、アレンジャー、音楽プロデューサーとして多忙な日々を送る。若い頃からの音楽仲間と結成したバンド「Shino」「千葉トリオ」「TOP STONE」でも活動中。

西本さんがピアノに出会ったのは、中学3年のとき。所属していたブラスバンド部の顧問だった音楽の先生から「バイエル」を渡されて、「これを弾いてみなさい」と言われたことだった。

西本さんは、ブラスバンド部ではトランペットを吹いており、鍵盤楽器を弾いたことはなかったが、渡されたその日のうちに、手がつりそうになりながらも、バイエルの練習曲を弾けるようになったそうだ。

これが、西本さんと〝鍵盤楽器〟との出会い。

高校卒業後のライブ活動では、ベースを弾くこともあった。

西本さんにはお姉さんとお兄さんがおり、ふたりとも音楽が大好きで、ギターを持っていたこともあって、西本さんも時々借りて弾いたりしていた。が、ピアノはない。じゃあ、と気軽に買えるような楽器でもない。そのまま、時は流れていく。

高校生になり、西本さんはマンドリンクラブに入る。マンドリンクラブでは、最初はギターを弾きたくて入部したのだが、あるとき、「ベースをやってみろ」と言われ、コントラバスを弾くことになった。

部活で練習する曲のほかに、洋楽や邦楽のポップスも聴くようになっていく。中学から高校にかけて好きだったミュージシャンは、キャラメル・ママ、荒井由実、オフコース。あるいは、サイモンとガーファンクル、ジャクソン・ブラウン、ジェームス・テイラー、イーグルスなど。

〝自分って、音楽が好きなんだな。向いているんだな、ということがものすごくわかってきて〟マンドリンクラブ以外にも、フォーク同好会やロック研究会、ブラスバンド部、コーラス部にまで顔を出し、高校の音楽系部活は総なめにしたそうだ。

## 音楽少年たちを結びつけた楽器屋さんの存在

高校で、西本さんは、江澤宏明さんと出会う（後の浜田省吾さんの1980年代のバンド「THE FUSE」のベーシスト）。

「同じ学年で、一番、気が合ったのは江澤君でしたね。ピアノも弾けるし、ギターもベースも弾ける。いろいろな楽器ができる上に、歌もうまい。音楽的にすごいなぁと思う人が彼で、気が合って、遊びに行ったり、一緒にバンドもやるようになったんです」

西本さんには3歳上のお兄さんがいて、音楽をやっていた。江澤さんと組んだバンド「しの」のほかに、お兄さんのバンドにも参加していた。

バンドのメンバーや江澤さんとよく通ったのが、茂原にあった楽器屋さん。

「当時は、楽器屋さんを経由して、みんなやってたんですよ。メンバー募集とか、新しい楽器が来たよ、とかね。そのうち楽器屋さんの人と仲良くなって、コンテストがあるけど、出ない？　みたいな話になったりして……」

こうして西本さんはコンテストやライブに出るようになる。そんななか、出会ったのが、下村誠だった。

「初めて会ったのは、高校2年か、3年の頃だったかなぁ。彼もコンテストに出たり、ライブやったりしていましたね。ひとりでアコギ弾いて歌っていたんですけど、ぼくは、いい声だな、歌のうまい人だなと思ってたんです」

その頃の千葉の音楽シーンでは目立つ存在で、人気もあったそうだ。西本さんが高2、高3なら、下村さんは20歳か21歳。

§

## ピアノが弾きたくて、弾きたくて
## 始発で学校に行って、音楽室でピアノを弾いていた頃

小学生の頃の鼓笛隊以来、さまざまな楽器を経験してきた西本さんだが、江澤さんとのバンドで、ピアノを弾く機会も多く、自然とピアノに気持ちが向いていった。

高校2、3年生の頃から、音楽をやろう、音楽で生きていきたいと思うようになり、音楽大学への進学をめざそうと決めた。両親の理解もあり、先生について音大に行くための勉強もはじめる。めざしたのは、作曲科。先生に何をやりたいかと聞かれて、「アレンジをやりたい」と答えたそうだ。

音大受験に向けて、ピアノの練習もはじめた。しかし、家にピアノはない。そこで西本さんは——、

「毎朝、始発で学校に行って、音楽室でピアノを弾いて、授業は適当に受けて（笑）、昼休みになるとまたピアノを弾いて、授業が終わると部活やって、そのあとピアノの練習室に行って、警備員の人に〝もう帰れ〟って言われるまで弾いて……っていうのを、一年くらいやってたんです。家にピアノがなかったので、ピアノが弾きたくて、弾きたくて、早起きも、全然、苦じゃなかった。おふくろも、『なんで始発で行くの？』と思ったとは思うんです

けど、毎朝、送り出してくれました」

しかし、サマーキャンプ的な夏期講習で断念した。

「1年くらいの勉強じゃ受かりませんよ。作曲家をめざして、何浪もしている人もいて、彼らはものすごくピアノがうまくて、音楽の知識もぼくの何倍もある。きっぱりあきらめて、高校卒業後はアルバイトをはじめました」

オーディションがあると聞けば受ける、千葉の音楽仲間のコンサートでピアノを弾く、そんな生活が始まった。アルバイトで貯めたお金でエレピも購入した。

「でも、一年間、先生に付いて勉強した作曲法や和声学の基礎が、自分の身になっていましたね。今になってみると、スタジオミュージシャンとしてやっていこうとするときに、自分にとって、大切な知識になっていたことがわかりました」

## 音楽をやっていきたいという夢の背中を押した下村誠という生き方

さて、そんななか、下村誠とのつきあいは続いていた。仲良くなって、いろいろと話をするうちに、彼が音楽ライターであることもわかってきた。

ある日、下村さんのアパートに遊びに行く。これが西本さんの背中を押すことになる。

「下村君の家に遊びに行ったら、部屋中にレコードがだーっと置いてあった。自分で買ったのと、サンプルでもらったものとかもあって、『これ！これ、いいよ』とレコードを出してきて、『これ、聴いてごらん』とかって言ってくれて、あ、じゃあ、貸してね、みたいなね。それで借りて帰ったりして」

このころ、下村さんは、音楽雑誌『新譜ジャーナル』の編集部で仕事をしていた。１９７6年頃のこと。西本さんとの年齢差を考えると、おそらく、まだ1年目くらいかと思われる。そう西本さんに話すと、

「え、そうか。新譜ジャーナルで書き出した頃なのか。ずっと前からやっているように見えたけど（笑）」

その感じ、わかる気がします（笑）。

それはさておき、家にレコードがたくさんあって、レコードを聴いては原稿を書いている。そして、歌をつくり、ギター1本、ライブで歌う。

「こうやって、好きなことやって暮らしてるんだ、この人。こういう生き方があるんだ、って――」

音楽が好きで、音楽で生きていこうと思った。アルバイトをしながら、ライブ活動をしたり、オーディションを受けたり、コンテストに出たり。でも、不安がないわけではない。世の中の多

くの人はいわゆる、勤め人、だ。

そんなときに出会った自分より少し年上の〝大人〟が、好きなことをやって、自由に生きていた。

「これはもう、かなり自分の決断の後押しになっていますね。こんなふうに生きていけるんだ、と思って。下村君の生き方に、かなり影響されたと思う。この人に出会っていなかったら、いま、何してるか、わからないですよ」

１９７６年、西本さんと、高校の同級生・江澤宏明さんは、下村さんに誘われて、「船来歌謡音楽団」というバンドを組み、ヤマハのポピュラーソングコンテストにも出場した。

「関東甲信越大会までいったかなぁ……うん、下村君の最優秀ヴォーカル賞……とったかもしれない。このころの彼の歌、よかったんですよ。とても優しくて。歌もうまかった」

その後、「ももちゃんばんど」も結成。ももちゃんばんどで演奏するのは、やさしい曲調の子ども向けの歌。幼稚園や福祉施設に行って、ぬいぐるみと一緒に、子どもたちの前で演奏したそうだ。最初のメンバーは、そらべふくろう（下村さんの変名／ボーカル、ギター）、しののめれい（ボーカル）、西本明（アコーディオン）の３人。

「ももちゃんばんどでは、いろんなところに行かされましたねー。アコーディオンとギターだから、どこでもできるし、電源いらないしね」

この３人でデモテープをつくったところ、ベルウッドレコードが気に入ってくれて、ミニアルバムを出そうということになった。そのときは、ベースに江澤宏明さん、マンドリンで網野まことさんも参加。１９７７年、自主レーベル「よいこれこおど」から「ももちゃんばんど」が発売となった。

（写真上）アルバムジャケットの絵は漫画家の永島慎二さん　（写真左右）ももちゃんばんどのステージ写真から。1976 年の写真だとすると、西本さん 19 歳、下村さん 22 歳。

## さまざまな出会いが続き、音楽への道が開けていく

出会いが出会いを呼び、どんどん道が開けていく時期、というものがある。西本さんにとってそれは20代前半のことだった。この頃、猛烈な勢いでさまざまな人との出会いがあり、音楽の仕事が広がっていったそうだ。

キーボードプレイヤーの板倉雅一さんと知り合ったのもこの頃。板倉さんの紹介で参加した甲斐バンドのツアーでは、日本各地をまわり、ステージでプレイする楽しさとやりがいを知る。

ツアーにはほかに、浜田省吾さんや竹内まりやさん、中島みゆきさんなどのコンサートツアーにも参加した。江澤宏明さんに誘われて、後藤次利バンドのオーディションを受け、アルバム制作にも参加。板倉さんを通して伊藤銀次さんとも知り合って、佐野元春さんのレコーディングに顔を出すようになり、2枚目のアルバム『Heart Beat』のレコーディングに、キーボードとして参加したのは1980年のことだ（リリースは1981年）。

この流れのなかで、スタジオミュージシャンのスケジューリングをする事務所にも所属する。名アレンジャーやプロデューサーとの出会い、気の合うミュージシャン仲間とのセッション。そして目に留まり、仕事が入る。それが次の仕事に、次の出会いへとつながっていく。「ぱーんと道が開けていくようだった」という。

「この事務所で一緒にやっていたのが、ドラムの瀧本季延君やベースの本田達也君、ギターのおもたにせいじ君。気が合うのでしょっちゅうセッションをしていました。昔、『金八先生』っていうドラマありましたよね。それで、このメンバーで、その劇伴をやらせてもらったんです」

劇伴とは、ドラマの奥で流れる音楽のこと。

「怖い場面だと、ジャジャーン、とか入るじゃないですか。他にも、いろんな場面のバックで流れる音楽。あれを僕らがやらせてもらってたんです」

セッション仲間にはほかに、ギターの鳥山雄司さんや北島健二さんもいて、このメンバーで、尾崎豊さんのレコーディングをやらないかという話になっていく。レコーディングでは、アレンジも担当することになる。ギターの町支寛二さんと、ほぼ半分ずつ。

気心の知れた仲間たちとのスタジオワークのなか、「尾崎君からは特に注文はなくて、自然に、歌にアプローチさせてもらっていました。イントロ、全体の構成、バックの演奏で盛り上がりをつける演出……とか、彼の歌が一番活きるように、でも、つくりすぎず、

自然な形でのアレンジをしようと思っていました」。

ファーストアルバム『十七歳の地図』のリリースは、1983年12月1日。「I LOVE YOU」「OH MY LITTLE GIRL」、あるいは「十七歳の地図」などが西本さんのアレンジによるものというのは、あまりに有名だ。

1982年、西本さんは、佐野元春さんのバンド、「THE HEARTLAND」に正式加入するが、実は参加しないツアーがあったり、佐野さんから少し離れた時期もあった。

アレンジャー、スタジオミュージシャンとしての活動が広がっていくなか、「スタジオのなかで地道につくっていく作業が、自分は本当に好きなんだな、という判断がありましたね。ぼくはスタジオミュージシャンだっていうプライドと、でも、こんなにクオリティの高いコンサートができる人と一緒にやりたいという思いと……。でも、いったん離れて、コンサートを観に行くと、やっぱりこの人はすごい、どうしてぼくは距離をおいているんだろう、なんて思ったり――」。

20代から30代、順風満帆に仕事を続けるなか、感じていた真剣な迷い。しかし、あるコンサートで、西本さんが観客として観にいくと、ステージ上から佐野さんがこんなふうに呼びかけてくれたそうだ。

「明君、いつでも戻ってきてくれていいんだよ!」

この言葉で西本さんは再び、THE HEARTLANDに戻り、1994年9月15日、横浜スタジアムで開催された、〝佐野元春 WITH THE HEARTLAND解散コンサート「LAND HO !」〟まで活動を共にした。

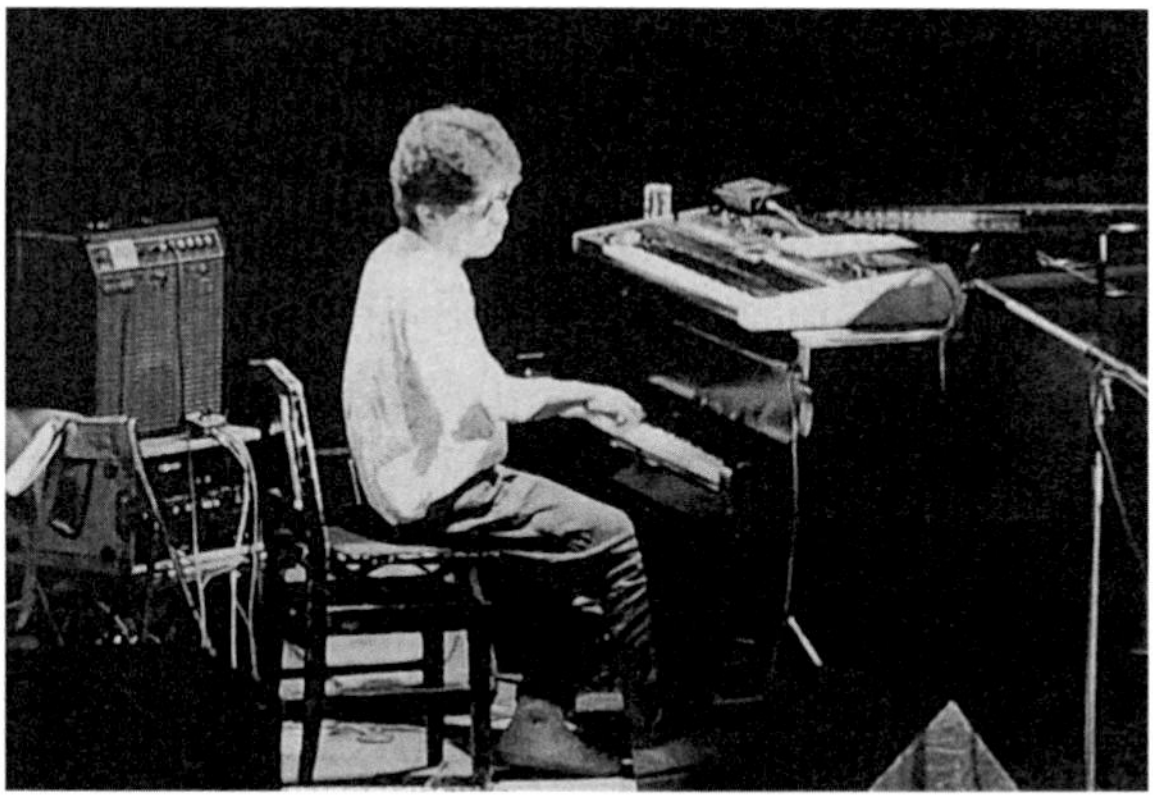

西本さん、30代の頃のステージ写真

## 変わってしまったと思っていた下村誠の歌と変わらずに残っていた本質

２０１９年11月、下村さんが亡くなって以来、おそらく、オフィシャルな形では初めての、13回忌追悼ライブ「BOUND FOR GLORY Vol.1」が開催され（東京神田・レタス）、このとき、西本さんは初めて、下村さんの楽曲から「リバーズ・ストーリー」を歌った。

さかのぼること40年。１９８０年12月、下村さんはインディーズ・レーベル「NATTY RECORDS ナッティ・レコード」をたちあげる。'82年には、バンド「BANANA BLUE」を結成。西本さんもキーボードとして参加した。

「リバーズ・ストーリー」にスタジオ録音はなく、ライブ音源がライブ盤とベスト盤に収録されている。西本さんによる柔らかで自然な感じのピアノで始まる、ロードムービーのような、人生の時の流れを歌う、優しい愛のうた。

13回忌ライブで西本さんにこの曲を歌うことをすすめたのは、かつて、BANANA BLUEで同じバンドのメンバーとして、ギターを弾いていた伊藤あゆきさん。「明さんに合うと思うから、歌ってみて」と言われたそうだ。

そして、あらためて歌ってみたら、「まさしく下村誠の歌だった」。変わってしまったと思っていた下村さんの歌だが、「下村誠が伝えたかったことの本質は、ちゃんと残っていた」、と、あらためて気づかされたそうだ。

実は、西本さんは、BANANA BLUEで一緒に活動をするなかで、「昔にくらべて、雑になったなぁ」と感じていたのだという。

「さっきも話したように、昔の彼の歌が好きだったんですよ。僕が10代の頃の。たぶん、ロックの解釈になってて……うーん、ちょっと乱暴になってきたなと思ってました。なんか、急いでいる感じがした。急いで曲をつくって、すぐレコーディングして、ライブやって。歌い方も変わってきて、ぼくはそれが残念でならなかったんです」

１９７９年にボブ・マーリーが来日。その際、下村さんは楽屋で本人と対面を果たしている。とても興奮した様子で話していたことを、西本さんはよく覚えていた。

「そうだな、ボブ・マーリーに会ったのは大きかったかもしれない。……あとは、佐野元春に出会ったことも大きかったんじゃないかな。佐野君に歌のアティチュードっていうか、そういうの、影響されてたんじゃないかなぁ」
「もっと、昔みたいにていねいに歌えばいいのに、と、実はちょっと思っていた。すごいていねいに、優しく歌えるんですよ。すごく、歌、うまいの。それを、なにか、突き放すように歌うようになった。インスピレーションを受けたのか、そういう、前の自分が嫌になっちゃったんじゃないかって、ちょっと、想像ですけどね。前の自分に否定が入って、そこにはもう戻らないぞというふうに思ったんじゃないかという気がしていたんです」

初期 BANANA BLUE のメンバー

「BANANA BLUE」はレゲエ色の強い音楽性で、ボブ・マーリーの影響を大きく受けていることがわかる。地球環境や戦争、機械化がすすみ、人と人のつながりが脆弱になっていることを憂い、「ぼくはなにをすればいいのか」という焦りにも似た気持ちが伝わってくる。拳を振り上げている感じも、ある。

「そうか、怒っていたのかなぁ。優しくしたり、ていねいにしたりするのを排除したのかもしれない。でも、何か残ってましたね。相変わらず雑だなぁと思ったりはするんだけど、下村誠が伝えたかった本質のところは、ちゃんと残っているという気がする」

1976年の「船来歌謡音楽団」にはじまり、「ももちゃんばんど」→「下村誠バンド」→「ラスタマンヴァイブレーションズ」→「BANANA BLUE」…と下村誠と一緒にバンド活動をしてきた西本さんだが、1983年、脱退。それと共に西本さんは下村さんの音楽とは離れていく。だから、その後の下村さんがつくる楽曲については、あまり知らずに過ごしてきた。

「BANANA BLUE」のあとに結成したバンド「ザ・スナフキン」からはレゲエ色はうすれていき、その次の「アイタルミーティング」、その後のソロ活動と、下村さんがつくる曲は、どんどん、下村さんの音楽の原点に戻っていったのではないかなと思う。下村さんが10代の頃に影響を受け、あこがれたアメリカやイギリスのシンガーたち。たとえば、ニール・ヤングやボブ・ディラン、ジョン・レノンのような。

下村さんの歌を歌うライブは、その後、―下村誠 SONG LIVE―「BOUND FOR GLORY」として続いている。ライブを主催しているのは、「下村誠バンド」から下村さんのバンドに加わるようになり、「ラスタマンヴァイブレーションズ」「BANANA BLUE」、そのあとの「ナチュラルスピリッツ」「ザ・スナフキン」などでもベースを弾いていた三輪美穂さんだ（→p262）。

ライブは定期的に開催されるようになり、西本さんに出演依頼や、「これ歌って！」という連絡がくるようになった。

「美穂やあゆきが、下村君の曲をまた僕に引き合わせてくれてる、そんな感じがしますね」

## 「このあともずっと、下村君の歌を歌っていくんでしょうね。歌い継いでいく役割を担うのかもしれない」

２０２１年12月12日、生きていたら67歳になるはずだった下村さんの誕生日に行われた「BOUND FOR GLORY Vol.5 ―下村誠 SONG LIVE 生誕祭―」で、西本さんは、「ウルダジンナ・グッドナイト」という曲を歌った。

あ、これ、「Shino」のセカンドアルバム『リバーズ・ストーリー』に入ってる曲だ、と気がついた。アルバムのライナーに〈作詞作曲 下村誠〉と書かれていたが、いつの歌だろうと気になっていた曲。

「Shino」というのは、西本さんが高校時代、江澤宏明さんと組んでいた「しの」を再結成したバンド。アルバムのリリースをはじめ、ライブも行なっている。

「この曲をやるにあたって、江澤君が

（写真右から）西本明さん /Pf. 三輪美穂さん /Ba. 藤井静子さん /Dr.
「BOUND FOR GLORY Vol.5 ―下村誠 SONG LIVE 生誕祭―」にて

昔のカセットテープを発掘してきたんですよ。舶来歌謡音楽団で、たしか、茂原かどっかのライブやってるときのです。下村君のかなり初期の頃の曲ですね。で、結局、やっぱりウルダジンナの意味はわからないねって話になったんだけど（笑）」

Shinoのアルバムでは、ピアノとベースによるボサノバっぽいアレンジになっているが、もとは、もっと素朴な感じだったそうだ。

そして、2022年5月に行われたShinoのライブでは、西本さんは下村さんの「海への風」を歌った。

「自分たちで演奏してみたら、優しいメンタリティが残っていました。『海への風』も、やっぱり下村誠だなぁと思いますね。なにを言いたかったんだろう。くり返し歌う、『この川はいつか　海に流れてゆく』とかね、なにを伝えたかったんだろうなぁ……。風呂入って、シャワー浴びてるような日常のなかで、歌詞をフッと思い出すんですよ。『求めすぎると　遠ざかる』か、あぁ、なんだろう、禅問答みたいだな、とかね」

もしかしたら、歌い継いじゃう役割になりそうだ、と西本さんがにこやかに言う。

「きっかけは、美穂やあゆきに言われて歌ってみたことだけど、やってみたら、妙によかった。いいな、自分のライブでやろうかな、CDにも入れちゃおうかな～（笑）みたいなね。自分のからだに合ってるっていうか、とても自然な流れで来てる。誰かに言われて、とか、自分が下村誠の歌を残さなきゃ、っていうことでもなくて、自然に――。たぶん、こういう流れで、このあともずっと下村君の曲を歌っていくんでしょうね。きっとね」

## 新たな出会いが生む
## ――Imagine――

西本さんのインタビュー時（2022年9月）、近々、「TOP STONE」が出演するライブがあるとお誘いいただき、10月6日、神田のライブハウスSHOJIMARUに出かけた（TOP STONEのメンバーは西本さんのほかに、瀧本季延さん（Dr.）本田達也さん（Ba.）。20代前半の頃、同じ事務所に属し〝金八先生の劇伴〟を一緒にやった、古くからの音楽仲間）。

SHOJIMARUでのライブの出演者は、中田雅史さん、川端洋輔さん、中嶋晃子さん、清水ひろたかさん、TOP STONEなど。客席には、小さな子どもたちもいた。ライブ関係者のお子さんのようだった。

中田さんの歌も、清水ひろたかさんのギターもすばらしかったし、TOP

STONEの演奏は、思わずにやりと笑ってしまう、かっこよさ。繊細で、ち密で、ダイナミック。決めのリズムがパシッときまるときの、快感たるや！　そんなライブの場に小さな子どもたちがいて、一緒にリズムをとったり、歌ったり。それがとても自然で心地よかった。

「フェスや何かのプロジェクトに誘ってもらうと、そこでまた新しい出会いがあって、気づいたり、勉強になったり……刺激をもらえますね」

SHOJIMARUでのライブは、同年10月22～23日に札幌で開催された音楽イベント「今心《イマジン》CHILD MUSIC FESTIVAL ～イマジンピースの子どもたちへ～」の前哨戦的な意味合いがあったようだ。

「今心CHILD」とは、シンガーソングライターの中田雅史さんが主宰する活動のひとつで、核にある想いは、ジョン・レノンの「Imagine」。２０１９年12月8日、ジョン・レノンの命日には、「今心CHILD」に縁のあるミュージシャンが集まって、「imagine」のレコーディングも行なっている。そのときの様子をまとめた20分ほどのドキュメンタリー映画があるというので、拝見した。（＊この映像はYouTubeチャンネル〔Terroir Music〝風土とめぐり、奏であう〟 @terroirmusic8761〕から「今心 (IMAGINE) PROJECT 2021」で検索して見ることができます）

「Imagine」のような普遍的な曲、誰もが知っていて、何十回、何百回と聴いたことのあるような曲は、それぞれの人の心に「それぞれのImagine」があると思う。それを、「今心CHILDのImagine」にしていくのだ。参加ミュージシャンそれぞれが持つ、自分のImagineからの提案、他の人のImagineに耳を傾け、トライしたり、歩み寄ったり。そしてだんだん形になっていく様子が記録されている。

札幌で開催された音楽イベント「今心《イマジン》CHILD MUSIC FESTIVAL ～イマジンピースの子どもたちへ～」には、数多くのミュージシャン、アーティストが参加した。そしてこの開催の裏には清水ひろたかさんの尽力があったそうだ。ギタリストであり、シンガーソングライター。作詞作曲も手がけ、国内外を問わず、多くのミュージシャンのレコーディングやツアーで活躍するマルチアーティスト。２００９年から、ヨーコ・オノ・プラスティック・オノ・バンドのギタリストとしても活躍した。

「清水さんをはじめ、加藤登紀子さんや吉田健さん……すごい人ばかりでした。自分のブランドで活動している、大人のミュージシャンですよね。若い世代の、魅力あるミュージシャンとも共演できて、楽しかったですね」

## 同じ時代に、同じものを聴いて育ってきた昔の仲間との音楽活動で感じる感覚は、いまの自分にすごく必要

「Shino」「千葉トリオ」「TOP STONE」。現在、西本さんは、プレイヤーやアレンジャーの仕事とは別に、若い頃に出会った仲間とバンド再結成、あるいは新たに組んで、音楽活動をしている。

そこで、昔のバンド活動のこと、再会・再開したきっかけなどをうかがっていた。この3つのバンドのメンバーはいずれも、西本さんが高校生〜20歳前後の頃に出会った仲間たちだ。さまざまな活動を経て、年齢を重ねてきたときに、自分の原点に戻っていくチカラのようなものが働いたのだろうか。自分の原点に戻りたい、とか。

「そこまで考えていたわけじゃないけど、同じ魂というか、同じもので育ってきたんだなっていうのは、感じますよね。うまくいくんですよ、彼らとやっていると。こんなに簡単にうまくいくじゃん、って——。自分のなかにある何かが整理できるというか、凝りかたまったシコリみたいなものがほぐされていく、っていう感じがします」

アレンジやプロデュース、プレイヤーとして、ひとりのミュージシャンのアルバムづくり等に参加する場合、そのミュージシャンがベストだと思う音づくりをすることが、プロの仕事だ。そのための引き出しがたくさんあって、提案し、実現し、その人の音楽をつくっていく。最終的に、いいものができたら、それが最高なこと。

そうした醍醐味ややりがいも知り尽くした上で、でもふと考えてみると、昔の仲間とやっていると、自分の意見を抑えたり、ゆずったり、ということがほとんどない。いいわるい、ということではなく。それが、「彼らとやっていると、こんなに簡単にうまくいく」や「ほぐれる」という言葉につながるのだろう。

「仕事とは別次元のところにあるんでしょうね。いまの自分にとって、すごく必要な活動なんだなと思う。ライブやったり、CDつくってよかった。お金にもならないしさ、なんでこんなこ

と（笑）って思うんだけど、やると楽しいんですよ」

なかでも、高校生の頃、同級生の江澤宏明さんと結成した「しの」は、西本さんと江澤さんにとって、音楽人生のまさに原点といえるバンド（高校生の頃はひらがなで「しの」。現在、再結成したバンド名は「Shino」）。

「そのとき、うしろに下村君がちゃっかりいるんですよ。なんか、うしろで糸を引いているというか（笑）」

一緒にライブやろう！　コンテストに出なよ！　おれも入れて3人でやろうよ！……たぶんそんな感じ（笑）だと思われるが、２０２３年5月14日に行われたShino のライブで、江澤さんがこんなことを言っていた。

「下村誠さんは、僕らの音楽人生のはじめに、すごい影響を与えた人です。ルーツっていうか――」

西本さんが下村さんの家に遊びに行っては、レコードを借りて帰ったと話していたが、江澤さんもしょっちゅう遊びに行っていたそうだ。部屋にたくさんあるレコードから、「これ、いいよ！」とどんどん聴かせてくれるので、「じゃあ、これもあれも」とレコードを借りて帰ったのだとか。

「だいぶ影響されたよね」と、西本さん。そして、この日のライブでは下村さんの楽曲から、「ウルダジンナ・グッドナイト」と「海への風」を演奏した。いずれもShino のアルバムに収録されている曲。ふたりの感性を通ってアレンジされ、すっかりShino の曲になっていると感じる。

実は、江澤宏明さんは、ずいぶん前に音楽業界を去っていた。

「彼は農業をやっていたんですね。久しぶりに連絡をした頃はハーブガーデンにいて、有機栽培のこと、アロマオイルのこと、商品化、いろんなことを勉強している最中でした。そのあと、畑は借りているのかな、自分で農業をはじめて、キクイモとかね、健康にいい野菜を自分でつくって、自分で販売もしている。すごいですよ。本当に自然の農法で、当然、農薬も肥料も使わない。すごく大変で、普通の人なら手を出さないような農業をやっていて、たいしたもんだなと思いました」

江澤さんを再び音楽の場に引っぱり出したのは、西本さんと名鏡《めいきょう》雅宏さん。このふたりと江澤さん、ドラムの泉水敏郎さんの4人で、20歳くらいの頃、バンドを組んでいたが、西本さんと江澤さん、泉水さんがプロミュージシャンの道へ、名鏡さんは舞台監督となっていくなかで解散。名鏡さんは、その後、その道では知らない人はいない、名監督になっていた。

１９９９年、西本さんと名鏡さんが友人の結婚式で、偶然、再会した。舞台監督然としたオーラを漂わせていた名鏡さんを見て、「そこで、僕が余計なことを言っちゃうんですよ（笑）。え？ なに、もう歌わないの？って」。

その場では「いや、俺はもう裏方だから、歌わない」と答えた名鏡さんだが、後日、電話がかかってきた。

「実は、俺、曲つくってんだよ。歌いたいんだよ、本当は……って。なんだよーって（笑）。そこに火をつけちゃったんですよ」

夢中で仕事に取り組んできた20代、30代を経て、40歳を過ぎた時期の再会。それぞれ思うこともあり、またバンドをやろうよという流れに。そのとき名鏡さんが言ったのが、「ベースは江澤君がいいんだよ」だった。昔の仲間がいい、ということだ。そこで、高校の同窓会名簿を頼りに連絡をとった。

江澤さんは最初こそ、「ぼくはもう音楽をやめたんだ」と断っていたが、ふたりの熱意に折れて、再びベースを持つことを決意。「セイム」を結成した（現在は休止中）。

その後、「こういう流れがあって、せっかく戻ってきたんだから、〈しの〉も復活させようよっていうことで、Shinoを再結成しました。なんですかね、江澤君がやり残したことがあるんじゃないか、それはやるべきだと思って、そういう気持ちもありましたね」

同じ頃、板倉雅一さん（前出p217）も別のバンドを組んで活動していた。

Shino（上）レコーディングの合い間に自撮り　（下）ライブ風景

そしてたまたま、セイムとツーマンのライブをすることになって、西本さんと江澤さんは久しぶりに板倉さんと会った。

「このとき、みんなで一緒にセッションする場をつくったんですね。そうしたら、すごくよかった。昔とぜんぜん変わってないね、バンドやろうよ、みたいな話をしたんです。そうしたら、板さんが、いいね、江澤君と3人で、千葉トリオっていう名前でやんない？と言ってきて、そのまま、板さんに巻き込まれるように、千葉トリオ結成となりました」

「Shino」は主にカバー曲、「千葉トリオ」はオリジナル曲がメイン。

「板さんはね、すごく精力的に曲をつくるんですよ。もともと、詞を人に提供もしているし、江澤君が曲をつくってくると、板さんが見事に詞を乗せてくれるわけですよ。それがいいんです。僕らの昔の、共有していた時代の気持ちを、つんつん突いてくるような(笑)。そうだ、こんなことあったよね、っていう詞をばんばん乗せてきて……。いま、千葉トリオではオリジナル曲、江澤君はそこで自分の曲を発表できる。Shinoはカバーっていう流れなんですけど、僕の本音は、Shinoでもお互いのオリジナルをやってみたいと思っているんですけどね。でも、カバーも好きなんですよ。江澤君が持ってくるお題がおもしろかったりするし、アレンジしていくのもおもしろい。で、Shinoではまた、下村君の曲をやるんでしょうね——」

**板さんが書いてくる詞が、いいんですよ。僕らの昔の、共有していた時代の気持ちを、つんつん突いてくるような——**

千葉トリオ（写真左から　西本明さん、江澤宏明さん、板倉雅一さん）

インタビュー

# スズキコージ

## ぐゎらん堂にずらっと集っていた超個性的な連中のなかで、ももちゃんは、甘えん坊で、調子がよくて一番下の弟のような存在だった

光球の中を導かれるように飛ぶジョン・レノン。背中には大きな羽根。クラシカルな衣装、帽子。どこか宗教画のような雰囲気も感じられるLPジャケット。この絵を描いたのは、若き日のスズキコージさんだ。『JOHNに捧げる愛の歌　THE JOHN LENNON SONGS DEDICATED TO SEAN & YOKO』。

1980年12月8日、ジョン・レノンが凶弾に倒れてからわずか1か月後の1981年1月に発表された自主製作盤の追悼アルバムで、プロデュース、収録した曲すべての訳詞とアレンジを下村誠が手がけた。スズキコージさんと下村さんはどんなつながりがあったのか。アルバムジャケットの絵を描くことになった経緯は――。神戸に住むスズキコージさんに、メールと電話でお話を伺った。

「ももちゃん（＝下村誠）はボクが30～40代の頃、MUSICで遊んでいた仲間のひとり。最初に会ったときのことはよく覚えていませんが、たぶん、吉祥寺にあった〈ぐゎらん堂〉だったと思います」

ぐゎらん堂は、若者に音楽を聴かせる店として1970年10月にオープンした。正式名称は「武蔵野火薬庫・ぐゎらん堂」。日本にまだ「ライブハウス」という言葉が存在しなかった時代に、ジャズやブルース、ロックのレコードをかけ、毎週水曜日にはライブが行われた。また、音楽だけではなく、店の壁面を使って日本画や写真、漫画の原画などの展示も催された。

ゆかりのミュージシャンは高田渡、シバ、武蔵野タンポポ団、アーリータイムス・ストリング・バンド、中川五郎、友部正人、大庭珍太、佐久間順平、佐藤GWAN博……など。アーティストに金子光晴、永島慎二、いしかわじゅん、長谷川集平らがいる。スズキコージさんもそのひとり。そうそうたる面々である。

高田渡さんの著書『バーボン・ストリート・ブルース』（ちくま文庫）にぐゎらん堂のことを書いた項があり、そこから、ほんの一部だが引用してみたい。

1973年頃、週末の店内の様子。満員の店内に集う人の声と熱気が伝わってきそう。写真提供：村瀬春樹

〈ぐゎらん堂は若手フォークシンガーの登竜門的なライブハウスで、多くのミュージシャンが出入りしていた。彼らはもちろんライブも行なったが、ライブに出演しないときでも店に入り浸り、酒をあおっては音楽談義に花を咲かせていた。ミュージシャンばかりではない。漫画家、絵描き、もの書き、詩人、落語家、役者……一風変わった、さまざまな職種の人たちが入れ代わり立ち替わり来ては飲んだくれていた〉。

さて、そのぐゎらん堂に、下村さんがいつ頃から行くようになったのかはわからないが、そこで演奏する…というよりは、編集者として仕事のネタを仕入れていたようだ。

「超個性的な連中がずらりといるなかで、ももちゃんは、甘えん坊で、調子がよくて（笑）、一番下の弟のような存在でしたね。ワタルさん！　友部さん！　と追いかけては、情報を仕入れてました。熱心なヤツだった」

　下村さんが『新譜ジャーナル』編集部にいたのは、１９７６年の７月号から１９７９年12月号までの3年半で、下村さん自身、「最もたくさんの原稿を書いた修業の期間だった」と回想している時期。もしかしたら、この頃いちばん、ぐゎらん堂に通っていたのかもしれない。

「いつもアンテナをはっていて、時代を察知するのも早かった。いろんなアクの強い連中のルポをしたり、編集者のセンスを持っていたと思いますね」

　そして１９８０年12月。ジョン・レノンが凶弾に倒れると、すぐに、コージさんに電話がかかってきたそうだ。

「ももちゃんからすぐに電話がかかってきて、ジョン・レノンの追悼アルバムを録音したい、と。どこかのスタジオで録音するのかと思っていたら、『是非、コージズキンのオンボロ屋で！』となり、ひるんだ」とのこと。しかし、「最初は断った記憶があるけど、ちゃっかり屋で、強引だからねー（笑）」。

　すっかり押し切られて、コージさんの家で録音することになったそうだ。

「ジョン・レノンは僕ら世代にとってはとても大きな存在で、ボク自身、熱烈なファンだったからね」

　ジョン・レノン追悼アルバムの歌詞カードの裏には、たくさんの写真がコラージュされている。レコーディングに参加したミュージシャンたちが持ち寄ったと思われる写真が目立つが、中に何枚か、レコーディング風景と思われる写真もある。また、アルバムジャケットの裏面には、コージさんが描いたクリスマス画の前で記念撮影する下村さんの写真もある。

　コージさんによると、下村さんはコージさんの家に遊びに行くこともあったようだ。いろいろな楽器があって、描きかけの絵、描き終わった絵、画材などがあちこちにあるコージさんの家が、なんとも居心地よく、好きだったのかもしれない。

　とはいえ、コージさんが住んでいたのは普通の住宅街。

「かなりの音量になると想像し、住宅

街の中なので、近所の人に了解を得て、すみやかに終了した」という。

スズキコージさんに、大きな音が出ることの根回しでご近所をまわらせるとは……下村さんという人は、ときどき、大それたことをやる……。

「しかも、カバーの絵を描いたり、いろいろやらされて（笑）」

## 聖なる野蛮人。ももちゃんは、ボブ・マーリィになりたいんだなと想った

下村さんはジョン・レノンの追悼アルバムをつくった同じ時期に、自らのインディーズ・レーベル「NATTY RECORDS」を立ち上げ、自らのバンドも結成。下村さんは、その後もアルバムジャケットの絵をコージさんに依頼することが多かった。

NATTY RECORDS 第一弾シングル「裸の心をさらけ出せ！／バビロンに食われるな」ラスタマンヴァイヴレーションズ（1980）

シングル「GREEN RED GOLD」
BANANA BLUE（1983）

アルバム
『BANANA BLUE BEST』
BANANA BLUE（1992）

1979年、下村さんはボブ・マーリィの来日公演に行き、そのステージに衝撃を受け、その後の音楽活動にとどまらず、生き方、考え方に大きな影響を受けている。このとき、コージさんも来日公演に行っていた。渋谷公会堂、中野サンプラザ――。コージさんはボブ・マーリィの公演に3回も通ったそうだ。

アルバム『HOLY BARBARIANS』
下村誠 with ザ・スナフキン（1993）

アルバムジャケットの依頼を受け、描くにあたり、「ももちゃんは、ボブ・マーリィになりたいんだなと想った。『HOLY BARBARIANS＝聖なる野蛮人』はボブ・マーリィだと、ももちゃんもボクも、そう想ってた」。

ジョン・レノンの追悼アルバムをコージさんの家でレコーディングし、ジャケット画を描いてもらうなどしたあと、下村さんのほうから電話がかかってきたり、家に遊びに来たり、CDのジャケット画を描いてほしいと依頼がくるなど、つかず離れずのつきあいが続いていたが、コージさんのほうも、「ジプシー・コージズキン・バンド」を結成。メンバーは、スズキコージ（ボーカル）、最上川エミリ（＝上々颱風の白崎映美／ボーカル）、沢田としき（絵本作家、イラストレーター。コージさん曰く「ジャンベの名手だった」）、HONZI（アコーディオン）、高橋鮎夫（ギター）。

アルバム『SACRED SOUL』下村誠（2000）

「絵本も描いて、バンドもいろいろ忙しくて、ももちゃんとはだんだん会うことが少なくなって、会わないでいるうちに、亡くなったと聞いて……さみしかったですね」

## ライブペインティングの場は開放区。理想郷になる

2023年1月、「コーヒー&ギャラリー ゑいじう」（東京新宿・荒木町）にて開催された「スズキコージ斑鳩民謡画祭展」にうかがった。2022年2月22日〜26日に兵庫県揖保郡太子町にある斑鳩寺境内で行われた「スズキコージ　ライブペインティング　斑鳩民謡画祭」でコージさんが巨大キャンパス（5.4m×1.8m）に描いた絵を中心に、数多くの原画が展示されていた。

　コージさんの原画を拝見するのは初めてのことで、まず会場に入ってすぐのところに展示されていた巨大な絵から放たれるオーラのようなものに圧倒される。会場には、斑鳩寺でのライブペインティングの5日間を追った、膨大な量のスナップ写真もファイルされ、見ることができた。

　電話取材でコージさんが話していたことを思い出す。

「ライブペインティングは、屋外で4〜5日かけて描く。広大な庭で、ミュージシャンがいないときには、自分の好きな音楽をかけて描いてますが、だいたい、飛び込みというか、ぜひやりたい！と言って、アフリカのバンドが歌わせてくれとか、楽器持ってきてぜひ一緒に歌わせてほしいとか、そういう現象が起きるわけですね。一種のアナーキーな場所になる。ライブペインティングの場に観に来る人も、それが楽しくて。その場所が、開放区になるんです。自然にそういうことになるから、おもしろい。農業やりながら音楽をやっている人たちが、『いま、稲刈りの最中だけど』って言って、ギター

持って駆けつけてきたりして――」
会場に置かれていた写真からは、そのときに演奏された音楽や、幼稚園の子どもたちがのぞき込んで、歓声をあげる声なんかが聞こえてきそうだった。コージさんの絵を見ながら自分のスケッチブックに、それを写し描いていた女の子は、その後、どうしただろうか。

「ボクの場合、普通の展示会だと気が進まない（笑）。楽しい暴動っていうかね、幼稚園の子が来たり、杖ついたおじいさん、おばあさんも来る。若い人も来る。理想郷ですね。ボクも嬉しい。そういうのが続出します」

巨大なキャンパス全体を見ようと、少し離れて見ると、大胆に描かれているという印象で、絵が放つオーラに圧倒されるのだが、近くに寄って、じっと見ると、とても繊細で、ひとつひとつの生きもの、小さな丸や点ひとつにいたるまで、いのちが宿っている気がした。

下村誠という人は、あの屈託のない笑顔と邪念のない感じで、ある意味、とても〝人たらし〟な人だと思うけれども、繊細で大胆で、楽しくて優しい、コージさんの大きな世界観にすっかり魅せられていたのだと思う。

電話取材では、「渋さ知らズ」の映画の話も出てきた。

「映画を撮ったんですよ。瀬戸内海の須磨海岸で、波打ち際で描いているところに、三田村管打団という地元のブラスバンドがやってきて、渋さ知らズの撮影チームも現れて、ボクは手づくりのお面をつけてね、巨大なタコを描いた。祝祭開放区ですよ」

4月、渋さ知らズの映画が公開され、新宿の映画館に観に行ってきた。

「NEVER MIND DA 渋さ知らズ　番外地篇」

映画全体も凄かったが、海岸の波打ち際に設置された巨大キャンパスに向かうコージさんと、近くで三田村管打団が演奏する場面……これは、楽しい！

ライブペインティングでコージさんが絵を描いていると、いろいろな人が集まってくる、開放区、理想郷になるというのがわかる気がした。実際にそこに行って、一緒にいられたら、どんなにか楽しいことだろう。

下村誠が生きていたら、絶対に、ギターを持って駆けつけたにちがいない。コージさんが絵を描くその近くで、下村さんが楽しそうに歌っている姿を想像して、愉快になった。

## スズキコージ

1948年、静岡県浜松市生まれ。高校卒業後、東京へ。アルバイトをしながら絵を描く生活。『平凡パンチ』の編集者だった叔父の紹介で堀内誠一に出会い、『平凡パンチ』女性版に挿絵を描き、道がひらけ、1971年、『ゆきむすめ』(岸田衿子作、スズキコージ絵、ビリケン出版)で絵本画家としてデビュー。絵を手がけた絵本に『注文の多い料理店』(宮沢賢治原作、三起商行、1987)、『ケツアルコアトルの道』(舟崎克彦文、ほるぷ出版、1997)、『もりもりくまさん』(長野ヒデ子作、鈴木出版、2009)、『ほね・ホネ・がいこつ』(中川ひろたか作、保育社、2013)など。創作絵本に『やまのディスコ』(架空社、1989)、『あつさのせい?』(福音館書店、1994)、『サルビルサ』(架空社、1996)、『大千世界の生き物たち』(架空社、1994)、『つえつきばあさん』(ビリケン出版、2000)、『おばけドライブ』(ビリケン出版、2003)、『ガッタンゴットン』(平凡社、2006)、『コーベッコー』、(BL出版、2017)など。画集に『アッチコッチソッチの歌』(未知谷、2014)など。この他、挿し絵や、CDジャケット画など多くの作品に携わっている。

ぐゎらん堂とはどんなところだったのだろう――と想像していたら、SNSで「ぐゎらん堂また会えたね！　2023ライブ―あれから50年、ラ・カーニャでタイム・スリップを」が開催されるのを知り、6月17日、下北沢「ラ・カーニャ」に行ってきた。着くと会場はすでに満員。どの人の顔もみんな笑顔、笑顔。あちらこちらから弾む声が聴こえてくる。

ライブを企画したメグさん、創業者の村瀬春樹さん&ゆみこ・ながい・むらせさんのご挨拶のあと、春樹さんの「全国的には今日は金曜日ですが、ここだけは〝水曜日〟(笑)。水曜コンサートまた会えたねスペシャル、始まります！」の言葉で始まったライブ。この日の出演者は中川五郎、佐藤GWAN博+岡崎カコ、いとうたかお、林亭(佐久間順平、大江田信)。昔よく水曜コンサートで歌っていたという懐かしい歌あり、近年つくったという新曲もあり、そして歌い継ぐ歌もあり――。

ライブの間ずっと感じていたのは、ぐゎらん堂とは、そこに集っていた人にとって、宝物のような、大切な時間、場所だったのだなぁということ。ここがあったから、今の自分がいる、そういう、かけがえのない場所。そんな豊かな時間と想いを共に感じさせていただいた素敵なライブだった。ゆみこさんが下村誠のことを覚えていてくれたことも、素直にうれしかった。

村瀬春樹さんによる『あのころ、吉祥寺にはぐゎらん堂があった――70年代・日本のカウンターカルチャーの源流を知る(仮題)』が出版予定とのこと。どんな物語が綴られるのか。今からとても楽しみである。

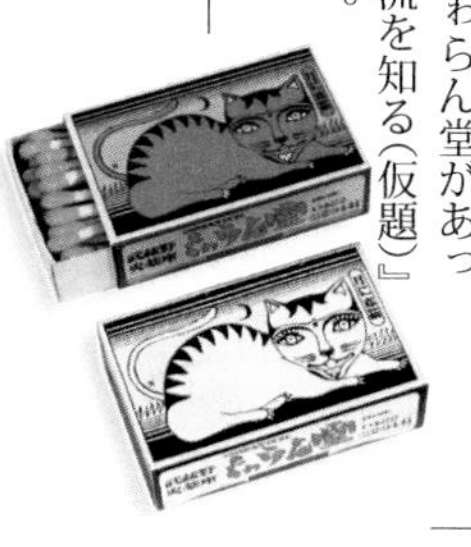

雑誌『遊』や『ROCKIN' ON JAPAN』、書籍装丁などエディトリアルデザイナーとして知られる羽良多平吉がデザインした〈ぐゎらん堂〉の「月に赤猫」と「月に白猫」のマッチボックス。ぐゎらん堂のアイコンであり、70年代を代表するパッケージデザイン。写真提供：村瀬春樹

## 佐藤奈々子さんからのメッセージ

下村さんにはあちこちでお会いした。すてきなライブやコンサートなどで。

そして、いつもにこにこあの人懐こい笑顔で、「ななこ！」と大きな声で叫ばれた。

下村さんがいなくなって、今、まわりを見渡してもあんな人はいないと思う。あんな笑顔で好きな人を大好きと言えて、好きなことを大好きと言えて、そして好きな音楽を大好きと言える人。

変な持ち方で鉛筆持って、書きまくる。だけど本当は取材よりも原稿書くよりも、ロック・スターになりたかったんだよね。

代々木公園でのアルバムジャケットの撮影、楽しかったね。またね。

佐藤奈々子

**佐藤奈々子**（シンガー、写真家）／下村誠がつくるアルバムには、佐藤奈々子さん撮影によるジャケットやライナーノーツも多い。その中から2アイテムを紹介する。また、音楽雑誌の記事とジャケット等を紹介するにあたり、奈々子さんにご連絡。素敵なメッセージも送っていただきました。

（写真上）下村誠と尾成彩によるユニット「wild tears」のアルバム『wild tears』（1996）では、ジャケット、ライナーノーツ、CD盤すべての写真を奈々子さんが撮影した。

（写真右）下村誠のソロアルバム『SACRED SOUL』（2000）ではライナーノーツの撮影を担当。アルバムのジャケット画はスズキコージさん（p232）。

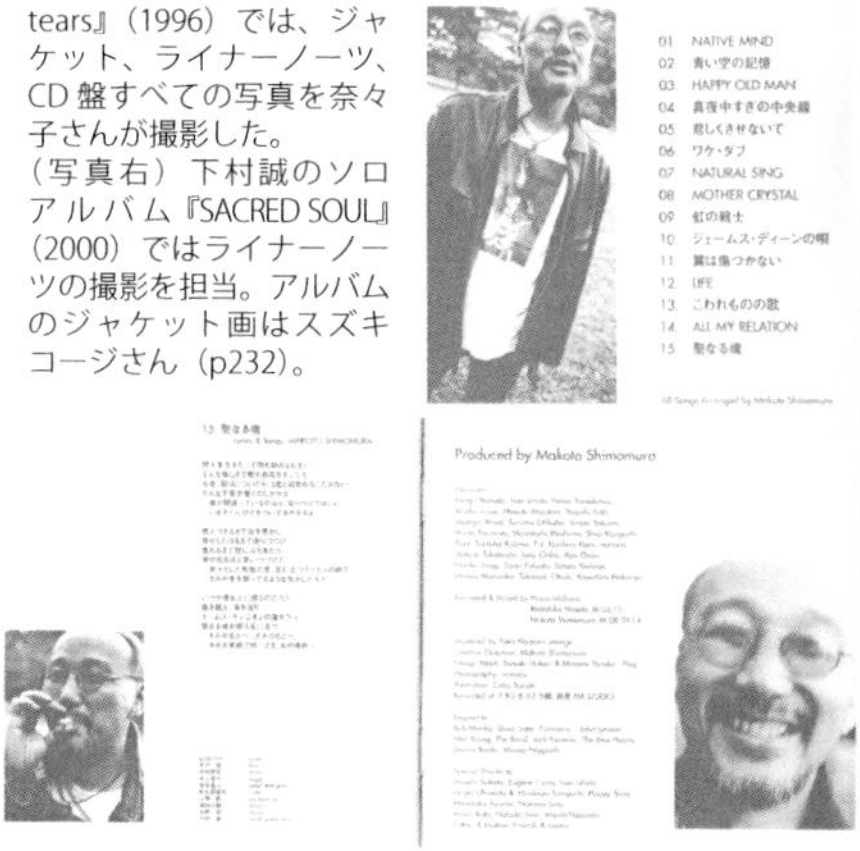

## アルバムのライナーノーツから

『BANANA BLUE BEST Special Anthology 1982-1985』
BANANA BLUE　1992

### 友部正人

なりふりをかまわないという意味で、確かに下村くんのレゲエは衝撃的だった。スタイルを無視して、精神だけでスタートしたレゲエに、ぼくは自由すら感じていた。いつでも好きなときにやりたいことをはじめられる自由を、生まれつき持っているのだろう。時間を惜しまずに、どんなことにも取り組んでいく姿勢は、ぼくも見習いたいものだ。下村くんが唯一取り入れたレゲエのスタイルは、その独特の歩き方だった。どこかでぼくは、自慢の歩き方を見せてもらったことがある。3歩進んでは2歩下がる能率の悪い歩き方だった。実際にはそうではなく、1歩1歩大地を踏みしめて歩いているのだけど、ぼくにはそう見えたのだ。

レゲエの歩き方をすると、目は自然に前を向いてしまうようだ。陸上競技場で槍投げの選手が、自分の投げた槍の行方を目で追うように。槍は理想めがけて投げられたので、目は理想を追っているはずだ。街角でも、下村くんの目は理想を追っていた。都会の街角は、巨大な競技場のフィールドの一部である。ぼくはどちらかというと、観客席にいて、フィールドに立つ下村くんを見ていた。彼の自由な精神には、フィールドと観客席の区別がないようだ。誘われて、ぼくもいつのまにか一緒にフィールドに立っていた。下村くんは、長距離をはじめて選んだ短距離走者だ。力の配分を無視した走り方では、途中で息切れするのがわかっているのに、なんとか彼の音楽を完走したようだ。この『バナナブルー・ベスト』は、その貴重な記録である。「コンクリート・ジャングル」の解説で、「いまあらためて聞くとちょっと恥ずかしい気もするが」と書いているが、それは彼の自由な精神がなりふりを必要としていないからだ。イルカが空気を必要とするように、彼は大空にジャンプしたのだ。ボブ・マーリィのようにドレッド・ヘアーのイルカである。

『HOLY BARBARIANS』
下村誠 with ザ・スナフキン
1993

### 田川律

「ももちゃん」がアルバムを作った。ぼくはもう20年近くも下村誠くんをそう呼んできた。ももちゃんとは、いろんなことをいっしょにした。昔は女子大のシング・アウトのサークルのために歌を共作したことがある。今回のアルバムのメンバーの何人かは、そのサークルのメンバーたちだ。それから、プロデューサーと舞台監督という関係で友部正人のロング・コンサートを東京・読売ホールでやったことがある。そして、物書きとして同じ雑誌に原稿を書いたこともある。その間にぼくとももちゃんのまわりの人たちも、どんどん変わっていった。アマチュアで音楽をやっていた人たちのほとんどが、もはや音楽を作らない。とくに音楽業界といわれるところに身を置く人は、とりわけその傾向が強い。そんな中で、ももちゃんはずっと音楽を続けている。これは驚くばかりの情熱とパワーだ。まして、ももちゃんの仕事の多くの部分が、他人の作品を聞いてうんぬんするものだから、やたらたくさんの人の歌や音楽を聞かざるをえないことを考えると、これはもう「脱帽」ものだ。

そんな環境の中で作ったこのアルバムはひとことでいえば、とても元気なアルバムだ。それは音に勢いがある、とか、元気な言葉が次々に出てくる、とかいった類の元気さではない。むしろ、ひとつひとつの歌からにじみでるエネルギーが、聞く人を元気にする、といった類の元気さだ。それはそのまま他人や他人の音楽に負けないで自分の音楽を作り続けるももちゃんの元気さを表している。

それにこのアルバムは、とても素直で自然な感じに溢れている。ひょっとしたら、ももちゃんは他の人の歌なんかちっとも聞いていないのではないか、と想えるほど「毒されていない」のだ。でもほんとのところは、きっとちっとも難しいことではなく「うたいたいことをうたっただけやん」ということなのだろう。だからいいのだけど……。

『SACRED SOUL』下村誠 2000

## 山本智志

下村誠の歌を初めて聴いたのは20年ほど前のことだ。当時の彼は、音楽雑誌に記事を書いたり編集の仕事をしながら、自作の歌をうたっていた。その後も彼はうたいつづけた。大手のレコード会社と契約する機会には恵まれなかったが（彼がそれを望まなかったのかもしれない）、彼は自分のレーベルを作り、そこからアルバムを発表しながら、ライヴ・コンサートをつづけた。つまり、あれから20年あまりたった今も、下村は変わることなく、自分のやりたい音楽を仲間達と一緒にやっているのだ。

新しいアルバム『SACRED SOUL』には２０００年という新しい年に向けた彼のメッセージが詰め込まれている。アメリカの古いフォークの名曲に、すぐれた解釈に基づく日本語詞をつけてうたった前作『BOUND FOR GLORY』で自分の音楽的バックグラウンドをあらためてたどった彼は、この新作で、ますますひどさを増してくる悪夢のようなこの世界で、果たして安住の地を見つけることはできるのだろうか、というテーマに取り組んでいる。〝聖なる魂〟というタイトルも、彼は大真面目だといっていいだろう。個人的には、ここで彼が繰り返し述べている主張やロック観のすべてに共感できるというわけではないが、彼がうたっていることに素直に耳を傾けてみようという気持ちにはすぐにでもなれる。

素朴な味わいを持った歌と演奏は、録音機材の飛躍的な発展によって次々と生み出される流行最先端の刺激的なサウンドに慣れた耳には、かえって新鮮にさえ響く。長くうたいつづけるということは、音楽の聴き手であるぼくたちが思っているほど簡単なことではないだろう。20年。それは決して短い時間ではない。ロック人種の〝老齢化〟を〝当事者〟の立場からうたった「Happy Old Man」（佐野元春の「Happy Man」からの20年後に書かれた

## アルバムのライナーノーツから

アンサー・ソングのようにも聞こえる）などは、長いキャリアを持つ彼だからこそ書けた歌だろう。うたいつづけようという彼の意志の強さは見上げたものだ。下村誠はこの先もずっと、これまでと同じように自分の歌をうたいつづけていくにちがいない。

§

**吉原聖洋**

彼はいつも俺のディーン・モリアーティだった。ビート・ムーヴメント超愕級ターボエンジンみたいな男。彼はいつも俺のできないことをやってみせてくれた。あるいはそれは一歩踏み出せば誰にでもできることなのかもしれない。しかしその一歩を踏み出すためにどれほどのパワーを必要とされるのか、遅ればせながら彼の後を追って旅に出た俺は知っている。オン・ザ・ロードの日々。はたから見るほど気楽な暮らしじゃない。

『SACRED SOUL』を聞きながら自問する。どこかの誰かが言っていたように「オレのタマシイはダイジョウブなのか?」と自分自身に問い直してみる。「かろうじて」と俺は応える。「カロウジテ?」。「そう、辛うじて」。サル・パラダイスを気取るつもりはないけれど、いつか彼と旅に出たい。きっと不愉快な旅になるだろう。彼はいつも俺のディーン・モリアーティだった。たぶんこれからもずっと。あの男が彼自身の唄を歌い続けている限りは……。

『風待ち』下村誠 2002

**田島征三**

下村誠は風なんか待っていない。彼が風なんだから。風になって愛を運びたいと唄っている。ぼくたちはあの日、日の出の森の壊されてゆく姿を目の前にみながら泣いた。次はみんな風になりたがっている。愛を運ぶために。現実には森は大きな処分場になって、悪魔の愛を運ぶ風が地元に住むぼくらの家に吹いてくる。でもぼくたちはあきらめていない。下村誠といっしょにうたいつづけよう。「風になりたい　愛をはこぶ風に」と…。

§

**吉原聖洋**

歌いたいことを歌う。容易に見えて実はいちばん難しいこと。下村誠はずっとそれをやり続けてきた。史上最悪の時代とも言われる２００２年のいまも彼は歌いたいことを歌い続けている。

新作『風待ち』の歌たちはそれぞれに強く、それぞれに美しい。『風待ち』というタイトルも魅力的だ。如何にも彼らしいニュートラルなアティテュードがそこにはある。そして『風待ち』は、あの『風街』をも連想させる。

ここから始まる未来に期待したい。

# discography

MOMO-1001　1977　『ももちゃんばんど』　ももちゃんばんど
不明　『JOHN に捧げる愛の唄――THE JOHN LENNON SONGS』

## NATTY RECORDS

NATTY-1001　1980　「裸の心をさらけ出せ！」　ラスタマンヴァイブレーションズ
NATTY-1002　1983　「GREEN RED GOLD（俺たちの誓い）」　BANANA BLUE
NATTY-1003　1983　『LIVE ！』　BANANA BLUE
GRAM-1001　1985　「PRAYER ／ Hey ！ Brother」　ナチュラル・スピリッツ／ BANANA BLUE
NATTY-1005　1985　『LAST JAMMING』　ナチュラル・スピリッツ
NATTY-1006　1990　「Bird」　下村誠
NATTY-1007　1991　「猫ヒゲ Dance」　こじこじ音楽団
NATTY-1008　1992　「BANANA BLUE BEST SPECIAL ANTHOLOGY '82 ～ '85」　BANANA BLUE
NATTY-1009　1992　「シューヘー」　シューヘー
NATTY-1010　1993　「スイート , スイート・ポテト」　こじこじ音楽団
NATTY-1011　1993　『HOLY BARBARIANS』　下村誠 with ザ・スナフキン
NATTY-1012　1993　『Mori Etudes』　森浩明
NATTY-1014　1995　『FLOWER CHILD』　Kayo Momijiya
NATTY-1015　1996　『LIVE 1995』アイタルミーティング
NATTY-1016　1996　『心の地図』　梶田イフ
NATTY-1017　1996　『wild tears』wild tears
NATTY-1018　1996　「Your Blue Heaven」　下村誠 with ボトル・ガード・ブラザーズ
NATTY-1019　1996　「god's hand」　wild tears
NATTY-1020　1997　『love mix』　wild tears
NATTY-1021　1997　『MOOI』　Kayo Momijiya
NATTY-1022　1998　『グレート・ローカル・ヒーロー』　ジュース＆ラヴ
NATTY-1023　1998　『地球、風、太陽』　アイタルミーティング
NATTY-1024　1999　『Angel Mind』　Erina Jinnai
NATTY-1025　1999　『虹の花を』　てつ
NATTY-1026　1999　『夢なら夢でも…』　梶田イフ
NATTY-1027　1999　『BOUND FOR GLORY』　下村誠
NATTY-1028　2000　『SACRED SOUL』　下村誠
NATTY-1029　2000　『翼は傷つかない』　下村誠
NATTY-1030　2001　『ブルー・ヴァージンズ』ラリー
NATTY-1031　2001　『アの唄』　中ムラサトコ
NATTY-1032　2002　『風待ち』　下村誠
NATTY-1033　2003　『愛の花』　吉本有里
NATTY-1034　2004　『マザー・アース・ソングス』　Katsumi Nonaka、下村誠、苫米地サトロほか

＊調べることのできた範囲での一覧です。不明なものもありますが、もし間違いがあったり、
欠番についてご存じの方がいたら、ぜひお知らせください。

# DOWN THE RIVER

詞曲、下村誠

1. 闇に消えた 歌をさがしもとめて
俺らの 旅はつづく
見果てぬ夢を かなえるため
泣いたことは 何度もあった

※ 河をくだって DOWN THE RIVER
今夜、君に 逢うために
河をくだって DOWN THE RIVER
明日、海に 出られるか

IN

2. 宇宙にきらめく 星のひとつが
この青い地球だとするならば
大地も海も まだまだ 捨てたもんじゃない
歪《ゆが》んだ時代を 少し修善すればいい

※ Ref

(間奏)

3. 何もせずに ただ 立ちすくむ くらいなら
闇雲でもいい 歩き出すのさ
光の満ちる方へ、光の導く方へ…
太陽と海が 出会う場所へ…

※ Ref ×②

# 大地を愛した下村誠
# 東京都日の出町の廃棄物最終処分場問題に歌でできることはないかと模索した日々と現在の「風の塔」ルポ

取材・文　大泉洋子

シングル「翼は傷つかない」のジャケットには田島征三さんによる、木の実をつかった作品がつかわれている。田島さんが自然界にあるものを素材に創作を始めたのは1990年代に入ったころ。木の実をつかって描かれた絵本に『ガオ』(2001)、『モクレンおじさん』(2005)、『きのみのぼうけん』(2022)（いずれも福音館書店）がある。

２０２３年3月のある日、私はＪＲ中央線・青梅線・五日市線を乗り継いで武蔵五日市の駅に向かっていた。電車が進むにつれ、どんどん景色が変わっていく。山が見えてくる。畑や空き地、雑木林。拝島を過ぎるとまたぐっと景色が変わる。こんもりとした大小の山が近い。豊かな里山の様子。

武蔵五日市の駅で待ち合わせをしたのは渡部淑子さん。絵本作家・美術家の田島征三さんのアシスタントを長年務め、また、東京の大事な水源地である日の出町の豊かな森を切り崩して建設され、稼働してしまった廃棄物最終処分場に抗議する幾多の運動にたずさわってきた方だ。その活動のなかで、住民を中心に全国２８００人が共同地主となって手に入れたトラスト地のシンボルだった「風の塔」の現在の姿に会いにいくため、そして、廃棄物処分場まで案内していただくため。

## 日の出の森が壊されて　深く傷ついた私たちの心に歌で寄り添い続けてくれた優しい人でした

右のページの写真。１枚は「風の塔」の窓辺にたつ下村誠、１枚は下村さんのマキシシングル「翼は傷つかない」。このジャケット画は田島征三さんによるもので、右下のサインには、apr.2000 の日付がある。

下村さんは、おそらく１９９０年代の終わり頃から、日の出町の廃棄物処分場への抗議活動にかかわってきた、と思われる。「翼は傷つかない」という曲は、その活動に参加するなか、日の出の森を守るために行政と闘ってきた仲間たちのことを想って生まれた楽曲である。ここにその歌詞を紹介する。

翼は傷つかない　　（詞曲　下村誠）

終わりは見えてきた
いま目をあけても
扉は見えてきた
雨にけむる彼方
きみが知ってるあの森の
「夢の砦」は崩れ去った
12月の雨の夜明けに
空の彼方に飛び散った

理由《わけ》なんて求めちゃだめさ
やがて天罰がくだる
占いなんて信じてちゃだめさ
真実が多すぎて悩みが増えるだけ
足元に咲く野の花を踏みつけぬように
まっすぐにまっすぐに空を見あげて
やがて僕らの上にも
清らかな雨が降るだろう
静かに切なくきみの肩を濡らすだろう

弾丸が僕の心臓をつらぬいても
翼は傷つかない
誰かが森を深く傷つけても
魂は汚れない

終わりは見えてきた
いま目をあけても
光は見えてきた
雨にけむる彼方に

「翼は傷つかない」は、2000年1月発表のソロアルバム『SACRED SOUL』に収められ、さらに同年6月、詩人ナナオサカキの詩に曲をつけた「星を喰べようよ」や、「こわれものの歌」「いかれたBaby」などを合わせた全5曲のマキシシングルとしてリリースされ、このシングルの収益金はすべて日の出町の処分場問題解決のために使われた。

この頃、諸事情により、なかなか下村さんのライブに行けずにいた。そのうちに下村さんは亡くなってしまい、ついに話を聞くことも、ライブに行くこともできなかった。

日の出町の廃棄物処分場について、たとえば資料を読んだだけで、軽々しく原稿など書けるものでもない。だからこそ、行かなければならない、と思っていた。

そうして、3月のある日。

まずは、「風の塔」が再建され、立っているところを案内してもらうことになった。駅からの道すがら、渡部さんに、下村さんと活動との関連についての話を伺う。下村さんが企画して開催していた「風の塔・音楽会」のフライヤーもお借りした。

「日の出の森が壊されて、深く傷つけられた私たちの心に、歌で寄り添い続けてくれた、優しい人でした」

**「この風の塔は、たくさんの賛同者のお陰で、大きく豊かなものになった。この塔は、何処もかしこも、この手の軌跡である。手は意志であり、手は行動である」**

（風の塔の制作者・中里繪魯洲氏のことばから引用）

「風の塔」は山の中腹、あるご家庭の敷地内に再建されて、立っていた。下村誠の公式ホームページの中で何度も見た、あの「風の塔」だ。

……が、写真ではよくわからなかったのが、「風の塔」の肌をおおう無数の小さな陶板。ひとつとして同じものがない。これは――？　聞くと、支援者やトラスト地の地権者のひとたちが手づくりし、集められ、貼られたものだという。その数、３０００枚以上。

あぁ、そうか。だから、見たときに圧倒され、なにか、塔が語りかけてくるような感覚がしたのかと納得する。写真ではわからなかった。こんなにたくさんの人の意志がこの塔に宿っていたんだ。廃棄物処分場への抗議活動のシンボル的存在なんていうもんじゃない、精神的支柱だったことがわかる。

だから、２０００年10月に、東京都による行政代執行によりトラスト地が強制収用され、その際に「風の塔」も撤去されてしまったものを、取り戻して、再建しようという動きになったのだと、よく理解できた。

ここで、日の出町につくられた廃棄物処分場のこと、トラスト地、風の塔について、簡単に説明する。

１９８４年、日の出町に第一処分場ができた。その後、そこから漏れる汚染水などの問題が表面化したにもかかわらず、第二処分場の建設が始まったために、１９９３年、住民を中心として全国２８００人のひとが地権者となり、トラスト地として、第二処分場予定地の森の一部を購入。そこに50畳敷きの巨大なステージを建設した。

トラスト地では、若いアーティスト

たちの作品による「日の出の森にゴミを埋めるということは……第一回野外展」や、アルトサックスの坂田明氏によるコンサートが開催され、彫刻家の若林奮氏が、森の樹木や石をつかって、「緑の森の一角獣座」という庭の作品もつくった。そのトラスト地の一角に、1996年に完成したのが「風の塔」である。

しかしその後、大事なトラスト地は強制収用され、重機が入り、森が切り崩されて傷つく地権者に追い打ちをかけるように、東京都から、2001年1月末引き取りにこなければ処分するという通告が届く。数百万という経費。いったいどうやって、そんな大金を捻出できるのか——。

2001年に入って、中里繪魯洲氏をはじめ、風の塔を愛する有志が「まわれ！ 新・風の塔」というプロジェクトをスタートさせた。新しい設置場所を探したり、運搬費用を集めるといった活動をはじめる。1月末までという期限は、「夏までに必ず取りに行く」という条件付きで延期となった。経費も50万円くらいでなんとかなりそうだという見通しもできた。

そこで下村誠が提案したのが、「風の塔音楽会」。カンパ金を集めるためのベネフィット・コンサートである。演奏の合い間にはトークタイムや、ビデオやスライド上映なども計画された。下村さんの行動は素早かった。東京都から示された期限は「夏まで」。すぐに3月から7月までのライブ会場を押さえ、出演依頼にと飛び回った。

そして、2001年8月、たくさんのひとの想いを宿す「風の塔」は無事、日の出町に再建されたのだ。

日が陰るまえに戻ってこなければ、ということで、廃棄物処分場に向か

（右）小冊子『日の出の森からあなたへ』より「トラストの森」 撮影：佐藤孝

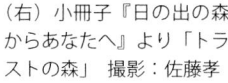

う。山のなかのくねくねとした細い道を歩きだすと間もなく、廃棄物処分場を囲む高い金網の塀が現れた。中が見えないように目の細かい網が貼られている。その塀を横目に見ながら進む。

山道の両脇には、草花を中心とした下草、低木、小高木、高木、つる植物……と豊かな植生が広がっていて、渡部さんとの会話は、自然と、樹木や草花の話になっていった。

「わぁ、立派なヤマザクラ！」「このあたりはテイカカズラですね」「これ、シャガですね。すごい、こんなにたくさん！」……などなど。しかし、中には葉に黒い斑点が浮かぶ木もあって、「なんでしょうね。ダイオキシンとかの悪い空気が原因でしょうか。かわいそうに」と葉っぱに声をかける。

細い山道を歩くこと、約1時間。金網のすき間から覗き込み、「あのあたりにトラスト地があったんです」という場所までやっとたどり着いた。

東京三多摩地域25市1町370万人分のゴミを燃やした焼却灰が埋められている最終処分場は、こんな、人が容易に立ち入れられない場所にあった（燃やしたから無害、ではなく、燃やしたことでむしろ有害物質が生成されて危険…）。金網のすき間からは、ちっともエコではない、エコセメント工場も見える。

これはやはり、できるだけ多くの人が知るべきだと思った。生活していればどうしてもゴミは出る。プラゴミも、不燃ごみも。けれど、こうした場所を知ることで、ゴミの処分方法は間違っていないのかと考えたり、できるだけゴミを減らすようにしようという意識につながる。ひとりひとりの力は小さいかもしれないが、それが何百万人、何千万人となれば、大きな結果に結びつくのではないか、と思ってしまう。

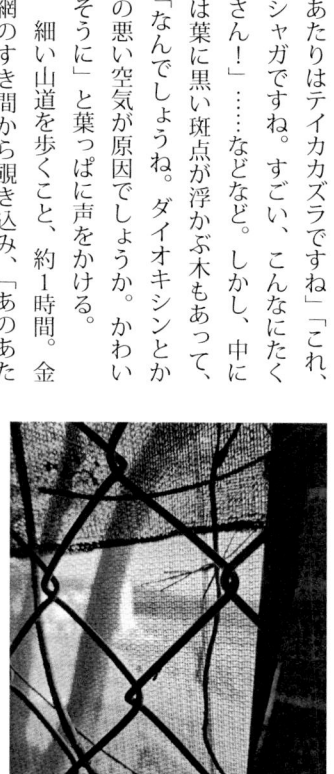

案内してくださった渡部さんは、そんなことは一言も言わないが、思うことは山ほどあっただろうと思う。それでも帰り道、また、植物の話で盛り上がりながら、楽しく山道を歩くことができた。感謝、である。

実はこの日、本書への寄稿をお願いしていた、通称・南兵衛さんとも待ち合わせをしていた。本名は鈴木幸一さん。アースガーデンの代表。たまたまタイミングが合い、この日一日でおふたりと約束を入れたのだが、本来の打ち合わせ内容は別々のものだったにもかかわらず、不思議なことに、つながっていたことがわかった。1本のバトンが受け継がれるかのように。なにが受け継がれたのか。それは、このあとに続く南兵衛さんの寄稿に譲ることとしたい。

最後に、下村誠、最後のソロアルバム『風待ち』（2002）に収められたこの曲の歌詞を紹介する。

森の魂・風の塔　(詞曲　下村誠)

くねくねと曲がった山道をのぼると
そこには輝く森があった
川のそばに山はだ照らす木漏れ陽と
夢が託された森を守る塔が立っていた

誰もが心に傷を負っている
小さなつまずきが心を狭くする
僕たちの未来はゴミにまみれてる
やっと辿り着いたオアシスさえ
燃えないゴミでいっぱいなのさ

ロマンチックな夜も
清らかな朝の光も
新しい焼却炉でいつか灰になる

きみは見てたんだね　あの夏の涙を…
君は知ってたんだね
悲しみに濡れた瞳を
森の魂・風の塔 輝く森の精霊に守られて
きみはいまも　あの日のまま…

名も知らぬ人たちが　手を取りあって
笑顔で輪になって踊ってた
心を癒す石笛が響き　風が止んだとき
火を囲む僕たちは
ゆっくり微笑みをかわす

ロマンチックな夜も
清らかな朝の光も
新しい焼却炉でいつか灰になる

きみは見てたんだね　あの夏の涙を…
君は知ってたんだね
喜びに濡れた瞳を
森の魂・風の塔 輝く森の精霊に守られて
きみはいまも　あの日のまま…

特別寄稿

## 南兵衛@鈴木幸一

# まだまだ人が集まらない時期の場づくりに〝こういう時こそ〟とつきあってくれた、本当にあったかい兄貴分でした

**南兵衛@鈴木幸一**

20歳前後の4年間を日本全国と南米への旅、そして農業で過ごす。90年代お茶の水GAIA創業に参加。その後、2000年前後からは「オーガニック＆エコロジー」をコンセプトにアースガーデン代表として、アースデイ東京、フジロック、ap bank fes. などでも活動。文筆方面では著書『フェスティバル・ライフ』などを上梓。コロナ禍を超えて再び人が集い喜び交わる場づくりへ。地域と自然をベースとした秋川流域での活動も深まっている。

下村誠さんが亡くなって17年、葬儀にもお別れの会にも行けず、お墓参りにも遠い僕は、いまだに下村さんが亡くなった実感がなく、いつかふらっと下村さんが顔を見せるのではないかという感覚が、自分の中にずーっと残っています。

そして気がつけば、下村さんがこだわり通った日の出町の処分場にも近い山間の町に住んで10年以上となり、日の出町を含む地域&流域にも向き合えるようにもなってきたこの一年ほど、と思っていたところに今回の本の話がやってきました。そしてこの間には、東日本大震災からの東北支援と原子力発電とエネルギーに向きあった怒濤の年々があり、イベントを生業とする身でコロナ禍に翻弄されたグルグルの月日もあったのでした。

あらためて刻のめぐりとは不思議なもので、今回の話とほとんど時を同じく、日の出町で下村さんに聞かされてきた「風の塔」を保存し、処分場のその後にも向き合い続けるご家族との出会いがありました。実に20年越しでの風の塔との出会いで、これには自分自身がビックリしていますが、あらためて下村誠さんが自分の人生に遺してくれた事の大きさと豊かさ、人生の不思議に深く感じる出会いと刻を実感しています。

そんな日々の中で先日、下村さんとの思い出の店でもある渋谷の中華料理屋「兆楽」に寄ろうと街を歩いていました。コロナ禍からの反動とも言われる、インバウンドと若者たちの活気は本当に凄いもので、土曜の夜のセンター街から東急ハンズにかけての一角は、ちょっとした騒乱のような活気があり、すっかり密度の高い賑やかな渋谷が戻ってきています。

少々圧倒されるような気持ちでたどり着いた「兆楽」は、夜の12時近くでもほぼ満席で半分以上を若者のグループに占領されて大変な活気でしたが、お店のつくりや内装は古く少し汚く、下村さんと来ていた20年前とほぼ変わらない雰囲気です。

ライブハウス・クアトロにでも行く時だったか、2度ほどこのお店で下村さんとゴハンを食べた記憶があり、兆楽に来ると、何度も食事を一緒にした下村さんが、いつも目を細くして、嬉しそうに美味しそうにご飯を食べていた姿が思い浮かびます。

変化の激しい渋谷の街の真ん中で変わらないお店の姿と雰囲気、その狭いカウンターで周りの喧噪に浸り、懐かしいお店の味を感じながら、下村さんとの思い出が何層にも重なって心地よく僕を包んでいく気分になるのは、この店での僕のお決まりです。

p251のライブ写真も含め、2001年春に開催されたお茶の水湯島聖堂でのフリーマーケット「楽市楽座」にて撮影されたもの。写真提供：南兵衛@鈴木幸一

僕が下村誠と出会った90年代半ば頃、彼はライター&インディーズプロデューサーとして活動している音楽業界&メディアの人という印象でしたが、お茶の水ＧＡＩＡというオーガ

ニックショップで、雑貨の一端として書籍やCD販売を担当していた僕にとっては、自分の知らない音楽世界を垣間見せてくれる良い兄貴分になってくれた人でした。

やがて下村さんのCDを扱うようになり、お店の小さなスペースでのライブを一緒に企画したりしながら、ステージやイベントのつくり方を教えてもらい、10年以上にわたってお茶の水GAIA～湯島聖堂～代々木公園でのアースデイ東京、そしてアースガーデンと、僕たちが成長していく過程を身近で見守りながら、その年月に伴走してくれたのが下村さんでした。まだまだ人が集まらない時期の場づくりに、"こういう時こそ"とつきあってくれるのがありがたく、心強い、本当にあったかい兄貴分でした。

そんな付き合いの中で下村さんが徐々に熱心になっていったのが、ナナオサカキや内田ボブなどの、ベテランの草の根ヒッピー系とも言えるアーティストや仲間との交流や場づくりでした。マスコミなどに頼らずインディペンデントな姿勢で進みつづけてきた彼らの作品や人間に感じるものがあったのでしょう、やがて2000年頃から自身の活動の比重もシンガー&ミュージシャンへと移していき、全国を草の根で巡るツアーをコツコツと重ねるようになっていくのですが、そこに彼らとの交流の影響もあったように思います。

「全然お金にならないけど、やっぱりやりたい事やらないと！」

そう言いながら、日の出の森の廃棄物処分場問題に真剣に入れ込み、ストップロッカショのイベントにも欠かさず駆けつけてくれた下村さんの純粋さは、やがてさらに自然に近いところでの活動や暮らしへと傾いていきました。きっと今も健在ならば、東北各地や福島、辺野古などの社会の課題と大きな自然やコミュニティが交わる地域を駆けめぐっていたのではないかと思うのです。

そんな下村さんから、長野伊那谷で自然に近い場での暮らしを始めると嬉しそうな報告を聞いてからさほど月日も経たなかった２００６年12月に突然、家の火事で亡くなったと知らせが届きます。まだ50代に入ったばかりの突然の訃報でした。

長い付き合いの、
頼りになる気持ちの良い友だちを
失ってしまいました。
まだまだこの先、長く一緒に
色々な事ができるだろうと
思っていました。
本当に残念で残念でなりません。
今はただ、彼の冥福を祈っています。

僕が知人たちに下村さんの訃報を伝えるために送ったメールの最後に添えた言葉です。

いつも、優しく少し照れくさそうに笑い、願いを込めて振り絞るように歌う人でした。純粋に自分の歌のチカラを超えて何かを届けようとするように歌う人でした。

この文章は、下村さんが亡くなった3年後のブログの文章を反芻しながら書いているのですが、あらためて17年の年月を超えて彼との思い出を確認しながら、今も下村さんがいたならばと、暖かい気持ちが何度も湧きあがるのでした。

さらに20年越しで「風の塔」に出会うという驚きの必然にも恵まれると、渋谷の街を歩く僕の中にフッと彼の暖かさが蘇るように、彼のエネルギーが下村さんとご縁のあった人たちの中に確実に生きていることを実感します。

そう、冒頭にも書いたように、どこかに生きている下村さんが、ふらっと顔を見せてくれた、まさに僕にとっての今回の本の成り行きでした。

きっとこの本が広がっていくことで、下村さんはまた、ふらっと顔を見せてくれるに違いありません（笑）。

## 風が唄うメロディー

風が口笛吹いている
とても素敵なメロディーだ
心にしみるメロディーだ
すべてを忘れさせる清らかな唄だ

考えるよりもステップだ
風のメロディーでさぁ踊ろう
ステップ　ステップ　ステップ
風が唄うメロディー
ステップ　ステップ　ステップ
勇気の口笛だ

心ある人々よ
さぁ一緒にステップふもうぜ
自由な心あるならば
誰もが愛を唄えるのさ

考えるよりもステップだ
風のメロディーでさぁ踊ろう
ステップ　ステップ　ステップ
風が唄うメロディー
ステップ　ステップ　ステップ
勇気の口笛だ

誰もが迷っている
このうす汚れた世の中で
でもステップだけはやめないで
僕らはいつでも愛しあえるのさ

考えるよりもステップだ
風のメロディーでさぁ踊ろう
ステップ　ステップ　ステップ
風が唄うメロディー
ステップ　ステップ　ステップ
勇気の口笛だ

『TOKYO REGGAE SCENE SHOWCASE REGGAE CLASH』（リバスター）（1983）／『BANANA BLUE BEST '82-'85』（1992）収録

# PRAYER ―― 世紀末 ――

もうすぐ俺たちの歴史が幕を閉じようとしている
どうしようもない怒りと　悲しみに都市は包まれ
俺たちの愛は行き場をなくす

黒い霧に覆われた　MAIN STREET
明日来るかもしれない　恐ろしい瞬間に（Day After）
俺たちの希望は呑み込まれてしまう

PRAYER　空につきぬける勇気が
いまの俺たちには必要だ
PRAYER　雨雲の上には
輝く太陽がきっとあるはずさ

見せかけだけの愛　見せかけだけの真実
見せかけだけの歌　見せかけだけの絶望
縦横無尽に仕組まれた罠が俺たちを狙ってる

PRAYER　空につきぬける勇気が
いまの俺たちには必要だ
PRAYER　涙かれても愛はかれやしない
君の瞳は輝き失っちゃいない
PRAYER　まだまにあうはずさ　いまなら
足元しっかり　見つめるんだ
PRAYER　まだまにあうはずさ　いまなら
ノアの箱舟は俺たちを見捨てやしない

シングル「PRAYER」
ナチュラル・スピリッツ/1985

## 心の中のサバイバル

生きることに　必要なことがあるとすれば
僕があなたを　好きになることだ
世界中のすべての人を好きになるなんて無理だけど
あなたひとりなら　愛せるかもしれない

宇宙のなかに　ただひとつ地球があるように
地球のなかに　ただひとり僕がいるように
この世の中に　ただひとつ愛があるのなら
あなたの瞳にうつる　愛を信じたい

僕がここで生きているように
大地も生きている
僕がひとりしかいないように
地球もひとつなんだ

インサイドサバイバル
インサイドサバイバル
インサイドサバイバル

他人《ひと》のことを助けるなんて　できはしないけど
大地に降る　雨になりたい
自分のことを守るだけで　必死だけれど
海を見守る　太陽になりたい

僕がここで生きているように
大地も生きている
僕がひとりしかいないように
地球もひとつなんだ

インサイドサバイバル
インサイドサバイバル
インサイドサバイバル
僕を信じて

1988年12月3日、東京経済大学「学生企画集団THE MOLES」主催のイベント「明日のために・その1」のテーマソングとしてつくられた楽曲。アルバム収録は『HOLY BARBARIANS』（下村誠 with ザ・スナフキン）1993

# ガレキの海、漕いでゆく

イバラの刺さったこの胸で
悲しみ抱えたこの胸で
優しい雨降るこの海を
一生懸命に漕いでゆく
脇目もふらずに漕いでゆく

おーい！　地球。生きてるかい？
おーい！　大地　まだ息をしてるか？
ビョーキが悪化するまえに
大声で、大声で吠えてくれよ

地球に優しい核兵器
お肌にやさしいプルトニウム
きれいな水ですウラン鉱石発掘水

子供のおもちゃに劣化ウラン弾
ほら…不要な発明品ばかりが海を汚してゆく

おーい！　地球。生きてるかい？
おーい！　大地　まだ息をしてるか？
ビョーキが最悪になるまえに
大声で、大声で泣きわめいてくれよ

僕たちはまだ気付いていない
暗闇でほくそ笑む　やつらの正体を

ガレキの海、漕いでゆく
寝息をたてる　愛しき子供たちのために
ガレキの海、漕いでゆく
愛しい人たちのために

NATTY RECORDS 最後のアルバム
『マザー・アース・ソングス』収
録 /2004

# ネイティブ・マインド

— Dedicated to Miwa —

By Makoto

生まれるまえから聞こえていた
心の鼓動のように
きみの心がきこえる きみの笑顔が見えてくる
生きることの難しさを識るとき
自分の深い傷と向かいあうことができる
年老いたインディアンが静かにうたい始める

※ 悲しみはいつか
　時を超えて星になる
　そこにいてくれてありがとう
　あたたかいまなざしをありがとう
　ネイティブ・マインド

きみのダメなところも好きでいたい
憎しみに囲まれて生きたくないんだ
笑っていたい／遠くにいるきみの心に
届くくらいの光を放って笑っていたいんだ
地球の割れ目の彼方から
きみが笑いかける声がきこえる

※ Ref

ネイティブ・マインド
ネイティブ・マインド

# 第五章

# 仲間たちからの言葉

**三輪美穂**
ザ・スナフキン　ベース
―下村誠 SONG LIVE―「BOUND FOR GLORY」主宰
インタビュー
「13 回忌ライブが終わって、そこから始まった――」

**若松政美**
歌詞と詩が交差する音楽イヴェント
「NAKED SONGS」主宰
インタビュー＋ふたりの編集後記
「NAKED SONGS の一番のファンは自分。それってたぶん、下村さんもそうだったと思うんだ――」

**村田 博**
『GU-GREAT UNBALANCE』（Vol.1 1995 EARLY SUMMER）より
「PRIMITIVE SURVIVUOR」

インタビュー

## 三輪美穂

ザ・スナフキン　ベース

—下村誠 SONG LIVE—「BOUND FOR GLORY」主宰

# 13回忌ライブが終わって、そこから始まった——

「BOUND FOR GLORY 2019 下村誠 13 回忌 LIVE」の 1 シーン。（写真左から）友部正人さん、三輪美穂さん

### 「世の中に、いまも下村誠のことを考えている人がいるんだ」

**大泉**　下村さんの本をつくるっていう話をすると、「下村君は幸せな男だなぁ」ってよく言われるんです。

**三輪**　あ、私も言われたことある。レタス（「下村誠 SONG LIVE」の会場としてよく使われる東京・神田のライブハウス）の藤井さんに言われたんだったかな（笑）。

**大泉**　でもね、私からすると、突然、見ず知らずの私から連絡がいったにも関わらず、皆さん、「いいですよ」と言ってくれたわけです。そういう人の存在のほうがずっと、「下村さんは幸せな人だなぁ」と思うわけで……。

**三輪**　うん、ほんと、そうだよね。13回忌ライブのときも、連絡する人、連絡する人、みんな、来る来るって言うから、それはもう、びっくりで……。友部（正人）さんが来てくれるとは思わなかったし、ケンゴ（吉田健吾）は熊本から来るって言うし、集平さん（長谷川集平）も長崎から……。

**大泉**　その〝びっくり〟、わかる気がします。ところで、13回忌ライブをやるきっかけは何かあったんですか。美穂さんの中で、やろうかなと思う助走みたいなものがあったわけですよね。

**三輪**　それはねー、村田君や若松君だね。10年くらい前に村田君に連絡して、奥さんのあさちゃんも一緒に飲んだことがあったんだよ。そのとき、いろいろな話をしてね。村田君と出会った頃の話とか、下村さんから、ライブの様子なんかをダビングしたカセットテープ、たくさんもらったよねとか。

**大泉**　美穂さんは、村田さんとはどこで知り合ったんですか。

**三輪**　村田君が東経大の学生のときに企画したイベント、そこで村田君は下村さんとつながって、いろいろな人が出演して、そのときに私も出てるのね。

（写真左から）PĒTA、三輪美穂、友部正人、茂木功、網野まこと。13回忌 live にはほかに、こじこじ音楽団（長谷川集平）、BANANA BLUE（西本明、ダディ柴田、吉田健吾、伊藤あゆき、まもる、しえん）、アイタルミーティング（ミカイ）、篠原太郎、ラリー、Ichika Sunny、坂田ひさし、I guess（橋本はじめ、清水智子）、大妻 #7（おーちゃん、マーク、弥生）、スナフキン（宮谷真人、河口修二、井上徳子）が出演した。＊敬称略

**大泉**　あ、そうか。あのイベントですね（→p269〜、年表p285）。

**三輪**　それと、「NAKED SONGS」に一度だけ行ったことがあって、若松君、こういうことやってるんだ（→年表p264）。世の中に、いまも下村誠のことを考えている人がいるんだなと思って——。ずいぶん長く一緒にバンドやってたのに、私が何もしないのも……っていうのはあったかもね。それで一番最初に話したのは、PĒTA。２０１８年に湯河原でPĒTAのライブがあって、そのとき私、こんなことやりたいっていう話をしたんだよね。そうしたら、日にちを決めてくれたら、それに合わせて関東ツアーを組むからって言ってくれて。それで、日にちを決めて連絡したら、PĒTAが「わかった」って。

**大泉**　それでそこから、いろんな人に連絡してみたら、みんな、「出るよ」って言ってくれて……ですね。

**三輪**　運営的にはきびしい部分もないわけじゃなかったけど、みんなが来てくれて、それを一応、やり終えたところで、やっぱり、おもしろさっていうのも、私の中であったんだよ。

**大泉**　それで次もやろうって？

**三輪**　続いたのは、ラリーの功績が大きかった。仙台をやってくれたから。「BOUND FOR GLORY 仙台」をやりたいって言ってくれて、スナフキンで行くことになったんだよね。レタスでやったライブではスナフキンとしての演奏はしてないの。誰かが歌うバックバンドをつとめたっていう形。でも仙台のライブでは、ザ・スナフキンとして出演した。それで、そういえば解散した記憶もないし、下村さんはいなくなっちゃったけど、またやろうかっていう話になって、スナフキン再出発！

**大泉**　下村さんとの最初の出会いは、『新譜ジャーナル』の取材でしたよね

（1977年11月号／年表p291）。

**三輪**　そう、大妻短大の音楽サークルの合宿に取材に来て、そのときに「もちゃんばんど」のレコードを持ってきていて、レコード鑑賞の時間に聴いたのが始まりかな。普通の、短大の女子学生だったし、卒業したあとバンドを続けるとも思ってなかった。バンドやらない？って正式に誘われた記憶もないんだけどね（笑）。

下村誠 with ザ・スナフキンのステージ写真。1994年5月、代々木公園でのライブ

**大泉**　それが、下村誠バンド、ラスタマンヴァイブレーションズ、BANANA BLUE、ナチュラルスピリッツ、スナフキン……と続くわけですね。西本（明）さんは若い頃からのつながりだとしても、BANANA BLUEにはダディ柴田さん（Sax.）もいますよね。

**三輪**　ほんとにねー。BANANA BLUEは、佐野（元春）さんがニューヨークに行くのにハートランドが1年休んだときにやったわけだから、タイミングもあったんだろうけど、下村さんは、そういう垣根のない人だったよね。だって、私やしえん（大妻短大・音楽サークルの同窓生、藤井静子さん/Dr.）をリズム隊として、明さんとダディと一緒にバンドやらせるなんてさ、普通じゃ考えつかないと思うんだよね。

**大泉**　プロとかアマチュアとかは関係なくて、一緒にやろうよ、うんいいよ、それでOK！っていうことなんだろうなぁ。

**三輪**　実はね、『新譜ジャーナル』の取材をセッティングしたのが、いま、神田レタスにいる藤井和貴さん。藤井さんは大学生の頃から大妻の音楽サークルにコーチとして来ていて、卒業後は音楽業界に就職したから、それで下村さんと知り合ったのかな。「BOUND FOR GLORY」を続けられているのは、藤井さんの協力が大きいし、そもそも、藤井さんがセッティングしていなかったら、私たちは下村誠に会えてないと思うと、なんだか、感慨深いものがあるね。

## これから先は、もっと軽やかに

**大泉**　今年は17回忌。「BOUND FOR GLORY Vol.8」の開催は11月ですね。

**三輪**　13回忌ライブが終わって、やって良かったねで終わると思っていたら、まさかあれがスタートになるとは――（笑）。13回忌ライブまではその場その場で生きてきて、振り返ることもなかったのが、やってみたら、昔の曲も聴くことになったし、いろんなことを掘り起こすことになったんだよ。たくさんの人と再会したり、つながったり……。

**大泉**　そうですね。私は２０２０年12月のライブではじめて観たんですけど、あれがなかったら、美穂さんとこうして連絡を取ることもなかったかもしれないし……。

**三輪**　まさか、本をつくろうっていう人に出会うとは思っていなかった(笑)。でも、YouTube なんか見るとね、下村誠の歌をアップしている人がいるんだよ。ひとりいるっていうことは、この日本のどこかに、他にも、下村誠の歌をうたっている人がいる気がする。そういう力を持っている歌なんだよね――。それでね、17回忌を区切りにして、これから先は、もうちょっと違う形、もっと軽やかにいきたいなって思ってる。下村誠の曲はやるんだけれども、もっと自由に、軽やかに。昔、下村さんが「BOUND FOR GLORY」っていうライブイベントをやってたでしょ(↓年表 p283)。いろんな人が３曲くらいずつ歌いにくるっていう。こういうライブができたらいいな――。ちゃんと企画して、ちゃんとギャラも払って、ってできたらいいんだけどね。なにか方法がないかなって思ってる。今度、６月にレタスでやる「BOUND FOR GLORY Vol.7」は、その一環でもあるの(インタビューは5月)。下村誠ゆかりのシンガーふたり、PĒTA と伊藤あゆきに出演してもらって、ザ・スナフキンはあっちゃん（Key.）とふたりでやる。そうやって、どんどん変わっていかなくちゃ！

§

変わっていかなくちゃ――。新しいライブイベントの形を模索する、その第一歩が６月５日に神田レタスで開催された「BOUND FOR GLORY vol.7 PĒTA ×伊藤あゆきアコースティックライヴ」だった。13回忌ライブの話を最初に話したという PĒTA さん。伊藤あゆきさんは短大の音楽サークルの同級生で、BANANA BLUE など下村さんとのバンド仲間でもあった人。ライヴ当日、ふたりの歌声を聴いていて、思い出したことがある。東京都日の出町の「風の塔」の取材で町の人が下村さんのことを「日の出の森が壊されて、深く傷ついた私たちの心に、歌で寄り添い続けてくれた人」と話してくれたこと。PĒTA さんの声も、伊藤あゆきさんの声も、人の心に寄り添う声だなぁと感じて、「歌い継ぐ」ということは、楽曲を継ぐだけではなく、「うたうこと」の心を継ぐことでもあるんだな、そんなことを思ったライブだった。

伊藤あゆきさん

PĒTA さん

ふたりの編集後記＋インタビュー

## 若松政美

歌詞と詩が交差する音楽イヴェント「NAKED SONGS」主宰

**大泉**　美穂さんが13回忌ライブをやろうと思ったきっかけは、村田さんと久しぶりに会ったことと、もうひとつは、「NAKED SONGS」を見に行ったこともあるって言ってた。２０１５年の、五郎さんのバンドが出たときの。

**若松**　「To Tell The Truth」と「風ニ吹カレテ」のツーマンでやったときね。そうか、あれがきっかけで……。

**大泉**　こうやって、下村さんのことを考えてる人がいるんだなって、思ったって。

**若松**　そういうことで言うと、13回忌ライブのとき、俺、小冊子、つくったじゃん。そのとき、「あぁ、下村さんの本、出したい」と思ったの、漠然と。

### 「NAKED SONGS」の一番のファンは自分。それってたぶん、下村さんもそうだったと思うんだ――

詩集か何か出したいなぁと思ったんだけど、ノウハウもないし、金もないし、無理だなと思って、あきらめてたんだよ。でも、心の中ではフツフツとあって、それが洋子さんのところに飛んでいったのかなと思ったよ、想いがね。

**大泉**　不思議だよね。２０１９年の秋、ふいに『路上のイノセンス』を読みたくなって何十年ぶりかで読んで、感動してさ、あぁ、下村さんはこういう文章を書く人だったと思った。偶然と言えば偶然だけど、みんなが13回忌ライブの準備や練習をしている頃だよね。美穂さんと若松さんと私が、見えない何かでつながって……っていうか、みんな、下村さんに操られてる！（笑）。

**大泉**　「NAKED SONGS」を始めようと思った理由のひとつに、下村さんが'88年に開催したポエトリーイベント「BEAT GENERATION」を観られなかったことがあるって前に聞いたけど、そのあたりのことをまた教えて。

**若松**　'88年はまだ、下村さんと知り合ってなかったからね。'89年に、友部（正人）さんとマーシー（真島昌利）の「待ち合わせコンサート」に行ったときに、エレクトリック・スナフキンのライブのチラシをもらって、行ってみたら、すごいいいなーと思ってさ。それからライブに行くようになって、少し親しくなったときに、冗談半分に、「下村さん、僕にフライヤーとかのデザインさせてよ」って言ったの。それで、フライヤーつくるようになって、ＣＤのレーベルやライナーノーツのデザインもやらせてもらったり。ビート・ジェネレーションのことも少しは知ってたけど、南兵衛さんが主催されたナナオサカキのライブに下村さんがゲストで出演して、それを観たのがきっかけで、ポエトリーリーディングのライブに魅かれて、行くようになったんだよ。

**大泉**　そうか、そういうことも、「NAKED SONGS」につながっていくんだね。

若松さんが作成したライブイベントのフライヤーとCDジャケット・ライナーノーツの一部

**若松**　下村さんが亡くなって何年かたって、子どもも大きくなってきたから、またライブとかに行くようになって、下村さんが昔、MANDA-LA2とかでやってたイベント、おもしろかったよな、下村さんがやってたようなイベントやりたいなと思ったんだよね。下村さんがやっていたことを何か、継承できるようなこと。まずは村田君に連絡とって、いろいろ話をしたんだよ。それで、'88年の「BEAT GENERATION」に行けなかった話にもなって、詞を朗読して、歌もうたうっていうコンセプト、いいよね、じゃあ、それやろうか！ってなってさ。で、そのあと、太郎ちゃん（＝篠原太郎さん、若松さんとは小学校の同級生）に会いに行って、このコンセプトを話して、太郎も出てよっていう話をしたら、「いいよ」みたいになって。太郎ちゃんのほかに誰がいいかなって相談して、よくTHE BRICK'S TONEとも共演してるCROSS（the LEATHERS）、いいよなぁ、とかね。そんな感じで、だんだんイベントが固まっていったんだよ。それで、第一回目は、２０１０年の10月。池袋のポルカドッツで開催。

**大泉**　このとき、即興で歌をつくるワークショップをやったんだよね。

**若松**　NAKEDはＮＨＫで放送された「佐野元春のザ・ソングライターズ」にも影響受けてるんだけど、ワークショップをやろうっていうアイデアが出てね。お客さんに入口で短冊渡して、なにか言葉を書いてもらって、それを出演者それぞれ自分のコーナーで即興で曲にしてもらったんだけど、CROSSはその日までに新曲をつくると言って、できた曲がイベントのテーマソングとなった「BEAT GOES ON」。それで、この3曲をその場で録音して、ＣＤＲに焼いて、帰りにお客さんにプレゼントしたわけ。これは太郎が機材を一式持ってきてくれたからできたことで、お客さんも喜んでくれて――。

**大泉**　おぉ、それはすごい！

**若松**　すごい画期的なことをやっちゃって、こんなこともうできないかもしれないけどね（笑）。

**大泉**　２回目以降の話も聞きたいんだけど、それはまたいつか（笑）……。去年の夏、渋谷で市川（清師）さんに会った帰りだったか、下村さんに背中を押してもらってる気がするっていう話をしたじゃない。それは――。

**若松**　それは、しょっちゅう思ってる。俺、ド素人じゃん。イベンターでもないし、自分で出演するわけでもないし。誰かがやってくれたらいいんだけど、誰もやらないから自分でやるしかないねっていう感じで……。だから、イベントの第一のお客さんは自分だし、第一のファンは自分なんだよ。

**大泉**　あぁ、それは素敵だ！

**若松**　それってたぶん、下村さんもそうだったと思うんだよ。いくつかのバンドやミュージシャンが出て、自分たちの出番が終わったら、はい、おしまい、じゃなくて、自分もお客さんも、出演者もそうだし、店側もみんなが楽しむ、よかった、いいイベントだったねって言ってくれるのが一番うれしいなと思って。出てくれたミュージシャンが自分たちでツーマンライブをやったり、NAKEDをきっかけに出会って、自分たちでツーマンライブをやったりと広がっていくのが、イベントを続けてよかったなと思うところ。節目となる10回目は、新たなワークショップを軸にしたので前編と後編に分けて、前編はフライング・ブックスで、後編は代々木のアルティカセブンでやったのね。その後編に日本スポークンワーズ協会の詩人が観にきてくれて、そのとき、「イベント自体が生きている運動体に見えた。若松さんの企画としてのオーガナイズから手から離れて、勝手にイベントとして動いているというイメージだ」って言ってくれた。あぁ、そうなんだ、そう見えるんだ、なるほどなとも思ったし、そういうふうに言ってくれてうれしかった――。

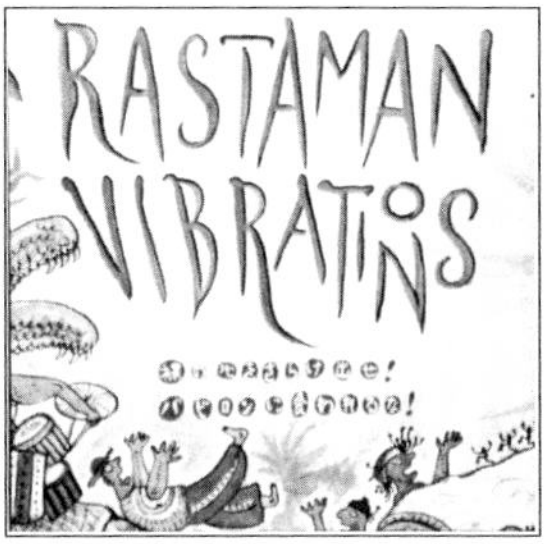

「NAKED SONGS」というイベント名は、メロディのない歌詞＝裸の歌、という意味と、ビート詩人たちの作品に、nakedをよく見かけたこと、下村誠初期のシングル「裸の心をさらけ出せ！」のタイトルが心に妙にひっかかっていたこと等から命名。

## 本書タイトル　『永遠の無垢』の理由

# PRIMITIVE SURVIVOR

大学時代に仲間と計画したイベントで下村誠と知り合い、それを機に親交を深めた村田博さんによるエッセイ。執筆されたのは1995年で、下村誠存命中。実は本書のタイトル『永遠の無垢』はこの中に書かれた一節が元になっている。この頃、下村さんが、次のソロアルバムのタイトルとして考えられていたものらしい。結局アルバムは違うタイトルになったが、実に下村さんらしい言葉であり、本書の題名にすることにしたのだ——。

『GU- GREAT UNBALANCE』
（1995 EARLY SUMMER Vol.1）より転載

### 一　路上のイノセンス

十代の頃読んでいた音楽雑誌の片隅で彼の名前をよく見かけた。音楽に対する深い愛情と、それを翻訳するに余りある精神のボキャブラリーが豊富な文章だった。僕には彼が書いた原稿だと知らずに内容だけ覚えているものがいくつもある。今でもたまに、「昔、何かの雑誌で××についてこんなこと言ってた記事があってさぁ…」なんて会話になると、「それ書いたの、俺だよ、俺！」と彼はゲラゲラ笑うのだ。

思えば、彼が様々なミュージシャンやその音楽について書いた原稿からは、あろうことに彼自身の「うた」が流れていた。それは活字の森の木立の隙間からかすかに聞こえてくる「うた」のようで、十代の頃の僕は彼の原稿に耳を澄ましている少年だった。

だから、生身の下村誠が目の前で歌うのを初めて見た時の感動は僕にとって非常に特別なものだった。

実際の下村さんに初めて会ったのは、１９８８年の9月か10月頃のことだったと思う。その頃僕は国分寺にある東京経済大学の四年生で、双子の弟と共に、あるイヴェントの企画に奔走していた。

現代詩手帖の別冊で、詩人の、今は亡き諏訪優氏と佐野元春が「ビートジェネレーション」について対談しているのを読んで、是非その続きを自分が所属しているゼミ（アメリカ大衆文化論／寺地五一講師）でやってもらえないだろうかと考えたのだ。はじめ、田端に住んでいる諏訪さんにゼミの仲間達と会いに行き、その企画の内容を打ち明けると、「でも、その企画っていうのはまだ君達の頭の中のことなんだろう？　あとは本当に実行に移せるかどうかなんだよな…」というようなことを言われた。

あれやこれやと話を聞いた後、出演を快諾していただき、「もし、佐野元春に連絡をつけたいのなら、この男に聞いてみれば…」と紹介されたのが下村さんだった。その翌日、さっそく彼の書いた『佐野元春ドキュメント　路上のイノセンス』に出ていた住所だけを頼りに、「アポなし」で彼の自宅を訪ねると、運良く会うことができた。今でも印象的なこととしてハッキリ覚えていることは、その時、下村さんがニール・キャサディのTシャツを着ていたということだ。そして少し話しただけで、諏訪さんが何故彼を紹介してくれたのかが分かったような気がした。何故なら彼は頭の中のアイデアを具現化するための凄まじい行動力の持ち主だったからだ。

結局、佐野元春はロンドンにレコーディングに行ってしまっていて、当初の企画はお流れになってしまったが、その代わり、下村さんと出会ったことによって企画は僕等が想像していた以上に大規模なものになった。第一部をアメリカ・インディアンのホピ族に伝わる予言を軸に、彼等の土地でのウラン採掘の現状と核の脅威を告発したドキュメンタリー映画「ホピの予言」の上映と、その映画を監督した宮田雪さん、詩人の諏訪さん、フォトジャーナリストの吉田ルイ子さん等のシンポジウム、第二部を諏訪さんの詩の朗読から始まり、下村さん率いるスナフキン、川村かおり、ザ・ストリートビーツ、友部正人等の演奏と、延々と七時間に及ぶ大イヴェントとなった。そして本当ならそのイヴェントを大学生活最後のいい思い出として全ては終わっていいはずだったが、それが下村さんとの長い付き合いの始まりになった。そう言えばそのイヴェントの題名も、「明日のためにその1」だったっけ。

## 二　Chicken Skin U.S.A.

「彼の書くこの手の雄大なバラードは

まるで都市のどん詰まりの袋小路を一本の旅のハイウェイに変えてしまうかのようだ」と、かつて僕は彼とザ・スナフキンの初のフル・アルバム『ホーリー・バーバリアンズ』が発売された時に製作された宣伝用のパンフレットの曲目紹介の中で、2曲目の「ダウン・ザ・リバー」を指してそのように書いた。が、それはこの曲に対する感想というだけでなく、下村さんの人間性全般についての僕の印象でもある。例えば、彼と一緒に歩いていると、そこが下北沢だろうが吉祥寺だろうと、何故か二人で旅をしているような錯覚を覚えるのだ。映画「スケアクロウ」のジーン・ハックマンとアル・パチーノや、「ダウン・バイ・ロー」のトム・ウエイツとジョン・ルーリーのように。

僕は実際に1989年の夏、のちに下村さんが「チキン・スキン・USA」と歌うことになるアメリカを彼と旅したことがある。

ロスアンジェルス、サンフランシスコ、ニューヨーク、ボストン、マサチューセッツ州ロウエル（そこにはジャック・ケルアックの墓がある）、フィラデルフィア、ニューオリンズ…当のアメリカ人からさえクレイジーと言われた、そのグレイハウンド・バスを使っての大陸横断の旅の中で、僕は彼と一緒にいたためか、全くの自然体で過ごすことができた。

その年のアメリカはウッド・ストックからちょうど20年目ということと、ザ・フーやローリング・ストーンズの復活などが重なり、60年代のカウンター・カルチャーがリバイバルしてちょっとしたブームになっていた。

余談になるが、僕がアメリカで唯一観た映画「ルード・ア・ウェイクニング」（日本未公開）もまさにそんな一本で、60年代、サンフランシスコのヘイト・アシュベリー地区にたむろしていたヒッピーがドラッグの不法所持で警察に追われ、南米のジャングルに逃げ込んでいたのだが、今度はそのジャングルが破壊される計画があるのを知り、政府と闘うため20年ぶりにアメリカに戻ってくるという話だった。ヒッピー達の夢と挫折をコメディー・タッチに描いた作品で、どう見てもB級映画だが、その年のアメリカのムードの一側面を端的に表している映画で興味深かった。

そんな機運が漂うアメリカにあって、オクラホマなまりの絵に描いたようなヤンキイ兄ちゃんにウォークマンでエレファント・カシマシを聞かせたり、ギャングのような強面の黒人のダフ屋から堂々とストーンズのチケットを値切って手に入れてくる様は、彼のボーダーレスな人間性をよく表しているようで、そばで見ていて僕は痛快な思いをしたものだ。

その旅の途上、僕等はバスの中や安いホテルの一室で様々な話をしたのだが、特に今でも覚えているのはボストンから出発したバスがどんどん南下していって、窓から見える景色がまさに南部のそれへと劇的に変わった一瞬にふと交わした会話だ。

その頃はもう旅の後半で僕等は見た目にもボロボロで、パスポートとトラベラーズ・チェックを提示しないとホテルも泊めてもらえないような有様だった。僕は疲労と、またしても違う表情を見せ始めたアメリカ大陸の懐の深さに驚きつつも多少辟易しながら、「やっぱりさぁ、こんなでかい国、バスでつぶさに見て回ろうって言ったって無理だよ。こうしている間にも見逃しているものが山程あるんだなって考えるとさ、なんか悔しいよなぁ…」みたいなことを僕が漏らしたのだ。すると、「でもさ、そんなふうに考えるよりも、僕等が見たアメリカ、僕達が今見ているアメリカが僕達のアメリカだよ。1989年の。そういうふうに思えばいいんじゃないの…」。通路を隔てた隣の席でジョン・アービングの『熊を放つ』をそれまでじっと読んでいた下村さんはそう言うと、何やらチョコチョコとメモを取るのであった。

それから東京に戻りしばらくして、帰国後初の彼のライブを下北沢のロフトに見にいくと、「アメリカの旅についての曲をつくったらしいよ。今、リハーサルで聞いたけど凄くカッコいい曲だった…」と、入り口の階段の所である女の子に言われた。それはこんな歌だった。

扉を開けて出ておいで
君の地球はここにある
目を閉じて歩いておゆき

ジャック・ケルアックのお墓参りに行くこともできた

君のアメリカはここにある
嘘っぱちだろうがなんだろうが
君がみたままが本当なのさ
ジャックがそう言っていたよ

「チキン・スキン・USA」のこの一節が歌われるのを聞く度、僕はグレイハウンド・バスから見たアメリカのあの南部の景色を思い出す。青空を流れる白い雲、十字架を屋根に掲げた教会、ミシシッピー・リバー、バルコニーで手を振る黒人の家族、路上のデキシー・ランド・ジャズ、クレオール・ガンボ、レッド・ライト・ハリケーン……。

## 三 『永遠の無垢』に向けて

下村誠の「うた」は自らの魂を救済しようとする個人的な試みである…などと書いたら少々大袈裟で内向的過ぎるようだが、僕は一見ポジティブさ一杯に見える彼自身のたたずまいとは裏腹に、その「うた」の底流には淡い絶望感が無意識のうちにも横たわっていることにいつの頃からか気付いていた。

僕と出会った時と時期を同じくして、下村さんはうたの中で「イノセントな精神」や「本当の自由さ」といったものが失われていく様を「地球」とか「大地」とか「青い海」などといった自然とシンクロさせて表現することが多くなった。前に述べた僕が学生の時に企画したイヴェントのテーマ・ソングとして書かれた「インサイド・サバイバル」の中で「世界中のすべての人を愛するなんて無理だけど　あなた一人なら愛せるかもしれない」と歌われるのを聞いて以来、ずっと僕には彼の歌が「何かに絶望しているけれど、でもまだあきらめたわけじゃない」と言っているように聴こえていた。

それはバナナ・ブルーで、闘うジャマイカン達に共鳴し、がむしゃらにレゲエを歌っていた頃の下村さんには無かったスタンスだ。そのイヴェントのパンフレットに彼が寄せた文章を今読むと、その頃の彼がどういう態度で生き、ひいては歌っていこうとしていたのかがうかがい知れるようで興味深い。

〈僕自身にいま最も必要なのは内側に向けてのアプローチである。他人は救えないけれど自分の精神（スピリット）を守ることならばできるかもしれない。（注略）僕は悲観的になっているわけではない。本気でそう思うのだ〉

その「ペシミズム」と「サバイバル精神」は彼の中で絶妙なバランスで均衡を保っており、それが最高の形で結実したのが、あの名曲「虹の箱舟」だと思う。「君が舵をとる　虹の箱舟の出航の知らせを僕は待っている」という一節も、取りようによっては柔らかな「死」への願望が歌われているようでもあり、ある時、彼のステージを見ながらそんなことを思い立って、一人ドキリとしてしまったことがある。それもその後のサビのところで、「いましかない　いましかない」と呪文のように連呼することで、ギリギリのところで「こちら側」に踏みとどまっており、特定の個人に向けたレクイエムであるにもかかわらず、山本智志氏に「ロック人種がどう生きていくかを模索する歌」と言わしめるほど、解釈の広がりを見せているのだ。

ジョン・レノン、ボブ・マーリィ、ジミ・ヘンドリックス、ジャニス・ジョップリン、ジム・モリソン、エルビス・プレスリー、その他あらゆる精霊へとふ化した「最良の精神達」といつまでも交感を続けながら生き延びてゆくのだといったポジティブな歌に。（ステージでは、尾崎豊、「じゃがたら」の江戸アケミ、そして諏訪優氏の死に際しても、彼等に捧げられ、演奏された）

そして近作の「最後の声」は、今述べてきたような視点と手法で書かれたうたの最も突き詰めた、文字通り「最後」の形であるように僕には思えるのだ。透明感溢れた大好きな曲ではあるけれども、聞き手として僕はどこへも向かえない美しい感傷の中に置き去りにされてしまうような気もして、ソングライターとして下村さんがワンクールしたのを感じてしまった。

「昔の小坂忠の『HORO』とか細野晴臣の『HOSONO HOUSE』ってさぁ、最初から最後まで通して聞いても30分位なんだよね。今度は俺、そういうアルバムを作ろうと思って」

今年1995年元旦、福島県いわき市の僕の実家で夜中、焼酎のお湯割りを飲みながら下村さんはニュー・アルバムの構想をそう語った。最近には珍しく曲もどんどんできているらしくて、そのいくつかの詞をこの前見せてもらったが、アルバム『ホリー・バーバリアンズ』に収められているナンバーとはまた違って、クリエイトすることの喜びに満ちたみずみずしい「ことば」達だった。

「結局、その時その時で表現の仕方が変わるだけで、いつも同じことを歌っている…」と下村さんは言うけれど、彼の辿るサークルが螺旋状を描いて今度はどんな情景を見せてくれるのか今から楽しみである。

最後に長いつきあいの僕からリクエストを言わせてもらうと、あまりディテールにこだわらないストレートな「愛」のうたをつくって欲しい。ジョン・レノンがヨーコを想って書いた、ラブレターにそのままメロディがついたようなやつを。それと、僕にも子供ができたんで、寝かしつける時にちょうどいい子守唄なんかもいいなあ。

もう一つ欲ばって言わせてもらえば、「River's Story」をスタジオ録音したニュー・バージョンで聞かせて欲しい。ま、今度のニュー・アルバム『永遠の無垢』に入らなくてもいいからさ。「いましかない」の人だから、過去の作品なんてうんざりしているんだろうけど、あれってやっぱり名曲だよ。

◎第二章「音楽シーンと時代」の資料編として年表〈1954〜2006 下村誠と彼が生きた時代の音楽シーンと世相年表〉を作成しました。横書きで作成したので、ページをめくる手は本書本文と逆のほうが読みやすいことから、巻末（p299〜276）に配置しました。時代とともに左にめくっていく形になっています。本のうしろからご覧ください。

ビート文学やヒッピー文化に造詣の深い山路和広さんが開いた古書店「フライング・ブックス」に、下村誠はオープニングパーティやビート詩人ナナオサカキさんのイベントに駆けつけるなど、機会あるごとに訪ねて行ったそうだ。写真は、フライング・ブックス開店の翌月、2003年3月9日に開催されたイベント「Beat Goes On vol.2『つまづく地球』出版記念〜春風めぐる」での写真。カウンターにひじをつき、ひとりカメラに目を向ける人物が下村誠。

この日のイベントは、山路さんが主宰するインディーズ出版 SPLASH WORDS（スプラッシュ・ワーズ）の新作出版記念リーディングだった。ポエトリー・リーディングの出演は、長沢哲夫（詩人）、内田ボブ（シンガー）、ゲーリー・スナイダー（詩人）、ナナオサカキ、山田 PON 塊也（画家・詩人）。写真提供：山路和広

*1954 - 2006*

# 下村誠と彼が生きた時代の音楽シーンと世相年表

作成／妹尾みえ　大泉洋子

| 下村 誠 | 日本　音楽・世相 |
|---|---|
| **1954年　誕生** | |
| 昭和29年12月12日<br>和歌山県新宮市で生まれる★ | ＊同じ年に生まれた著名人：坂崎幸之助、平沢進、松任谷由実、大友克洋、スティーヴィー・レイ・ヴォーン、エルヴィス・コステロ、デンゼル・ワシントン、安倍晋三 |
| **1956年　1歳** | |
| | ＊7月「もはや戦後ではない」（経済白書） |
| **1957年　2歳** | |
| | ＊浜村美智子「バナナボート」大ヒットでカリプソ・ブーム<br>＊コカ・コーラ日本での販売を開始 |
| **1958年　3歳** | |
| | ＊「日劇ウエスタンカーニバル」始まる（〜1977）<br>＊「月光仮面」放送開始<br>＊売春防止法施行 |
| **1959年　4歳** | |
| | ＊『少年マガジン』『少年サンデー』創刊<br>＊4月 皇太子ご成婚<br>＊9月 伊勢湾台風 |
| **1960年　5歳** | |
| | ＊1月 日米安保条約締結<br>＊6月 60年安保闘争<br>＊12月 池田内閣による国民所得倍増計画 |
| **1961年　6歳** | |
| ＊小学校入学 | ＊日本テレビ「シャボン玉ホリデー」放映開始<br>＊ザ・キングストン・トリオ来日<br>＊坂本九「上を向いて歩こう」 |
| **1962年　7歳** | |
| | ＊ザ・ブラザース・フォア来日<br>＊ハナ肇とクレイジー・キャッツ映画『日本無責任時代』封切り<br>＊ツイストブーム |

国内外の音楽と世相については関わりの有無にかかわらず、下村さんが肌で感じていたであろうトピックを中心に選びました。とりわけ 60 年代末 70 年代にかけ多感な少年時代を過ごしたことは、人生に大きな影響を与えたと思われます。
なお 12 月生まれのため、その年の 1 月時点での年齢を採用しています。

| 海外　音楽・世相 |
| --- |
| **1954** |
| ＊エルヴィス・プレスリーがデビュー<br>＊3月 アメリカによるビキニ環礁での水爆実験により、日本の第五福竜丸が被爆 |
| **1956** |
| ＊エルヴィス・プレスリー「ハウンドドッグ」 |
| **1957** |
| ＊ジェリー・リー・ルイス、リトル・リチャード、チャック・ベリーなどロックンロール勢がチャートを席巻 |
| **1958** |
| ＊ザ・キングストン・トリオ「トム・ドゥーリー」でフォーク・リバイバル・ブームに火が付く<br>＊チャック・ベリー「ジョニー・B・グッド」 |
| **1959** |
| ＊第1回ニューポート・フォーク・フェスティバル<br>＊バディ・ホリー 飛行機事故で亡くなる<br>＊1月 キューバ革命 |
| **1960** |
| ＊5月 パリ東西首脳会談決裂。東西冷戦時代に入る<br>＊アフリカ諸国の植民地からの独立相次ぐ |
| **1961** |
| ＊ピート・シーガー「花はどこへ行った」の著作権再録<br>＊4月 ガガーリン人類初の宇宙飛行<br>＊8月 ベルリンの壁が作られる |
| **1962** |
| ＊ボブ・ディラン、ピーター・ポール＆マリー（PP&M）、ザ・ビートルズがデビュー<br>＊10月 キューバ危機（海上封鎖） |

【memo】

★当時の人口約 44,000 人。現在は世界遺産 熊野古道の入口として知られる

| | |
|---|---|
| **1963年　8歳** | |
| | ＊「鉄腕アトム」はじめ国産テレビアニメ放映開始<br>＊ピート・シーガー来日<br>＊力道山刺殺される |
| **1964年　9歳** | |
| | ＊ピーター・ポール＆マリー（PP&M）来日<br>＊『平凡パンチ』『ガロ』創刊<br>＊10月 東京オリンピック開催 |
| **1965年　10歳** | |
| | ＊エレキブーム<br>＊４月 べ平連（ベトナムに平和を！市民連合）結成 |
| **1966年　11歳** | |
| | ＊マイク真木「バラが咲いた」／ザ・ブロードサイド・フォー「若者たち」<br>＊６月 ザ・ビートルズ来日<br>＊７月 三里塚に新東京国際空港建設決定 |
| **1967年　12歳** | |
| ＊中学校入学 | ＊第1回関西フォークキャンプ（京都）<br>＊ザ・タイガースがデビュー。GSブーム起こる<br>＊片桐ユズル編集『かわら版』創刊<br>＊10月「歌え！ ヤングタウン」放送開始（毎日放送）。「パックインミュージック」「オールナイトニッポン」など深夜放送も始まる |
| **1968年　13歳** | |
| ＊中学2年生で高田渡「自衛隊に入ろう」に衝撃を受ける | ＊第3回関西フォークキャンプ（京都）★<br>＊ザ・フォーク・クルセダーズ「帰って来たヨッパライ」オリコンチャート初のミリオン・シングル達成。続く「イムジン河」は発売中止に<br>＊岡林信康「くそくらえ節」「山谷ブルース」／高石友也「受験生ブルース」<br>＊９月『新譜ジャーナル』（自由国民社）創刊<br>＊12月 三億円事件 |

**1963**

＊ジョーン・バエズがデビュー
＊8月 ワシントン大行進
＊11月 ケネディ大統領暗殺

**1964**

＊7月 アメリカで公民権法制定
＊12月 マーティン・ルーサー・キング牧師がノーベル平和賞を受賞

**1965**

＊第5回ニューポート・フォーク・フェスティバルにボブ・ディランがエレキ・ギターを抱え登場
＊ザ・バーズ「ミスター・タンブリンマン」
＊2月 アメリカ軍の北ベトナム爆撃が始まる
＊2月 マルコムX暗殺される

**1966**

＊バッファロー・スプリングフィールド結成
＊ボブ・ディラン『ブロンド・オン・ブロンド』
＊5月 中国で文化大革命

**1967**

＊モンタレー・インターナショナル・ポップ・フェスティバル
＊8月 東南アジア諸国連合（ASEAN）結成

**1968**

＊オーティス・レディング「ドック・オブ・ザ・ベイ」
＊ザ・バンド『ミュージック・フロム・ビッグ・ピンク』
＊4月 キング牧師暗殺
＊8月 プラハの春が終焉

★参加者約300名。出演者：高石友也、五つの赤い風船、岡林信康、加川良、ジローズ、中川五郎、ザ・フォーク・クルセダーズ、南正人、豊田勇造、遠藤賢司、西岡たかし、杉田二郎、高田渡ほか

| | |
|---|---|
| **1969年　14歳** | |
| ＊中学３年生のとき、キングストン・トリオ、PP＆Mなどのカバーに加え、オリジナル曲を歌う「ストークス」結成 | ＊学生運動激化／東大安田講堂事件<br>＊新宿西口フォークゲリラ<br>＊URCレコード設立★<br>＊第1回全日本フォークジャンボリー（岐阜県中津川）<br>＊大阪に＜喫茶ディラン＞開店<br>＊日本初のロック・コンサートとされるニュー・ロック・ジャム・コンサート（10円コンサート）開催<br>＊４月『ニューミュージック・マガジン』（現：ミュージック・マガジン）創刊 |
| **1970年　15歳** | |
| ＊高校入学<br>＊ジョン・レノン『ジョンの魂』、ニール・ヤング『アフター・ザ・ゴールド・ラッシュ』に影響を受ける | ＊吉田拓郎が「イメージの詩／マークII」でデビュー<br>＊高石友也「死んだ男の残したものは」<br>＊のちに「伝説のライブハウス」と呼ばれる＜武蔵野火薬庫・ぐゎらん堂＞開店（吉祥寺）<br>＊３月 日本万国博覧会開催<br>＊３月 よど号ハイジャック事件 |
| **1971年　16歳** | |
| ＊バンドを抜けてソロでライブ活動。吉田拓郎「マークII」や五つの赤い風船「血まみれの鳩」などのカバーも歌った<br>＊流行していた「戦争を知らない子どもたち」はどうもピンとこなかった<br>＊ボブ・ディラン『ブロンド・オン・ブロンド』に刺激を受け、エレキ・ギターを買う<br>＊友人とミニコミ紙『ふぉーくぴーぷる』を編集。新宮労音の会報に折り込んでもらう<br>＊新宮労音主催のコンサートで赤い鳥に取材し、労音の会報に原稿を書く。初のインタビュアー体験 | ＊２万人以上を集めた伝説の第３回「全日本フォークジャンボリー」開催<br>＊第1回「春一番コンサート」<br>＊エレック系のイベント第1回「唄の市」<br>＊赤い鳥「翼をください」<br>＊ジャズ喫茶〈烏山ロフト〉開店★<br>＊１月『プレイガイドジャーナル』創刊 |
| **1972年　17歳** | |
| ＊2月 期末試験中にもかかわらず大阪難波での「吉田拓郎と六文銭」コンサートへ。急病になった吉田拓郎のピンチヒッターとして登場した友部正人の歌に「ガァーンと殴られたようなショック」を受ける<br>＊5月 天王寺野音へ 第２回「春一番コンサート」を観に行く★ | ＊ベルウッド・レコード設立<br>＊友部正人『大阪へやってきた』でデビュー<br>＊第２回「春一番コンサート」★<br>＊フォークリポートわいせつ裁判が始まる<br>＊よしだたくろう「結婚しようよ」／あがた森魚「赤色エレジー」<br>＊２月 あさま山荘事件<br>＊５月 沖縄返還<br>＊７月 日中国交正常化 |

**1969**

＊7月 アポロ11号月面着陸
＊8月 ウッドストック・フェスティバル開催

★第一弾『わたしを断罪せよ 岡林信康フォーク・アルバム第一集』、五つの赤い風船『おとぎばなし』

**1970**

＊4月 ザ・ビートルズ解散
＊ジャニス・ジョプリン、ジミ・ヘンドリックス死去
＊ザ・ローリング・ストーンズが自らのレーベルを立ち上げ、『スティッキー・フィンガーズ』発表
＊サイモン＆ガーファンクル「明日に架ける橋」

**1971**

＊ジョン・レノン「イマジン」
＊ジョージ・ハリスン『コンサート・フォー・バングラディシュ』／キャロル・キング『つづれおり』／ジョニ・ミッチェル『ブルー』／マーヴィン・ゲイ『ホワッツ・ゴーイン・オン』

★その後、荻窪ロフト、下北沢ロフト、新宿ロフトなどがオープンしたが、1984年、新宿ロフトだけを残して、各店舗を閉鎖または暖簾分け

**1972**

＊ニール・ヤング『ハーヴェスト』
＊ルー・リード「ワイルドサイドを歩け」
＊映画『ハーダー・ゼイ・カム』製作
＊1月 北アイルランド紛争（血の日曜日）

★出演者：西岡恭蔵、ディランII、ごまのはえ、小坂忠とフォージョーハーフ、友部正人、高田渡、遠藤賢司、あがた森魚、はっぴいえんど、はちみつぱい、中川五郎、加川良ほか

| 1973年　18歳 | |
| --- | --- |
| ＊高校卒業<br>＊アルバムメーカーのデザイン部に就職するが、仕事は工場での梱包。寮の屋上でギターを弾くのだけが楽しみだった<br>＊ストレスから胃潰瘍になり３か月で退職<br>＊大阪の親戚宅に居候し、さまざまなアルバイトで約30万円をためて上京。美大受験のため予備校に通う<br>＊九段下のインド料理店「アジャンタ」でアルバイトをして、レコードを買いまくる<br>＊フォークソング・サークル「サウス・コースト」に所属。コンサートに出演した際のゲストは豊田勇造 | ＊「郡山ワンステップフェスティバル」開催<br>＊西荻窪<ロフト>・京都<拾得>開店<br>＊ガロ「学生街の喫茶店」／かぐや姫「神田川」／チューリップ「心の旅」<br>＊２月 変動相場制に移行する |

| 1974年　19歳 | |
| --- | --- |
| ＊武蔵野美術大学油絵学科に入学<br>＊劇画原作者・小池一夫のプロダクション「スタジオシップ」でアシスタント。小山ゆう『おれは直角』の背景などを描く<br>＊第8回ヤマハポピュラーソング・コンテスト決勝大会にアマチュア審査員として出席。出場していた「バックレイン元春セクション」で佐野元春の存在を知る | ＊ホーボーズ・コンサート開催<br>＊『雲遊天下』創刊<br>＊井上陽水『氷の世界』大ヒット<br>＊国内初のブルースフェスティバル開催<br>＊10月 第一次オイルショック |

| 1975年　20歳 | |
| --- | --- |
| ＊山本又一朗（後にキティ・フィルム・プロデューサー）に連れられロサンゼルスへ。キティ・レコードの多賀英典（キティ・レコード）、後藤由多加（フォーライフ・レコード）のほか『二色の独楽』レコーディングのため渡米した井上陽水、出門英、西城秀樹らも一緒だった<br>＊イーグルス、カーラ・ボノフ、ジャクソン・ブラウン、リンダ・ロンシュタット、ランディー・ニューマンなどのライブを体験<br>＊雑誌にアメリカ音楽のレポートを書いたのを機に原稿の依頼が舞い込むようになる<br>＊武蔵野美術大学は２年で除籍 | ＊小室等・吉田拓郎・井上陽水・泉谷しげるにより、フォーライフ・レコード発足。現役ミュージシャンによるレコード会社の設立は大きな反響を呼んだ<br>＊東京・高円寺<次郎吉（JIROKICHI）>開店<br>＊風「22才の別れ」／かまやつひろし「我が良き友よ」／甲斐バンド「裏切りの街角」 |

**1973**

＊（ボブ・マーリー&）ザ・ウェイラー『キャッチ・ア・ファイアー』
＊リトル・フィート『ディキシー・チキン』
＊トム・ウェイツ『クロージング・タイム』

**1974**

＊スティーヴィー・ワンダー「悪夢」／MFSB「ソウル・トレインのテーマ」
＊８月 ウォーターゲート事件でニクソン大統領辞任

**1975**

＊4月 サイゴン陥落。ベトナム戦争終結
＊ボブ・ディラン「ローリング・サンダー・レヴュー」を行う
＊イーグルス「呪われた夜」／ドゥービー・ブラザーズ「ブラック・ウォーター」／ヴァン・マッコイ「ハッスル」

| 1976年　21歳 | |
|---|---|
| ＊フォーライフ・レコードの面接を受けるが、後藤由多加に雑誌の仕事を勧められる<br>＊友人の紹介で『新譜ジャーナル』（自由国民社）編集部に<br>＊当時高校生だった西本明/Pf.と江澤宏明/Ba.と知り合う。泉水俊郎/Dr.を加え「舶来歌謡音楽団」を結成。ヤマハポピュラーソングコンテスト出場<br>＊ボブ・マーリーとジミー・クリフを知る<br>＊「ももちゃんばんど」結成★ | ＊８月「吉田拓郎・かぐや姫コンサート インつま恋」。主催者発表では観客５万人<br>＊ヤマハ主催のアマチュア・バンド・コンテスト第1回「EastWest」開催<br>＊ニール・ヤング来日<br>＊２月 ロッキード事件 |
| **1977年　22歳** | |
| ＊ももちゃんばんどのデモテープをベルウッドに送り好感触<br>＊ミニアルバム『ももちゃんばんど』（よいこれこおど）発売。評判を呼ぶ★<br>＊『新譜ジャーナル』の「アマチュア・サークルの広場②」の取材で大妻女子短期大学フォークソング・クラブの志賀高原夏合宿を訪問。（※後年、コーチ的存在として活動） | ＊“クジラを救おう”をテーマに日本初のベネフィット・コンサート「ローリング・ココナツ・レビュー」3日間にわたり開催。日米多数のアーティストが参加した<br>＊トム・ウェイツ／ジェフ・マルダー＆エイモス・ギャレット来日 |
| **1978年　23歳** | |
| | ＊ボブ・ディラン初来日<br>＊ジミー・クリフ来日<br>＊レヴォン・ヘルム＆RCOオールスターズ来日<br>＊サザン・オールスターズ「勝手にシンドバッド」<br>＊８月 スペースインベーダー登場 |
| **1979年　24歳** | |
| ＊ボブ・マーリーのステージに衝撃を受ける<br>＊夏に新宿の伊勢丹前の路上で偶然ジョン・レノンに出会う<br>＊11月「LIVE　歌が空を焦がす時」（千葉セントラルプラザホール）オリジナル・ブレンド・カス・スペシャルのヴォーカルとして出演。「バビロンに食われるな！」「裸の心をさらけ出せ１」を歌う★<br>＊12月 『新譜ジャーナル』を辞めフリーの音楽ライターに | ＊ボブ・マーリー来日<br>＊YMO『イエロー・マジック・オーケストラ』発表<br>＊東京ロッカーズがオムニバス盤発表。「関西NO WAVE」などパンク～ニュー・ウェイヴに火が付く<br>＊遠藤賢司『東京ワッショイ』<br>＊「春一番」コンサート中断 |

**1976**

＊アバ「ダンシング・クィーン」／クイーン「ボヘミアン・ラプソディ」／ジョニー・テイラー「ディスコ・レディ」

★“そらべふくろう”名義で作曲とGt. Vo.Peac. を担当。メンバーは、しののめれい / 作詞とVo. 西本明 /Acc.。福祉施設、幼稚園などで子どもに向けてライブを行なう

**1977**

＊セックス・ピストルズ『勝手にしやがれ』
＊イーグルス「ホテル・カリフォルニア」

★江澤宏明 /Ba. 網野まこと /mandolin も参加。ジャケットのイラストは永島慎二。イルカ、真崎守、西岡たかしがライナーノーツを寄せた

**1978**

＊映画『サタデー・ナイト・フィーバー』サントラが大ヒット（米は77年・日本は78年公開）
＊レコード業界活況
＊アース・ウィンド＆ファイヤー「セプテンバー」
＊12月 米・中国国交正常化発表

**1979**

＊シド・ビシャス（セックス・ピストルズ）死去
＊3月 エジプト＝イスラエル平和条約締結
＊5月 マーガレット・サッチャーがイギリス首相に

★共演：良妻賢母＋ワウワウ・ブラザーズ、オリジナル・ブレンド・カス・スペシャル、チャールズ清水

| | |
|---|---|
| **1980年　25歳** | |
| ＊築地の“やっちゃ場”でアルバイト。やっちゃ場主宰の新宿ロフトでのライブに向け「下村誠バンド」結成<br>＊10月 このバンドを母体に「ラスタマンヴァイブレーションズ」を結成する<br>＊12月 自らのインディーズレーベル「NATTY RECORDS（ナッティレコード）」設立（以下、NATTY）。ラスタマンヴァイブレーションズ「裸の心をさらけだせ！」/REGGAE SIDE「バビロンに食われるな」/SKA SIDE をシングル両A面で発売<br>＊小山実『Hard To Be A Man』（Blow Up)ライナーノーツ | ＊佐野元春「アンジェリーナ」でデビュー<br>＊RCサクセション『RHAPSODY』／山下達郎『RIDE ON TIME』<br>＊アナーキー、スターリン、ザ・ルースターズなどがメジャー・デビュー<br>＊原宿歩行者天国に竹の子族 |
| **1981年　26歳** | |
| *ジョン・レノン殺害からわずか１か月で、追悼アルバム『JOHNに捧げる愛の歌 THE JOHN LENNON SONGS』(「人々よパワーを持て！ほか全５曲）発表。全曲の訳詞を担当<br>＊12月に吉祥寺のろで、ジョン・レノン追悼ライブ<br>＊下村誠バンドとして新宿ロフト等に出演 | ＊RCサクセション初の日本武道館単独公演<br>＊THE MODSメジャー・デビュー<br>＊ライブハウス＜shibuya eggman＞開店 |
| **1982年　27歳** | |
| ＊3月 佐野元春「ロックンロール・ナイト」「ハッピーマン」のレコーディングにコーラス参加<br>＊7月「BANANA BLUE」結成<br>＊9月 佐野元春のシングル「So Young」にコーラス参加<br>＊9月27日「パンキー・レゲエ・パーティ」を企画（吉祥寺のろ）★<br>＊同月BANANA BLUEデモテープ製作（この音源は未発表）◆<br>＊吉田健吾/Perc.、佐野元春 with THE HEATLANDのダディ柴田/Sax.がBANANA BLUEに参加<br>＊ジョン・レノン追悼ライブ（吉祥寺のろ）♠<br>＊BANANA BLUEで大晦日ライブ（原宿サンビスタ） | ＊10月１日、世界初となる、SONYと日立、DENONによるCDプレーヤーの発売に合わせ、CBS・ソニー／EPIC・ソニー／日本コロムビアからCDソフトが一斉に発売となった。海外アーティストではビリー・ジョエルの『ニューヨーク52番街』、日本人アーティストでは大滝詠一『A LONG VACATION』など。<br>＊オフコース日本武道館10回連続公演などコンサート大型化<br>＊忌野清志郎＆坂本龍一「い・け・な・い ルージュマジック」 |

## 1980

＊12月 ジョン・レノン殺害される

## 1981

＊ボブ・マーリー死去
＊アメリカでMTV発足
＊１月 ロナルド・レーガンが米大統領就任

## 1982

＊マイケル・ジャクソン『スリラー』大ヒット／プリンス『1999』
＊ピーター・ガブリエルがイギリスで第1回ワールド・ミュージック・フェスティバル「WOMAD」を主宰。世界に拡がる

『JOHNに捧げる愛の歌 THE JOHN LENNON SONGS』

★ BANANA BLUE、佐野元春、伊藤銀次、友部正人、コールドスウェット、スペシャルサンクス（長谷川集平ほか）。『ロック・ステディ』（1983年３月号）に＜意志＞のある企画と紹介された（→ p171）

◆メンバーは下村誠のほか、横川美穂 /Ba. 伊藤あゆき /Gt. しえん /Dr. 宮谷真人 /PSG. 西本明 /Key. まもる /Cho. 里村美和 /Perc.

♠出演者：BANANA BLUE、友部正人、斉藤哲夫、中川五郎

| 1983年　28歳 | |
|---|---|
| ＊6月 BANANA BLUE　日仏会館で初のワンマンライブ。ゲストに友部正人<br>＊6月 シングル「GREEN RED GOLD（俺たちの誓い）」（NATTY）発売。<br>＊7月 BANANA BLUE、オムニバスアルバム『レゲエ・クラッシュ』（リバスター）に「風が唄うメロディー」で収録参加<br>＊8月 西本明、ダディ柴田が脱退<br>＊11月 ライブアルバム『BANANA BLUE LIVE！』（NATTY）発売。関西ツアー（京都磔磔ほか）。井上徳子/Key. 参加 | ＊尾崎豊「15の夜」『十七歳の地図』でデビュー<br>＊ケラ（現ケラリーノ・サンドロヴィッチ）が主宰する「ナゴムレコード」発足<br>＊４月 東京ディズニーランド開園<br>＊７月 ファミリー・コンピュータ発売<br>＊11月 六本木＜WAVE＞開店 |
| **1984年　29歳** | |
| ＊2月 BANANA BLUE　解散＆ナチュラルスピリッツ結成ライブ<br>＊5月 ミニアルバム『ナチュラルスピリッツ/バナナブルー』（NATTY）発売<br>＊7月 ナチュラルスピリッツ関西ツアー<br>＊12月 友部正人＆ナチュラルスピリッツでライブ（下北沢ロフト） | ＊キング・サニー・アデ来日。ワールド・ミュージックへの関心が高まる<br>＊佐野元春、『VISITORS』でメジャー系アーティスト初の日本語ラップを披露 |
| **1985年　30歳** | |
| ＊5月14日 佐野元春のNHK-FM「サウンドストリート～MOTOHARU RADIO SHOW～」にゲスト出演<br>＊5月 ナチュラルスピリッツ解散ライブ「ラストジャミング」（下北沢ロフト）<br>＊７月 この様子を収録したライブアルバム『ラストジャミング』（NATTY)発売 | ＊「キャプテン・レコード」発足<br>＊NHKで「インディーズの襲来」が放送されインディーズ・ブームに火が付く<br>＊レゲエ・イベント「ジャパンスプラッシュ」開催<br>＊エコーズがCBS・ソニーからデビュー |
| **1986年　31歳** | |
| ＊8月 単行本『路上のイノセンス EARLY TIMES OF MOTOHARU SANO』（JICC出版/現・宝島社）を出版。お茶の水＜ブーチーズ＞にて発売記念パーティを開催★<br>＊8月「ムーミン谷の夏祭り」で吉田健吾、宮谷真人と「スナフキン #1」結成。ゲストに友部正人、たま | ＊久保田利伸メジャー・デビュー<br>＊原宿の歩行者天国、通称・ホコ天にインディーズ・バンドが集まる<br>＊プリンス来日 |

**1983**

＊マドンナ『MADONNA』
＊３月 西ドイツで緑の党が議会に初進出
＊９月 大韓航空機撃墜事件

**1984**

＊エチオピアの飢餓を受け、イギリスとアイルランドのロック・ポップスターが「Do They Know It's Christmas?」を発表
＊ブルース・スプリングスティーン『ボーン・イン・ザ・USA』発表
＊AppleからMacintosh 発売

**1985**

＊ライオネル・リッチーやマイケル・ジャクソンら著名ミュージシャンによるUSAフォーアフリカ（アフリカの飢餓と貧困層を解消する目的）のキャンペーンソングとして「We Are The World」制作
＊アパルトヘイトに反対するアーティストたちによる「サン・シティ」発表
＊1億人の飢餓を救うをスローガンのもと「ライブ・エイド」開催
＊ウィリー・ネルソン、ニール・ヤングが「ファーム・エイド」を企画

**1986**

＊ポール・サイモン『グレイス・ランド』／プリンス&ザ・レヴォリューション 『パレード』／スタイル・カウンシル『Our Favorite Shop』
＊RUN-D.M.C.「Walk This Way」
＊４月 チェルノブイリ原子力発電所事故

★ THE HEARTLAND のメンバーも参加。詩人の諏訪優による朗読など。下村は吉田健吾、宮谷真人と演奏した

| 1987年　32歳 | |
|---|---|
| ＊9月 友部正人デビュー15周年記念コンサート（よみうりホール）の構成を担当。この日の模様は『はじめぼくはひとりだった』に収録された★ | ＊THE BLUE HEARTSデビュー<br>＊マイケル・ジャクソン初の世界ツアーで日本公演<br>＊4月 国鉄分割民営化 |
| **1988年　33歳** | |
| ＊6月『ECHOES　Tug of Street』（JICC出版/現・宝島社）出版<br>＊10月「BEAT GENERATION '88」を企画、開催（下北沢ロフト）。出演は諏訪優、友部正人、真島昌利、篠原太郎、ザ・ストリートビーツほか◆<br>＊秋、佐野元春のロンドン・レコーディング（『ナポレオンフィッシュと泳ぐ日』）に同行<br>＊12月 東京経済大学の学生企画集団「THE MOLES」が企画したイベント「明日のために・その1～都市生活者へのもう一つの視点」(東京経済大学）を強力サポート★ | ＊RCサクセション『COVERS』、反原発の内容に難色を示し東芝EMIが発売中止。キティレコードから発売に<br>＊ミック・ジャガー初来日<br>＊『プレイガイドジャーナル』正式に休刊<br>＊3月 東京ドームがオープン<br>＊6月 リクルート事件 |
| **1989年　34歳** | |
| ＊夏、ウッド・ストックから20年を数え60年代のカウンター・カルチャーがリバイバル・ブームになっていたアメリカへ、村田博（東京経済大学・学生企画集団「THE MOLES」）と「チキン・スキン・USA」の旅★<br>＊「エレクトリック・スナフキン」結成。吉田健吾/Dr. 三輪美穂/Ba. 井上徳子/Key. 宮谷真人/PSG. | ＊元号が平成に<br>＊バンド・ブームの火付け役「三宅裕司のいかすバンド天国」スタート（TBS）<br>＊ボ・ガンボスがデビュー<br>＊ザ・タイマーズ、フジテレビの音楽番組「ヒットスタジオR&N」でFM東京事件起こる |
| **1990年　35歳** | |
| ＊12月「LAST ROCK SHOW」にエレクトリック・スナフキンで出演★ | ＊ネルソン・マンデラ来日。日本でも反アパルトヘイト運動への関心が高まる<br>＊JAGATARAの江戸アケミ亡くなる<br>＊ザ・ローリング・ストーンズ／ポール・マッカートニー来日<br>＊『シンプジャーナル（新譜ジャーナル）』休刊 |

**1987**

＊10月 ニューヨーク株式市場大暴落（ブラックマンデー）
＊11月 大韓航空機爆破事件
＊マイケル・ジャクソン「バッド」

★メンバー：水谷紹 /Gt. 近藤達郎 /Key. れいち /Dr. 横沢龍太郎 /ohayashi 山脇正治 /Ba. チャールズ清水 /Pf. 松田幸一 /harm. 竹田裕美子 /Key. SION/Cho.

**1988**

◆下村誠他界後、「下村誠も諏訪優もこの世を去ったいま、彼らをリスペクトする意味も込めて、ポエトリー・リーディング＆弾き語りライブのイベントを開催したい」として、2010年に「NAKED SONGS」Vol.1 を開催。
主宰：若松政美（→ p266）

＊坂本龍一が日本人初のアカデミー賞オリジナル作曲賞を受賞
＊ラニーニャ現象により各地で異常気象

★ドキュメンタリー映画「ホピの予言」上映、シンポジウム「ホピの予言と私達の生活」、ポエトリー・リーディング、ライブから成る7時間におよぶ大イベント。参加者は吉田ルイ子（フォトジャーナリスト）、諏訪優（詩人）、友部正人＆ his band、川村かおり、ザ・ストリート・ビーツなどと共にライブも。会場では樋口健二写真展「原発で働く人々」（→ p269）

**1989**

＊ＭＴＶアンプラグド放送開始
＊６月 天安門事件
＊７月 環境サミット「アルシュ・サミット」開催
＊11月 ベルリンの壁崩壊

★グレイハウンドバスで移動。ステラ夫人に出会い、詩人ジャック・ケルアックのお墓参りも（→ p269）

**1990**

＊８月 湾岸戦争勃発
＊８月 スティーヴィー・レイ・ヴォーン墜落事故で亡くなる

★共演：THE SHAKES、篠原太郎 withB-JACKS、RIP VAN WINK、藤森かつお、ビリケン、THE VANILA、マンドリン・ブラザーズ

| 1991年　36歳 | |
|---|---|
| ＊「下村誠 with ザ・スナフキン」結成。メンバーは三輪美穂/Ba. 井上徳子/Key. 五木田紀子/Dr. 宮谷真人/PSG.（この後、'93には河口修二/Gt.も参加）<br>＊2月 ライブイベント「BOUND FOR GLORY」vol.4（吉祥寺MANDA-LA2）開催★<br>＊6月 ライブイベント「BOUND FOR GLORY」vol.5（吉祥寺MANDA-LA2）◆<br>＊8月 下村誠ソロCDシングル「Bird」(NATTY）発表。ゲストミュージシャンに川村かおり、篠原太郎、ダディ柴田、伊藤浩樹（元エコーズ）等<br>＊10月 ライブイベント「BOUND FOR GLORY」vol.6（吉祥寺MANDA-LA2）♠<br>＊12月 絵本作家の長谷川集平とのユニット「こじこじ音楽団」によるCDシングル「猫ヒゲDance」（NATTY）発表 | ＊日本版WOMAD「ウォーマッド横浜フェスティバル」がこの年から5年にわたり開催される<br>＊CHAGE &ASKA「SAY YES」／井上陽水「少年時代」 |
| **1992年　37歳** | |
| ＊『日本のベスト・アルバム――フォーク＆ロックの25年――』（田家秀樹監修／シンコー・ミュージック）に執筆<br>＊『BANANA BLUE BEST　SPECIAL ANTHOLOGY 1982〜1985』（NATTY）発表<br>＊10月 下村誠 with ザ・スナフキン5周年記念ライブ（下北沢ロフト）<br>＊新宿ロフトでの「ワンナイト.スタンド.ギグ」にプラスチックソウル（下村誠/Vo. Gt. 伊藤浩樹/Gt. 山崎哲也/Perc.）として出演<br>＊下村誠・児島鉄兵による共同プロデュースで制作した児島鉄兵『流転1981-1991』（CNW）発売。新潟で発売記念ライブ<br>＊CD『シューヘー』（NATTY）発売（長谷川集平／クン・チャン）<br>＊アンプラウド・ギグスペシャル'92「ギターをとって弦を張れ」に河口修二とのデュオで出演★<br>＊12月　イベント「ライ麦畑の歌工場」vol.5（吉祥寺MANDA-LA2)を開催◆<br>＊12月26日 大きな影響を受けた詩人の諏訪優が亡くなる | ＊尾崎豊26歳で急死<br>＊バブル崩壊で不況が深刻化する |

## 1991

＊ニルヴァーナの大ヒットでグランジ・ブーム
＊フレディ・マーキュリー死去
＊「イマジン」がBBC放送自粛リストに
＊12月 ソ連解体

★共演者：河口修二、片桐麻美、シューヘー、三宅伸治、マンドリンブラザーズ、児島鉄兵、宮沢和史＆小林孝至、友部正人 with 三宅伸治、下村誠 with ザ・スナフキンほか

◆出演者：高田渡、シバ、片桐麻美、中川イサト、下村誠ほか

♠出演者：金森幸介、リクオ、篠原太郎、シューヘー、マンドリンブラザーズ、児島鉄兵、コウダツネヒロ、下村誠ほか

## 1992

＊エリック・クラプトン『アンプラグド』大ヒット
＊ボブ・ディランのデビュー30周年記念トリビュート・コンサート（マディソン・スクエア・ガーデン）
＊４月 ロス暴動
＊６月 ブラジルで国連環境開発会議（通称：地球環境サミット）開催

★出演者はほかに、山木倶楽部スペシャルユニット（山木康世、夢和＆ペータ）、片桐麻美、三輪ちゃんと愉快な仲間たち、下村誠＆河口修二、南澤時正、篠原太郎、幸田恒大、田中一郎ほか

◆出演者：シバと闇のヘルペス、シューヘー、下村誠 with ザ・スナフキン

| 1993年　38歳 | |
|---|---|
| ＊下村誠 with ザ・スナフキンによる初のフルアルバム『HOLY BARBARIANS』発売★　7月にMANDA-LA2で発売記念ライブ<br>＊こじこじ音楽団の第２弾シングル「スイート, スイート・ポテト」（NATTY）発売 | ＊ビーイング系のミュージシャンがヒットを連発する<br>＊記録的な冷夏により“平成の米騒動”勃発 |
| **1994年　39歳** | |
| ＊ライブユニット「アイタルミーティング」始動★ | ＊『シティロード』休刊<br>＊Mr.Children「innocent world」 |
| **1995年　40歳** | |
| ＊下村誠 with ザ・スナフキン　活動再開<br>＊アイタルミーティング・ツアー。阪神・淡路大震災で被害の激しかった神戸市灘区でもストリートライブを行なう★<br>＊3月 MANDA-LA2で下村企画ライブ<br>＊アイタルミーティング『ライブ1995』（NATTY)発売<br>＊９月エコロジー＆オーガニックの先駆け「御茶の水GAIA」との共同ライブイベント「地球の歌」開催（アジア青少年センター）◆<br>＊五つの赤い風船『Flight (アルバム第5集 Part 2)』斉藤哲夫『君は英雄なんかじゃない』（URC／東芝）再発盤、Sayoko『Mi・Luv・Yu』（Cutting Edge）等のライナーノーツを担当<br>＊坂田ひさし『青の地平線』、Kayo Momijiya『FLOWER CHILD』をプロデュース（NATTY) | ＊１月 阪神・淡路大震災<br>＊３月 地下鉄サリン事件<br>＊大阪城野外音楽堂で16年ぶりに「春一番’95」(翌年より祝春一番）<br>＊キングギドラがデビュー。日本語ラップの新たな扉を開く<br>＊小室哲哉プロデュース作が注目される<br>＊ウルフルズ「ガッツだぜ！！」 |
| **1996年　41歳** | |
| ＊7月下村誠 with ボトル・ガード・ブラザーズ名義で、亡くなった仲間への鎮魂歌マキシシングル「Your Blue Heaven」（NATTY）発表★<br>＊尾成彩/Vo. Sax. とデュオ「wild tears」結成。『wild tears』（NATTY）発表◆<br>＊wild tears マキシシングル『god’s hand』（NATTY）発表<br>＊梶田イフ『SPIRITUAL MAPー心の地図―』（NATTY）をプロデュース | ＊国内初の商用検索サイト「Yahoo！JAPAN」がサービスを開始<br>＊安室奈美恵の人気が社会現象に<br>＊ポケベル全盛期 |

| | |
|---|---|
| **1993** | |
| ＊9月 イスラエルとPLOが相互に承認<br>＊10月 南アフリカのネルソン・マンデラとフレデリック・ウィレム・デクラークにノーベル平和賞 | ★ゲストミュージシャン：西本明、友部正人、川村かおり、宮沢和史、藤井一彦、松田文、橋本はじめ、長谷川集平、ペータ、佐久間順平 |
| **1994** | |
| ＊ニルヴァーナのカート・コバーン自殺<br>＊エリック・クラプトン『フロム・ザ・クレイドル』<br>＊5月 ネルソン・マンデラが大統領に。南アフリカでアパルトヘイト廃止 | ★下村誠 /Vo. Gt.  吉田健吾（カリンバ / ジャンベ / アサラト）、尾成彩 /Vo. Sax. 紅葉谷佳代 /Cho. |
| **1995** | |
| ＊ザ・ビートルズ25年ぶりの新曲として「フリー・アズ・ア・バード」発売<br>＊7月 ベトナムが対米国交正常化 | ★5月1日灘区の「神戸元気村」を訪れ、ボランティアの前で“No Woman No Cry”などを歌う。現状を伝える記事は『Vanda』（6月号）に「10万人のホームレス - アイタルミーティング　兵庫・阪神ツアー」として掲載（→ p207）<br><br>◆出演者：朴保＆切狂言、吟遊詩人、アイタルミーティング、南條倖司＆キングコングパラダイスほか |
| **1996** | |
| ＊9月 国連が核実験全面禁止条約を採択<br>＊9月 パレスチナで暫定自治政府議長にアラファトが選出される | ★ハーモニカと朗読で友部正人、キーボードでいしだ壱成<br><br>◆ゲストに甲本ヒロト、真島昌利、篠原太郎ほか。2ndにはキーボード＆プログラミングで西本明、細海魚ら |

| | |
|---|---|
| **1997年　42歳** | |
| ＊wild tears『LOVE MIX』(NATTY)★<br>＊Kayo Momijiya『MOOI』（NATTY）をプロデュース | ＊“自然と音楽の共生”を掲げ「FUJI ROCK FESTIVAL」開催（山梨県富士天神山スキー場）<br>＊１月 ナホトカ号重油流出事故<br>＊２月 神戸児童連続殺傷事件<br>＊辻仁成『海峡の光』で芥川賞受賞 |
| **1998年　43歳** | |
| ＊5月 アイタルミーティング『地球、風、太陽』（NATTY）発表<br>＊Erina Jinnai『Angel Mind』（NATTY）をプロデュース | ＊CDの生産枚数が国内史上最高に<br>＊エルニーニョ現象により世界的に高温に |
| **1999年　44歳** | |
| ＊ウディ・ガスリーなどの古きアメリカのホーボーズ・ソングを集めた下村誠初のカバーアルバム『BOUND FOR GLORY』（NATTY）発売。ゲストに友部正人ほか | ＊４月 西岡恭蔵 亡くなる<br>＊「RISING SUN ROCK FESTIVAL」(北海道石狩湾）開催<br>＊９月 東海村JOC臨界事故 |
| **2000年　45歳** | |
| ＊1月 ソロアルバム『SACRED SOUL』（NATTY）発表。ネイティブでスピリチュアルなフォーク・ロック。下村誠40代の金字塔★。アルバムには、東京都西多摩郡日の出町の廃棄物最終処分場建設反対運動に参加する中で生まれた楽曲「翼は傷つかない」も収録<br>＊5曲入りマキシシングル「翼は傷つかない」（NATTY）発表♠。売り上げは運動に寄付<br>＊ツアーで仙台に。苫米地サトロ、ラリーらと共演し、東北とのつながりが深まる | ＊どんと（ex ボ・ガンボス）ハワイにて急死<br>＊町田康『きれぎれ』で芥川賞受賞<br>＊「SUMMER SONIC」（東京・大阪）「ROCK IN JAPAN FESTIVAL」（茨城県ひたちなか）開催<br>＊６月 三宅島噴火 |
| **2001年　46歳** | |
| ＊風の塔救済プロジェクト「風の塔音楽会」★を企画、運営に携わる。出演は、下村誠、素っとびのヤス、苫米地サトロ、ラリーほか。<br>＊フリーマーケット楽市・楽座（湯島聖堂）出演<br>＊ラリー『ブルー・ヴァージンズ』をプロデュース、中ムラサトコとの共同プロデュースで『アの唄』発売（NATTY） | ＊MONGOL800『MESSAGE』がインディーズ史上初のオリコン1位に<br>＊４月 小泉純一郎、内閣総理大臣に就任<br>＊10月 AppleがiPod 発表 |
| **2002年　47歳** | |
| ＊9月『風待ち』（NATTY）発表。これが下村誠のラストアルバムに★ | ＊10月 北朝鮮に拉致されていた5人が帰国<br>＊10月 19年ぶりに日経平均株価が9,000円を割り込む |

**1997**

＊ボブ・ディラン『タイム・アウト・オブ・マインド』ビルボード200で10位に
＊6月 香港が中国に返還される
＊8月 ダイアナ元皇太子妃が事故死

★ゲストミュージシャンに、いしだ壱成、甲本ヒロト、真島昌利、高橋 BOB ほか

**1998**

＊5月 インド、パキスタン地下核実験
＊米英軍がイラクを大規模攻撃
＊8月 AppleがiMac発表

**1999**

＊1月 欧州通貨ユーロ誕生
＊3月 NATOがユーゴ空爆（コソボ問題）

**2000**

＊アイスランド出身のビョーク『ダンサー・イン・ザ・ダーク』(日本公開は2001年) が脚光を浴びる
＊5月 プーチンがロシア大統領就任
＊8月 ロシア原子力潜水艦事故

★ゲストミュージシャンに、甲本ヒロト、真島昌利、どんと、いしだ壱成、山川ノリオ、佐久間順平ほか

♠ナナオサカキの詩に曲をつけた「星を喰べようよ」も収録

**2001**

＊ジョージ・ハリスン死去
＊9.11同時多発テロ
＊10月 アフガニスタン紛争

★トラスト地から強制撤去されたシンボル「風の塔」を再建するために地権者が負担する費用を少しでも軽くしたいと、カンパ金を募るためのコンサート。国立「かけこみ亭」西荻窪「ほびっと村」恵比寿「縄」などで開催。8月、風の塔は無事に日の出町に還った

**2002**

＊11月 米中間選挙で共和党が歴史的勝利

★トラスト地シンボル再建に関わるメッセージビデオ「まわれ！新・風の塔」に登場する「森の魂・風の塔」を収録

| | |
|---|---|
| **2003年　48歳** | |
| ＊恵比寿「縄」でのアースデイに関連したNATIVE SPIRITS Big Mountain写真展「The Long Walk for Big Mountain」／映画上映イベントのライブに出演<br>＊吉本有里『愛の花』（NATTY）をプロデュース | ＊ニール・ヤング、Greendale tourで来日 |
| **2004年　49歳** | |
| ＊1月 岡野弘幹（天空オーケストラ）全面協力によるプロデュースアルバム『マザー・アース・ソングズ』発表★　NATTY RECORDS最後の作品となった<br>＊4月 アースデイ東京ライブ出演（代々木公園野外ステージ）<br>＊長野に移住 | ＊自衛隊イラク派遣が本格的に始まる<br>＊少年事件が多数報道される |
| **2005年　50歳** | |
| ＊10月 アースガーデン（代々木公園 NATTYステージ）にmakoOTOkengo（下村誠＋ＯＴＯ＋吉田ケンゴ）として出演 | ＊４月 高田渡亡くなる<br>＊２月 京都議定書発効 |
| **2006年　51歳** | |
| ＊東京・本應寺で仏門に帰依。<br>戒名：愚然（ぐねん）<br>＊12月6日 長野にて火事のため亡くなる。 | ＊着うた配信サービス好調により音楽配信が加速<br>＊９月 安倍内閣発足 |
| **2019年** | |
| ＊13回忌を機に ―下村誠 SONG LIVE―「BOUND FOR GLORY」が始まる | |

下村さんは聞き上手だった。喫茶店のカウンターに並び、あれがしたい、これがしたいと熱さのままにやりたいことを語る私の話に、うんうんとうなずきながらそっと背中を押してくれるようなところがあった。でも決して放任ではなく、これだけはという確かな意志で行く先を照らしてくれた。

『日本のベスト・アルバム―フォーク&ロックの25年』（シンコー・ミュージック）の豊田勇造『血を越えて愛し合えたら』のアルバム評の一文「勇造はけっしてレゲエに媚びることはしなかった」には下村さんの姿が重なる。何ものにも媚びず、まっすぐ世界に向き合うそんな音楽と生き方を愛した人だった。

**妹尾みえ**（せのお・みえ）
音楽ライター／編集者。日本のフォーク、ロックを通じてブルースに出会い、以後ブラック・ミュージック、日本のインディーズ・シーンを中心に執筆。著書に『音楽ライターになろう！』（青弓社）ほか

**2003**

＊ノラ・ジョーンズが第45回グラミー賞で８部門を受賞
＊米英軍がイラクを攻撃
＊新型肺炎（SARS）流行

**2004**

★苫米地サトロ、海老原美恵、梶田イフ、吉本有里ほか。下村は「虹の戦士２」「拝啓、大統領殿」「ガレキの海、漕いでゆく」を収録

＊12月 スマトラ島沖地震

**2005**

＊７月 ロンドンで同時爆破テロ
＊８月 米南部をハリケーン「カトリーナ」が襲う
＊鳥インフルエンザ猛威

**2006**

＊７月 ジャワ島南西沖地震
＊10月 北朝鮮が核実験を実施する

**2019**

※この年表にあげた下村誠が企画し、出演していたライブは、ほんの一部。地方ライブも含め、年間数十回ものライブを行なっていた。

## 下村さんとの出会い

あれは90年代半ばのこと。本書を編集する大泉洋子さんと私は下北沢のタウン誌編集部にいた。巻頭インタビューのアーティストを探す洋子さんに「おもしろい人がいるよ」と下村誠さんを推したのはどうも私だったらしい。その後、彼女が一度きりのインタビューから縁を紡いでいたことをこの本の制作にあたり初めて知った。しばらく別々の道を歩んでいた彼女と私がこうして一緒に仕事をすることになったのも、人と人のつながりを大切にした下村さんの見えない力が働いたからだろうか。空を見上げると、あのはにかんだ笑顔が浮かぶ。

# 1954～2006
# 下村誠と彼が生きた時代の
# 音楽シーンと世相年表

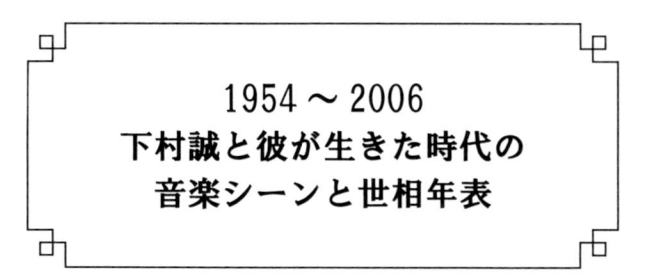

# おわりに

はじめは小さな小さなタネのようなものだったと思う。そこから、この人に話し、あの人に相談し、少しずつ形が見えてきた。図書館に通って記事を探したり、寄稿やインタビュー、記事の転載をお願いするために、お会いしたり、メールのやりとり、電話で話したり……ということを積み重ねていくうちに、小さなタネのようにかたいものだったこの企画が次第にふくらんで、お力添えくださる方の考えや想いが、そこに加わって、私が最初に思っていたものとは何か違うものに育ってきたことを感じていた。

そんなことを感じ始めていた２０２３年3月、東京都日の出町に「風の塔」を訪ねたとき、賛同者がひとつひとつ焼き上げたというあの陶板をまとう風の塔と、本書が重なってみえて、とてもうれしくなったのを覚えている。

下村誠が書いた音楽雑誌等の記事を本にしたいと思ったのは、コロナ禍の２０２０年の12月6日。「BOUND FOR GLORY Vol.3」――命日に下村誠SONGを歌う――を配信で観ているときだった。ふいに、「あ、私は下村さんの本をつくろう」と思い立った。図書館に行くなど具体的に動き出したのは２０２１年の夏頃。音楽雑誌や音楽業界の仕事をしたことはない。実際に動き出してみると、それまでの仕事の経験が役に立った部分もあるし、はじめての経験で、どうしたらよいのかと途方に暮れることもあった。もっとああすれば、こうすればよかったと思う部分も多々あるが、たくさんの方が関わってくださり、おかげさまで、私が最初に考えていたものよりずっとずっと豊かで、いい本になったと思う。

そういえば、編集作業をすすめるなかで、「下村君は幸せな男だなぁ」と言われることが何度もあった。そうかなぁ、私からすれば、どこの馬の骨ともわからない、会ったこともない人からの突然の連絡にも関わらず、依頼を快諾してくださり、時間をつくってくださる人がいる……という、そうした人たちの存在こそが、「下村さんは幸せな人だなぁ」なのではないかとずっと思っている。

本当にたくさんの方にお世話になった。本書の企画を一番はじめに話したのは、ザ・スナフキンの三輪美穂さんだ。思い立った翌日にメールを出し、以来、音源やその他資料をお借りしたり、いろいろと相談にのってもらった。次に連絡したのは、１９９０年代の半ば、『ＧＵ』という雑誌を発行していた堀込広明さんと鈴木貴司さん。創刊号の特集は「下村誠」。本書でも年表作成や下村さんの資料として、欠かすことのできない雑誌だった。その堀込さんが紹介してくれたのが、若松政美さん。若松さんからもビート詩のこと、私が知らないミュージシャンのことなどさまざまに教えてもらい、編集の相談にものってもらった。頼もしい相棒だった。中川五郎さんのイベントで出会い、彼女が描く絵が大好きになって、今回、挿し絵を提供していただいた Mariya Suzuki さん。

校正を航星舎さんに引き受けていただいて、どれだけ心強かったことか。表紙のイラストを描いていただいた長谷川集平さんは、表紙を下村さんの写真ではなく集平さんの絵にしたいという思い、本のタイトルでもある〝永遠の無垢〟という言葉を大事にイラストを描いてくださった。お世話になった方が多すぎて、とても書ききれないので、失礼ながらまとめてご紹介する。寄稿や取材、インタビューを受けてくださった皆さま、そうした表だった形ではないけれど、相談や資料の提供などで力を貸してくださった皆さま。転載の許可にご対応いただいた出版社の担当者の方、記事の転載に関していねいにご検討、ご対応くださったミュージシャン・所属事務所のマネージャー・スタッフの皆さま。ジャケット画像掲載の件でご相談したレコード会社の担当者の方。印刷と出版を引き受けてくださった虹色社の代表・山口和男さんと熨斗秀信さんは、最初にご連絡したときから親身に話を聞いてくださり、また、スケジュール変更や突発的なトラブルにもおだやかに対応していただくなど、製作期間中ずっと支えていただいた。そして、下村誠さんが書いた記事や歌詞の掲載をご快諾くださったご家族の皆さま。もくもくとパソコンに向かう私を見守ってくれた私の家族にも。本書をつくるにあたり関わってくださったすべての方に、心からの感謝を申しあげます。

ありがとうございました。

大泉洋子

2023年7月

## ご協力（順不同）

株式会社 自由国民社／株式会社シンコーミュージック・エンタテイメント
ウチタカヒデ WebVANDA ／株式会社宝島社／センターフィールド図書制作室


## 参考文献（年表）


『GU（Great Unbalance）vol.1』（1995 EARLY SUMMER 堀込広明・鈴木貴司）
『決定版 20 世紀年表』（神田文人・小林英夫 編　小学館　2001）
『ぼくらの時代大年表　昭和 30 年→60 年──オヤツから革命まで 日本ジャンクカルチャー史！』(宝島特別編集 1992)
『1960 年代大百科──東京タワーからビートルズまで』（宝島社　1991）
『1970 年代大百科──サイケから仮面ライターまで』（宝島社　1985）
『1980 年代大百科──超合金から YMO まで』(宝島社 2000)
『日本ロック大百科　年表篇』（宝島社　1992）
『60 年代フォークの時代（日本のフォーク＆ロック・ヒストリー）』(前田祥丈、平原康司　シンコーミュージック　1993）
『ニューミュージックの時代（日本のフォーク＆ロック・ヒストリー）』(前田祥丈、平原康司　シンコーミュージック　1998)
『新譜ジャーナル・ベストセレクション '70's』（自由国民社　2003）
『ライブハウス「ロフト」青春記』（平野悠　講談社 2012）
『プレイガイドジャーナルへの道 1968 〜 1973：大阪労音 フォークリポート プレイガイドジャーナル』（村元武 東方出版　2016）
『プレイガイドジャーナルよ　1971 〜 1985』（村元武　東方出版　2017）
『ぼくが歌う場所　フォーク・ソングを追い求めて 50 年』（中川五郎　平凡社　2021)


## 参考文献（その他）


『日の出の森をたすけて』（田島征三　法藏館　2000）
『ビート読本 ビート・ジェネレーション ── 60 年代アメリカン・カルチャーへのパスポート』（思潮社　1992）
『フライング・ブックス　本とことばと音楽の交差点』（山路和広　晶文社　2005）

＊下村誠の書いた記事を見つけるために図書館で閲覧したり古書店で購入した雑誌など

『新譜ジャーナル』『シンプジャーナル』『日本のベスト・アルバム──フォーク＆ロックの 25 年』『ZOO』『Vanda』『Time Limit ！』『GORO』『GB』『Guts』『ミュージック・ステディ』『宝島』など

編著者プロフィール
**大泉 洋子**（おおいずみ ようこ）

1963年生まれ。立教大学文学部心理学科卒。OLを経て1991年からフリーランス。下北沢のタウン誌や雑誌『アニメージュ』のライター、「特命リサーチ200X」「知ってるつもり?!」などテレビ番組のリサーチャーとして活動後、いったん休業し、2014年頃からライター・編集。主な執筆書に、『よくわかる多肉植物』（監修：田邊昇一、日本文芸社、2021）、『美しすぎるネコ科図鑑』（共著、小学館、2021）、『見わけがすぐつく樹木図鑑』（監修：宮内泰之、成美堂出版、2023）など。主な編集書に『「昭和」のかたりべ　日本再建に励んだ「ものづくり」産業史』（大島達治、2020）、『今日、不可能でも 明日可能になる。』（木野将徳・鈴木たつお・新倉貴士、2021）（いずれも日本地域社会研究所）など。

編集協力　　若松政美　三輪美穂
絵（p9、p93、p113）　Mariya Suzuki
校正　　　　航星舎

表紙イラストレーション　　長谷川集平

**音楽ライター 下村誠 アンソロジー　永遠の無垢**

2023年7月31日　　第1刷発行

編著者　　大泉洋子
発行者　　山口和男
発行所／印刷所／製本所　　虹色社
〒169-0071　東京都新宿区戸塚町1-102-5 江原ビル1階
電話　03（6302）1240


ISBN978-4-909045-61-4